絵本とともに学ぶ
発達と教育の心理学

増田梨花 編著

晃洋書房

はじめに

　この書の執筆者らは全員が臨床心理士であり，現在「発達心理学」や「教育心理学」「臨床心理学」の授業を専門学校・短大・大学・大学院等で担当している．これまで執筆者らの職場では「教育心理学」と「発達心理学」（もしくは，「生涯発達心理学」）や「臨床心理学」は別々に授業を行ってきた．それぞれの職場で学生たちを前にして共通に感じていたことは，「発達心理学」「教育心理学」などの学問分野の専門化，細分化が進む今日，人間の「発達」と「教育」の学問的知見を総合的に見出していくことのできるテキストがないものかという思いであった．

　人の精神発達，人格形成の諸過程を学び，人間の一生における変化の過程をありのままに見つめ理解する学問である乳幼児心理学，児童心理学，青年心理学などを含む「発達心理学」と教育課程，教育事象の諸過程を学び，人として生き生きと主体的に生きることを支える学問である学習心理学，人格心理学などを含む「教育心理学」の関連領域を総合的に学び且つ臨床心理学的な視点も加わったテキストがあれば，学生たちの興味や関心を刺激し，実践に結びつく学問的知識を伝えることができるのではないかと考えた．さらに，絵本という学生たちにはより身近で専門的な内容をわかりやすく伝えられる媒体を通して人間の発達と教育の心理を学ぶことが学生たちのやる気を引き出し，洞察力を高め，達成感が持てるということがこの数年の筆者の授業の実践からわかった．

　「発達心理学」と「教育心理学」をミックスし，絵本を活用した授業を受講した立命館大学大学院の学生の感想を下記に一部紹介してみたい．

　　　発表の中で，絵本を探して読みながら，自分が子どもだった時のことを思い出す機会が多くあった．特に，昔母に読んで貰った本を実際に読み返してみると，母が何を思いながら読んでくれていたのだろうと暖かな気持ちになった．子どもの頃にしてもらったことは，時がたってもしっかりと自分の中に残っている．こうして授業で話しあってみると，誰もが全く異なる家庭の中で育ち，考え方も異なっていることを感じ取ることもあったように思う．教育の章では，人間関係について発表したが，私自身良い集団の中で，関係にめぐまれて成長してきたのだということを強く感じることができた．

今回，応用人間研究科の授業を他研究科受講システムを用いて受講したが，結果として受講してよかったと思う．人数が少ないこともあり，ディスカッションに重きを置いた授業スタイルであったと思うが，自分にはそのスタイルがあっていたと思う．私の卒業論文は，分類分けするならば，教育心理学・発達心理学である．ゼミもその系統に属しており，その方面の知見を深めていきたいと思っていた．しかし，私の所属する文学研究科では，「教育心理学」という授業がない．教育心理学を専門にされている教授に教えを受けてはいるが，授業として受講したい思いがあり，受講を決めた．

　始まってみれば，いきなり身体を使ったワークを行い，固定概念を覆され，また，絵本を用いた教育心理学は，目に鱗であった．自分の知っている世界が如何に矮小なものであったかを実感させられた授業だった．

　今回，発達心理学と教育心理学を併せて勉強したことにより，2つの分野が重なる部分が多くあり，教育と保育の関係性についても考えさせられた．また，授業では絵本をあわせて探すことがとても新鮮で，子どもの頃以来触れる機会のなかった絵本から，いろいろなものを感じさせられた．小さな頃は「お話」としてしか考えていなかった絵本は，子どもの読みやすい作り，聞きやすい語調など，様々な工夫がなされていることにとても驚きを感じた．そして，読んでいて，そこにたくさん込められているメッセージに，大人になったからこそ気付くものもあり，授業中に何度も目頭をこっそりと熱くさせることもあった．絵本には，子どもの発達課題に即したようなテーマ性もあると同時に，子どもの成長に対する期待や，子ども自身をしっかりと考えるような愛情深さのようなものを感じた．そして，大人がこのように，大人になったからこそわかる気持ちがあるからこそ，絵本を読むことは，子どもにたくさんのメッセージを込められるような時間になるのではないか，という風に感じた．増田先生が絵本について研究していらっしゃるため，今回は絵本について深く考え直す機会となったが，こうした，子どものころは何気なく使っていたもの，過ごしていた何かが，今になってわかるようになる，そういった何かがもっとあるのではないか，ということに気づかされる授業でもあった．

　前述の学生たちの感想にもあるように，絵本に描かれている人間の何気ない行動も実は深い心理発達や教育を踏まえたものであるということ，また優れた絵本には人間としての真実を映し出しているということを改めて学生たちは学

び直す機会を持ったようだ．

　このテキストを通して学んだ，学生のみなさんが自分自身の受精から始まる発達を見つめながら，家族や社会の教育環境の中で人として自分自身が学び学習し続けていくことを見つめ直す機会としてとらえていただき，幅広く活用していただけると幸いである．また，今後はこのテキストで学んだ学生のみなさんの反応や，このテキストを使用された先生方からのご意見を反映させることで，よりわかりやすく読みやすいテキストになるように工夫しながら，これからもこのテキストを大切に育てていきたいと考えている．

　2017 年 10 月

執筆者を代表して
立命館大学大学院応用人間科学研究科
増 田 梨 花

目　　次

はじめに

序章　人間の発達と教育の心理……………………………………………1

第I部
絵本とともに学ぶ 人間の発達

第1章　発達の仕組みと様相……………………………………………11
1．発達の仕組み　*11*
2．発達の考え方　*15*

コラム I-1　人生≒RPG　*20*
　　　　絵本　『みんなあかちゃんだった』鈴木まもる・作

第2章　胎児期から新生児期の発達……………………………………*22*
1．人間の発達の特殊性　*22*
2．赤ちゃんが生まれるまで　*23*
3．赤ちゃんとの出会い　*28*

コラム I-2　子どものやる気を引き出す魔法　*37*
　　　　絵本　『半日村』斉藤陸介・作　滝平二郎・絵
　　　　　　　『いたずらビリーとほしワッペン』パット・ハッチンス・作
　　　　　　　いぬいゆみこ・訳

第3章　乳児期の発達……………………………………………………*39*
1．赤ちゃんの魅力　*39*
2．赤ちゃんの能力　*40*
3．赤ちゃんとのふれあい　*43*
4．赤ちゃんからの旅立ち　*49*

コラム I-3　なんてったって　あいしてるからね．　*54*
　　　　絵本　『ぎゅっ』ジェズ・オールバラ・作・絵
　　　　　　　『オリビア』イアン・ファルコナー・原著　谷川俊太郎・訳

コラムⅠ-4　人見知り　55

第4章　幼児期の発達……………………………………………………57
　　1．幼児期の子どもの表現　57
　　2．幼児期の子どもの生活　63
　　3．幼児期の子どもの思考と世界観　67

　　コラムⅠ-5　「いやだいやだ」と言われたときは　70
　　　　絵本　『いやだいやだ』せなけいこ・作・絵
　　　　　　　『やだ！』ジェズ・オールバラ・作・絵

第5章　児童期を生きる……………………………………………………72
　　1．児童期の身体的発達　72
　　2．児童期の心理的発達　73
　　3．児童期の子どもの人間関係　76
　　4．児童期の学校適応　78

　　コラムⅠ-6　初めて記念　82
　　　　絵本　『いけちゃんとぼく』西原理恵子・著

　　コラムⅠ-7　ちいさなヒミツ　83

第6章　思春期・青年期の発達……………………………………………85
　　1．思春期・青年期を生きる　85
　　2．思春期・青年期の感情　88
　　3．思春期・青年期の対人関係　89
　　4．思春期・青年期の関心　92

　　コラムⅠ-8　いじめの先にあるもの　94
　　　　絵本　『わたしのいもうと』松谷みよ子・文　味戸ケイコ・絵

　　コラムⅠ-9　ピアスを身につけること　95

第7章　成人期の発達………………………………………………………97
　　1．2つの成人期の中心的なテーマ　97
　　2．成人期のアイデンティティ　98
　　3．恋愛と結婚　100

4．職業生活　*103*
　　5．成人期のメンタルヘルスを理解する時間というキーワード　*104*

　　コラムⅠ-10　⇒（One-way passing）よりも⇔（Interaction）　*107*
　　　　絵本　『100万回生きたねこ』佐野洋子・作・絵

第8章　高齢期（老年期）の発達　　*109*
　　1．高齢期（老年期）の発達　*109*
　　2．心身機能の変化　*110*
　　3．高齢者の介護とその介護者のストレス　*112*
　　4．人生最後のライフイベントの「死」をどう捉えるか　*114*
　　5．老年期の障害，問題　*115*

第Ⅱ部
絵本とともに学ぶ　教育の心理

第1章　学習の仕組み　　*123*
　　1．古典的条件づけ　*123*
　　2．道具的条件づけ　*125*
　　3．認知的な学習　*129*
　　4．記　　憶　*130*

　　コラムⅡ-1　Good experiences should lead to good learning　*134*
　　　　絵本　『もう・こわくない』園部　真・え・ぶん

第2章　やる気を育てる教育　　*136*
　　1．動機づけ　*136*
　　2．外発的動機づけと内発的動機づけ　*137*
　　3．外発的動機づけ　*138*
　　4．内発的動機づけ　*141*

　　コラムⅡ-2　あかちゃんバンザイ！　*151*
　　　　絵本　『あかちゃんがやってくる』ジョン・バーニンガム・作
　　　　　　　ヘレン・オクセンバリー・絵　谷川俊太郎・訳
　　　　　　『あかちゃんがやってきた』角野栄子・作　はたこうしろう・絵

第3章 子どもを取り巻く人々との関わり……………………………153

1．家族との関わり　*153*
2．関係性の拡がり　*156*
3．子どもを取り巻く人々の関わり　*161*

コラムⅡ-3　「きのあうともだち」に必要なこと　*164*
　　絵本　『ねずみちゃんとりすちゃん　なかよしの巻』どいかや・作

コラムⅡ-4　親はぼろ雑巾　*165*
コラムⅡ-5　モンスターペアレントの背景　*166*
コラムⅡ-6　い　じ　め　*167*
コラムⅡ-7　環境の失敗　*168*

第4章 子どものコミュニケーション……………………………170

1．コミュニケーション能力の発達　*170*
2．言語の発達　*170*
3．関係性の発達　*174*
4．けんかによるコミュニケーション　*176*

コラムⅡ-8　「おこだでませんように」　*179*
　　絵本　『おこだでませんように』くすのきしげのり・作　石井聖岳・絵

第5章 子どもの遊び……………………………181

1．描画と創造　*181*
2．ルールを学ぶ　*187*
3．表現の変遷　*190*
　　──遊びから表現へ──

コラムⅡ-9　おにいちゃんは　いま　びみょうな　ねんれい　なんだって．　*195*
　　絵本　『あたし　クラリス・ビーン』ローレン・チャイルド・作　木坂涼・訳
　　　　　『あな』谷川俊太郎・作　和田誠・画

コラムⅡ-10　遊び道具としてのゲーム機　*197*
コラムⅡ-11　繋　が　る　*198*

第6章　子どもの社会的認知と社会的行動 ……………………………… 200

1. 社会的な視点で人の発達を考える　200
2. 社会的発達　200
3. 愛着形成　202
4. 認知発達　204
5. 時間概念の発達　206
6. 心の理論　208
7. メタ認知の発達　209
8. 道徳性の発達　210

コラムⅡ-12　安全なもうふを手放して　214
　　絵本　『ベンジーのもうふ』マイラ・ベリー・ブラウン・文　ドロシー・マリノ・絵　まさきるりこ・訳

第7章　個人差の理解 …………………………………………………… 216

1. 正常と異常，適応と不適応　216
2. 知能　218
3. パーソナリティ　220
4. 教育現場で出会う障害と教育現場での支援　223

コラムⅡ-13　愛すべき少年たちとネリノ　228
　　絵本　『まっくろネリノ』ヘルガ＝ガルラー・作　矢川澄子・訳

人名索引　231
事項索引　233

序章　人間の発達と教育の心理

心理臨床現場での絵本の活躍

　筆者は大学時代4年間，総合病院の小児科でボランティアをしていた．そして大学院時代からは小児科で心理カウンセラーとして働いた経験がある．小児病棟には，小児気管支喘息，慢性腎炎，膠原病，白血病，拒食症など，様々な病気を抱えて入院している子どもたちがいた．どの子どもたちも病気のために動く事がままならない子どもたちばかりで，ベッドサイドでオセロ・トランプ・人生ゲーム・将棋・折り紙などはできても，体を思い切り動かすことができず病棟での活動は限られていた．それでも，子どもたちはゲームで負けて悔しい体験，ゲームに勝って嬉しい体験，とても難しい折り紙を折ることができた時の達成感など，その子なりの感動体験や成功体験，失敗体験を味わっていた．しかし，やはりその体験は限られた環境の中での活動であるため，健常な子どもたちの体験の数ほど多くはなかった．

(1) 豊かな人間性を育む絵本

　実際に体験できなくても，同様の体験を感覚としてとらえることができる体験を疑似体験という．この疑似体験が絵本を通して経験できることを筆者に教えてくれたのは当時中学2年生のAさんであった．Aさんは白血病で入院しており，無菌室の中が彼女の活動の範囲であった．初めてAさんの部屋（個室）を訪ねた時，Aさんの傍らにはたくさんの本がところせましと置かれていた．その中に『クシュラの奇跡』があった．筆者はAさんからその本を手渡され，その場で少しばかり読み，大きな衝撃を受けたことを今でも覚えている．この本は，重度の複雑な障害を負って生まれたクシュラという子ども

『クシュラの奇跡』ドロシー・バトラー・著　百々佑利子・訳　のら書店　1984

の記録だった．クシュラの母親は，彼女のお気に入りの絵本を何百回となく読み聞かせ，3歳になったクシュラは健常児をはるかにしのぐ得意の分野を伸ばすことができたということが書かれていた．そして，この本は「読み聞かせ」が子どもの知能と言語発達に影響を及ぼすだけでなく，豊かな人間性を育むということを筆者に教えてくれた．

(2) 生きる力をとりもどす絵本

　Aさんは『クシュラの奇跡』で紹介されている140冊の絵本を読むのが目標であると筆者に語ってくれた．自分自身は白血病という不自由な病気にかかっているが，「めんどうな学校に行かないで，好きな本を好きなだけ読めるのはとてもラッキーだ」とも言った．Aさんは具合の良い時は1人で本を読むことができるが，体調が悪いときは自分で本を読むことさえもできなかったのだが，そんな時はAさんの母親がベットサイドで絵本の読み聞かせをしてくれたそうだ．「それがなんとも言えず，恥ずかしくて嬉しいの．クシュラも私と同じようにきっと嬉しかったよね」と素直に語ってくれた．彼女がある日，筆者に「絵本ってすごいね．絵本を通していろいろな世界を知ることができるんだね．昨日『わすれられないおくりもの』の絵本を読み聞かせてもらったら，死ぬことがあまり怖くなくなってきた……っていうか，私が死んでもアナグマのようにわすれられないようにするためには，今生きているってことを大事にしなくちゃいけないって思ったんだよね〜」と，明るく語ってくれたことにはいささか驚いた．絵本の中でアナグマは自分の余命がわずかであるのを感じ，書き置きを残す．そして，書き置きを書いている時のアナグマの気持ちが次のように書かれている．「アナグマは死ぬことをおそれてはいません．死んで，からだがなくなっても，心は残ることを，知っていたからです」と．

『わすれられないおくりもの』スーザン・バーレイ・作・絵　小川仁央・訳　評論社　1986

　松居（2003）は，『絵本のよろこび』の中で，「絵本とは，言葉の湧き出てくる世界です．絵本は子どもに生きている歓びを感じさせ，生きる力を与えます」と書いている．Aさんはこの本から「死」というものを疑似体験し，「生」というものが自分にとって本当に意味があるということを悟ったのだろう．人間の心や魂はいつまでも生き続けていくことを知ったにちがいない．「わすれられないおくりもの」の絵本はAさんにとって今の自分を振り返るきっかけ

となり，そして余命少ないAさんの「生きる力」の原動力になったようであった．

(3) 視野を広げる絵本

アスペルガー症候群の疑いという診断がついていて，気管支喘息で小児科の病棟に入院していたB君は，当時中学1年生だった．小児病棟のプレールームの棚の中には，子どもたちが退院する時に寄贈してくれる絵本や本や漫画などが溢れんばかり，ぐちゃぐちゃに押し込められていた．気管支喘息の発作も治まり，プレールームで他の子どもたちと食事ができるようになったB君は，お昼の食事が終わるや否や，プレールームの本を床にばら撒き始めた．他の子どもたちは，彼が何をし始めたのかがよくわからず，「B君は悪い子だ！ 本をグジャグジャにして！」と，B君に否定的な言葉をかけていた．B君はゆっくりと時間をかけて，絵本と本と漫画を分類し，棚にしまった．次に絵本をまた全部棚から出し，1つ1つ絵本の表紙を確かめながら，日本の作者のものと外国の作者のものとに分け始めた．ここまでくると他の子どもたちもB君が何をしたいのかが理解できて，数人の子どもたちがB君の手伝いを始めた．日本の作者のものと外国の作者のものに分類し，絵本を棚に収めた．ところが，B君はそれで終わりにしなかった．さらに外国の絵本を床にばら撒いて，国別に分け始めた．作者の紹介欄を念入りにチェックして，これはイギリス，これはドイツ，これはオランダ，といったように分類をし，他の子どもたちも，「へえ……，絵本っていろんな国で書かれているんだねー．全部日本の人がかいていたと思っていた」と言いながら，面白がってB君の手伝いをしたのだった．

その後，「今日はアメリカの国の絵本読んで！」，「今日はイギリスの国の絵本がいいな！」と，子どもたちからのリクエストに答え，しばらくは「国別絵本の読み聞かせ」の日々が続いた．国別絵本の読み聞かせの中で，子どもたちの視野がどんどん広がっていったのは言うまでもない．

(4) 感性を磨く絵本

オランダの絵本の中の，『ちいさなうさこちゃん』を手にした子どもたちは，「僕たちの手の大きさぐらいだ！ ちょうどいい．ブルーナーさんっていい人だね！」と，感激していた．中には，筆者には思いもつかない感想を述べる子がいた．「ブルーナーさんって，自分の国（オランダ）を愛しているんだよね！」と言うのだ．「どうしてそのように感じたの？」と，聞いてみたらこんなに素敵な答えが返ってきた．「だって，うさこちゃんのパンツの色（赤）とうさこちゃんの色（白）とまわりの色（青）は，オランダの旗と同じだもの！」確かに，

『ちいさなうさこちゃん』ディック・ブルーナ・文・絵　いしいももこ・訳　福音館書店 1964

「ちいさいうさこちゃん」の表紙は3色で，オランダの国旗の色である．また，ある子は，「ふわふわさんとふわおくさんの子どもがうさこちゃんなんて，ヘンだよね！　ふわこさんとかふわおくんじゃないんだね！」などという疑問を持つ子に対して，「じゃあさあ，ミッフィーちゃんって言われているのは，どうして？　うさこちゃんにも芸名があるの？」と不思議がる子もいた．さらに，「おおきな　にわの　まんなかに　かわいい　いえが　ありました」という冒頭の文を読んだある子は「あっ！　これ 7・5 調になってるよ！」と，大発見をした．本当に子どもたちの感性の豊かさには驚かされたものだった．

(5) 気持ちを映しだす絵本

　アメリカ生まれのエリック・カールの『はらぺこあおむし』は病棟の子どもたちに大人気の絵本だった．あおむしがケーキ，アイスクリーム，ぺろぺろキャンディー，カップケーキ，スイカなどを次々と食べていくのを，禁食のある子どもたちは，「いいなあ～」，「あおむしずるいなあ！」と羨ましがり，そして食べ過ぎてお腹が痛くなってしまったあおむしに，「だいじょうぶかな？」，「薬飲んだら治るかな」と，心配している子どもたちの優しさに筆者はなんともいえない感動を覚えた．また，子どもたちの指先があおむしのかわりになり，穴に指を突っ込む．いつの間にかたくさんのあおむしたちのおかげで，絵本の穴がだんだん広がっていった．自分の「指あおむし」が食べると，次のページの食べ物の色が変わるような錯覚に陥った子がいて，「あっ！　あおむしが食

『はらぺこあおむし』エリック・カール・作　もりひさし・訳　偕成社　1976

べたから，食べ物が病気になっちゃった！　どうしよう……」と，本気で焦って悩んでいる子もいた．『はらぺこあおむし』の絵本の穴が読み聞かせをするたびにぐんぐん拡がっていくように，絵本を軸として子どもたちの心の容量（キャパシティ）がどんどん拡がっていくのを筆者は感じた．

(6) 遊びを促進する絵本

　フランス生まれのトミー・ウンゲラーによる『すてきな三にんぐみ』を手にした子どもは，「青と赤と白はフランスの国旗の色だね！」と言ったり，泥棒がティファニーちゃんを隠れ家に連れて帰るシーンでは，「泥棒さん優しい顔をしているね！　優しくそーっと抱っこしてるね！」と，自分がまるで泥棒に心地よく抱っこされているかのような表情で話をしてくれた．また，話の中に出てくるラッパ銃やこしょうふきつけの武器をなんとか作れないものかと，マヨネーズやふりかけの空容器やペットボトルを利用して武器を作り出すのに試行錯誤する子どももいた．このように絵本を通して子どもたちの遊びが促進していった．また，にしまきかやこ作『わたしのワンピース』では子ども達がゴミ袋を利用して，ワンピースつくりに没頭した．そして，みんなで自分の作ったワンピースを見せ合い，ファッションショーが行われた．

『すてきな三にんぐみ』トミー・アンゲラー・作　いまえよしとも・訳　偕成社　1969

『わたしのワンピース』にしまきかやこ・絵と文　こぐま社　1969

(7) 考える力を培う絵本

　何かの本で読んだのだが，人間は考えることによって精神年齢が高まるというような内容だったと記憶している．人間最大の特徴は自発的にものを考える点であり，考えるからこそ，人間は万物の霊長なのだといえるのではないだろうか．絵本を通じて疑問を持ち，絵本を通して答えを探す．わからないことがあれば，投げ出さず，いつまでも持ちこたえていくことは大事である．そして，自分の力で考えてみてその疑問に答えることが出来たとき，人間としての飛躍をもたらすのではないだろうか．ベルギーの絵本作家のカンタン・グレバン作の『ねぇママ，どうしてきょうりゅうはがっこうへいかないの？』や同じ作家の『ねぇパパ，どうしてシマウマはローラースケートをはかないの？』の絵本は子どもたちが自分なりに考えて，実にユニークな答えを引き出してくれる絵本である．

『ねぇママ，どうしてきょうりゅうはがっこうへいかないの？』カンタン・グレバン・作　スギヤマカナヨ・訳　セーラー出版　2009

『ねぇパパ，どうしてシマウマはローラースケートをはかないの？』カンタン・グレバン・作　スギヤマカナヨ・訳　セーラー出版　2008

人間の発達と教育の心理をつなぐ絵本

(1) 絵本の力

　河合隼雄は『絵本の力』（岩波書店，2001）の中で，「絵本というのは実に不思議なものである．0歳から100歳までが楽しめる．小さい，あるいは薄い本でも，そこに込められている内容は極めて広く深い．（中略）それだけに絵本というものは，相当な可能性を内蔵していると思われる」と述べ，柳田邦男も「絵本という表現ジャンルは，ユーモア，機知，悲しみ，別れ，思いやり，心のつ

ながり，支え合い，愛，心の持ち方，生き方など，人間として生きるうえで大事なものを，深く考えさせられる」と綴っている（河合ほか，2001）．こうした見解から，絵本には生きる力を育む，感性を磨く，生き方を拡げるなど様々な力が宿っていることが示唆される．

　また，絵本は人が文学や科学等の様々な本を旅していく出発点となるものである．そして，前述の河合（2006）や柳田（2006）が述べたように，絵本は老若男女の世代，性別を問わず人の人生に渡り人の心を耕し生涯を豊かにしてくれ，人を支えてくれる力を持っている．

　以下，本書では第Ⅰ部で発達心理学，第Ⅱ部で教育心理学について述べていくが，本文とコラムで折々に絵本について触れながら進めていく．絵本に描かれている物語が人間の心理に深く根ざしたものであることを理解しつつ，絵本の可能性を読み取っていただければ幸いである．

参考文献

河合隼雄・松居　直・柳田邦男（2006）．絵本の力　岩波書店．

松居　直（2003）絵本のよろこび　NHK出版．

第Ⅰ部

絵本とともに学ぶ

人間の発達

第1章 発達の仕組みと様相

1．発達の仕組み

(1) 発達とは

　発達心理学といえば，ひと昔前までは個体が身体的に成熟するまでの，つまり青年期までの心理学であった．近年は**発達**を「受胎（または受精）から死に至るまでの**変化**ととらえる考え方が提唱されている．厳密に言えば，WHO（世界保健機構）が作成している「国際疾病分類10版（ICD-10）」では，生まれてきても助けることのできる可能性のあるのが在胎22週以降といわれている．このことから，発達の定義としては，赤ちゃんが"生"をもって生まれてくる可能性のある時期から死にいたるまでの変化をさすことになる．変化とひと口に言っても様々な変化がある．量的変化としては，体重が増える，身長が伸びる等があり，質的変化としては，仰向けに寝ていた赤ちゃんが頻繁に寝返りをうつようになる，座る，立つ，歩くといった行動ができるようになることを指す．また，3つの数字しか記憶できなかった子どもが5つの数字が記憶できるようになるのは量的変化であり，その後**成長**していくと，論理的な思考や抽象的な思考ができるようになる．これは質的変化といえる．

　ところが，個体の変化は，大きくなるとかできるようになるといったものばかりではない．年齢を重ねるにつれて，できていたはずのものができなくなる，時間がかかるようになるといった一見後退とも捉えられる変化もある．かつての発達心理学には，発達は青年期にピーク時を迎え，その後は加齢に伴って下降し衰退していくと考える傾向があったため，成人に達する成人期までが発達心理学の対象と考えていた．しかし，今日では老年期は決して衰退期ではなく，老年期においてピーク時を迎えるような知的機能もあることが指摘されてきた．読書を例にあげるとすれば，同じ書物を青年期に読んだ時と老年期に読んだ時では味わい深さが違う．発達は上昇，ピーク，下降といった捉え方ではなく，それぞれに発達の課題があり，それを1つひとつこなしていく過程そのものが発達であるという考え方も現れてきた．したがって現在では，発達心理学とは人間の生涯を対象とする**生涯発達心理学**となっている．生涯発達的な視点をも

つことは今日において重要なことであろう．

生涯発達心理学の発展に重要な貢献をしたのはハヴィガースト，エリク H. エリクソン，バルテスらである．ロバート・ハヴィガーストは物理学を学び，若者の科学教育に携わった後，青年期の問題と実験教育学に関心を持つようになり，専門を変え，多くの大学の児童発達研究プログラムを援助した．また，ヨーロッパから亡命してきた学者がアメリカで定住できるよう資金援助をする仕事にも携わったようである．その援助を受けた人の中には，ベッテルハイム（自閉症，情緒障害児の治療），エリクソン（児童精神分析家），ブロス（青年心理学）らが含まれていた．その後，シカゴ大学において，児童・青年のパーソナリティや道徳性の発達に関する研究，アメリカ先住民，ラテン・アメリカ諸国における教育，大都市における教育問題，加齢にともなう心理学・社会学に関する研究などを行った．

ハヴィガーストは『人間の発達課題と教育』（原書初版は1948年）において，乳幼児期から老年期までのライフステージを記述しながら，それぞれの時期に達成すべき課題（**発達課題** developmental tasks）があることを指摘した．発達課題について，「人間の行動には，学習によらないで成熟の自然の結果であるものはごく少ない」「生活することは学ぶことであり，成長することも学ぶことである」としたうえで，次のように述べている（Havighurst, 1953）．また，「個人が学ばなければならない諸々の課題，すなわち，生涯の発達課題は，我々の社会において健全な**成長**をもたらすものである．発達課題は，個人の生涯にめぐりくる色々の時期に生ずるもので，その課題を立派に成就すれば個人は幸福になり，その後の課題も成功するが，失敗すれば個人は不幸になり，社会で認められず，その後の課題の達成も困難になってくる」（訳書，p. 21）という．すなわち，ほとんどの発達課題は，それを学習する特定の時期があり，個人がそれを学習できるほどに十分成熟した時が，「教育の適時」であると指摘した．

(2) 発達を支えるもの

発達とよく似た言葉に成長，**成熟**，**分化**，**学習**がある（図1-1）．白井（1968）は特に発達，成長，分化という3つの概念概念の関係について，大別して3つの捉え方があるとした上で，そのうち「数量的増加を成長とし，複雑化や特殊化を伴う分化とともに発達の分析的概念として発達に含まれるとする見方」の立場が最も妥当であろうと述べている．すなわち，発達という全体的な変容過程には質的変化の側面と量的変化の側面とが統合されていると考えられるので，数量的な変化を成長と呼び，複雑化，特殊化を伴う質的変化を分化と呼んで，ともに発達という概念に含まれるとした．

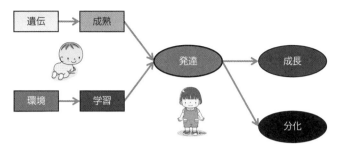

図1-1　発達の仕組み

　また，このような発達をもたらす要因は何であるかということを考える時，成熟と学習という概念が問題になるであろう．ともに発達を規定する要因と考えられているが，この2つの概念は従来から相反する概念として扱われてきた．成熟とは，外部の刺激とは関係なく内部の要因によって生ずる変容を指す．人間には人間という種独自の変容プログラムが仕組まれていて，外部の刺激とは関係なくこのプログラムに添って変化する側面を成熟と呼んでいる．

　一方で学習とは，経験による行動やその可能性の変化を指しており，知識や技術の取得のみならず，感情や人格形成などさまざまな変化が学習によってもたらされる．このように成熟と学習は互いに影響を受けながら，人間の発達を支える重要な2つの要因として考えられている．しかし，かつて発達は基本的に成熟によるものか学習によるものか議論され，極端な「成熟優位説」を唱える人や，全ての発達は学習によって規定されるという「環境優位説」を唱える人もいた．

　図1-2に示すように，この「成熟」か「学習」かという問いは「**遺伝**」か「**環境**」かという問いかけのカテゴリーにある．「遺伝」と「環境」を発達との関わりで発達心理学的に見た時に「成熟」と「学習」が問題になると考えてよ

図1-2　遺伝子と環境要因

いだろう．成熟は遺伝的要因により影響されており，学習は環境要因によって影響されていることからすれば，「成熟」か「学習」かの問題は，かつての「遺伝」か「環境」かの問題でもある．もちろん今日においては「遺伝」か「環境」かを議論する人はいなくなった．

この議論の次に出てきたものが「遺伝」も「環境」もという説である．シュテルンが唱えた**輻輳説**は，ルクセンブルガーの図式で知られるように，どのような形質や特性の発現にも「遺伝」と「環境」の両方の要因が作用しているが，両要因の寄与の割合はそれぞれの形質や特性において異なるというものである．たとえば**図1-3**にあるXという形質は遺伝と環境の寄与がほぼ同じ程度であるが，これより左側に位置するものは遺伝の要因の影響が強く，これより右側に位置するものは環境の影響が強いということを意味している．この考え方は遺伝要因と環境要因をそれぞれ完全に独立したものと捉え，その両方の要因が加算的にそれぞれの形質に寄与するというものであった．

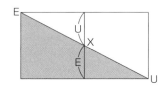

E：遺伝要因　U：環境要因　X：ある形質の位置
図1-3　ルクセンブルガーの図式（新井（編），1997）

今日においては遺伝要因と環境要因は切り離して考えるのではなく，互いに影響し合いながら作用しているという**相互作用説**が広く認められている．人間の実際の行動発達を見ると，成熟と無関係に学習という行動は生じない．また，環境の支えを全く必要としない成熟も現実にはありえないと考えられるからである．例えば，ある体操選手が優れた運動能力（遺伝的要因）によっているために賞賛を浴び，そしてそうした賞賛（環境的要因）が自信になりその選手の行動を積極的な練習へと向かわせ，よりすばらしい体操選手に成長したとする．そうなると，この選手の素晴らしい運動能力が遺伝的要因によって生み出されたのか，環境的要因によって生み出されたのかを決定することは難しくなる．このように，遺伝的要因と環境的要因の境界線はたいていの場合は曖昧である．そこで，成熟が学習を促し，また学習が成熟を促すという形で相互に影響しあいながら作用しているという相互作用説が広く認められてきたのである．

2. 発達の考え方

(1) 生涯発達心理学：エリクソンの発達理論
① ライフステージ

「ライフステージ」とは，人生のある時期（段階）を意味する．「時期」といっても，ある瞬間を意味するのではなく，乳児期，幼児期，児童期，青年期，というような，一定の特徴をもったある期間をいう．「発達段階」に近いが，これはある能力なり心的機能の発達的変化を想定したものであるのに対して，ライフステージは「人生」（あるいは「生涯」）のある時期におけるその人の生き方や生活の仕方（とその変化）とでもいうような，広い視点を想定している．乳幼児期の発達においては，歩くこと，話すこと，排泄の習慣，そして青年期の職業の選択などの学習については確かにこのことが言える．しかし課題のうちには長い間にわたって，変化した形で度々繰り返して起こるものもある．同年輩の仲間と交際することの学習は，繰り返される課題の1つの良い例である．発達課題の例としては，「歩行の学習」，「固形の食物を摂ることの学習」，「話すことの学習」（乳幼児期）から，「肉体的な力と健康の衰退に適応すること」，「引退と収入の減少に適応すること」，「配偶者の死に適応すること」（老年期）などが挙げられている．精神分析家であるエリクソンは，師であるS.フロイトの発達論に影響を受けながらも，独自の発達論を作り上げた．エリクソンの発達論は，**ライフサイクル**，すなわち「心理社会的発達論」と呼ばれているが，「人間は生まれてから死ぬまで，生涯に渡って発達する」という考えのもと，人間の一生を8つの段階に分けた（表1-1）．そして，それぞれの**発達段階**で獲得すべき**発達課題**を設定した．各段階には「肯定的側面　対　否定的側面」が対となって設定されているが，どちらか一方しか身につけられないということではない．否定的な部分を抱えながらもそれを克服し，肯定的な部分を身につけるという意味でエリクソンは設定している．もちろん，ある段階で肯定的部分を身につけることができなかったとしても，後に獲得し直すことも可能であるとしている．

② エリクソンの謎

エリクソンの人生には謎がある．その1つは，「エリクソンとは誰か？」ということである．エリクソンのライフサイクル（人生周期）の理論は，青年期の自我同一性（アイデンティティ）の獲得がよく知られているが，これまで彼の人生，とりわけ青年期のことに関しては論じられることがほとんど無かった．彼の母

表 1-1 エリクソンの心理社会的発達段階（Erikson, 1963 を参考に増田が作成）

段階	時期	心理社会的危機	重要な対人的環境	エリクソンの心理社会的発達段階を目安とした心身の構造や機能の変化の過程（増田）
I	乳幼児（0〜1歳）	基本的信頼 対 不信	母親，またはその代理人	
II	幼児前期（1〜3歳）	自律性 対 恥・疑惑	両親	
III	幼児後期（1〜6歳）	自発性 対 罪悪感	家庭，近隣，幼稚園，保育所	
IV	学童期（6〜12歳）	勤勉性 対 劣等感	学校，近隣，仲間集団	思春期女子（9歳〜） 思春期男子（11歳〜）
V	青年期（12歳〜20歳代初期）	自我同一性 対 同一性混乱	仲間集団，外集団，リーダーシップのモデル	
VI	成人前期（20歳代初期〜40歳頃）	親密性 対 孤立	職場，友人，恋人	
VII	成人中期（40歳頃〜65歳頃）	世代性 対 停滞	家庭，職場	
VIII	老年期 成人後期（老年期）（65歳頃〜）	総合性 対 絶望	人類，次世代	

親はユダヤ人で，エリクは未婚の母の子として生まれた．実父はデンマーク人だが，誰かを知ることは無かったという．3歳の時，母が結婚，養父はユダヤ人の小児科医で，彼はエリク・ホンブルガーと名乗ることとなった．ギムナジウム（ドイツの中等教育学校）を卒業した後，芸術学校に入ったが，20歳の時から7年間放浪（遍歴）を続けた．27歳の時，ブロスに紹介されてウィーンでアナ・フロイト（ジグムント・フロイトの娘）に師事．31歳の時，アメリカへ移住．36歳でアメリカ市民権を獲得した際に，エリク H. エリクソンと名乗るようにした．エリクソンとは，「エリクの息子」という意味である．養父ホンブルガーの息子ではないということであろうか．養子となった体験やユダヤ人の血を引くことなどから，自分は誰なのか，自分の親は誰なのか，自分の宗教は，国は何なのかと問い続けた．このことがアイデンティティの概念を発展させた背景にあると思われる．

(2) 人間発達の生態学的視点：ブロンフェンブレンナーの発達理論

① ユーリー・ブロンフェンブレンナー

ブロンフェンブレンナーは，発達を「人がその環境を受け止める受け止め方や環境に対処する仕方の継続的な変化」と定義して，「環境」について新たな考え方を提案した．それは生態学の立場からである．生態学とは，生活体（生物）の生活，あるいは行動を固体の生活，あるいは行動としてではなく，その生活体を取り巻く様々な生物，すなわち同じ種類の仲間だけではなく他の種類の仲間や気候や地理的条件といった非生物的諸条件との相互交渉の過程としてとらえる学問である．ここでの，その生活体を取り巻くあらゆる条件を，環境という．

ブロンフェンブレンナーはモスクワに生まれ，6歳の時にアメリカに渡った．ニューヨークで暮らし研究生活のほとんどをコーネル大学で送ったといわれている．彼は発達理論と研究方法の面で発達科学の最前線に位置し，発達研究の成果を政策と実践に適用した．一方では発達研究の知見を学生や一般市民，政策担当者とともに多くの議論を繰り返し行ったといわれている．アメリカの貧困家庭の幼児に対する補償教育計画であるヘッドスタートプロジェクトにおいては，中心的な役割を果たした．このように，ブロンフェンブレンナーは非常に広範囲にわたる影響を与えた研究者である．

② 生態学的モデル

ブロンフェンブレンナーは人間を取り巻く環境をロシア人形のマトリョーシカに例えて「入れ子構造」とみなしている．つまり，ある人間を中心にした同心円の構造を想定している．ある人間を取り巻き直接的な相互作用が生じるところはマイクロシステムと呼ばれ，家庭や学校などがこれに当たる．その外側には発達しつつある人間が積極的に参加している2つ以上のマイクロシステムの相互関係であるメゾシステムがある．これは家庭と学校と近所の遊び仲間との関係を指している．そのさらに外側には，エクソシステムというマイクロシステムで生じることに影響を及ぼしたり，あるいは影響されたりするような事柄が生じる場がある．例えば両親の職場，兄弟姉妹の通っている学校，地域の教育委員会の活動などがこれに当たるのである．一番外側にはこれらを含み影響を及ぼす一貫した信念体系，あるいはイデオロギー，つまり文化といえるものがあり，これを，マクロシステムと呼ぶ．以上の事柄を図に表したものが図1-4である．

ブロンフェンブレンナーのこのような考えの背景には，人間の発達が個体と環境との相互作用の所産であるといっても，実際の研究では個体にのみ焦点が

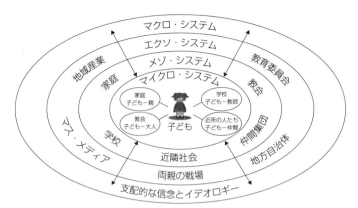

図1-4 ブロンフェンブレンナーの生態学環境システム（石井（編），2009を参考に増田が作成）

当てられ，その個体が関わっている環境については，その特徴などに目が向けられてこなかったことが挙げられる．環境条件を全て視野に入れた研究というのは現実には有り得ないし，実験的研究の限界はあろう．しかし，ブロンフェンブレンナーのような生態学的モデルであれば，子どもを取り巻く諸条件を検討する意義は理解されやすいかもしれない．さらに，子どもの問題といえば母親だけを要因とみなすことは少なくない．これは生態学的な視点に立っているとは言えないだろう．また，子どもの虐待など現実的な問題に取り組むには，ブロンフェンブレンナーのような考え方も重要であろう．

(3) 関係発達論：鯨岡峻，佐伯胖，小林隆児の発達理論

近頃子どもの発達を個体の能力としてではなく，保護者や他の子どもなどとの関係という視点から捉える立場が発展しつつある．保育実践や臨床心理学の観点からすれば当然のこととして考えられるのであるが，現実的には個体の能力に還元してしまうことが多いようである．関係発達論の立場を推進している研究者に，鯨岡峻，佐伯胖，小林隆児らが挙げられる（鯨岡，2002；小林・鯨岡（編），2005；佐伯，2001）．

鯨岡は関係の営みの中で人は発達するとしており，従来の子どもの発達は基本的には個の能力の発達として考える立場を個体能力発達論として批判している．そして，鯨岡は，その子の生きる生活の場に即して捉え直す必要性を指摘している．佐伯も「関係論的発達論では，人の発達を個人の頭の中の認知構造の変化という見方はしない．そうではなく，発達というものを，子どもが生きている社会，世界，共同体，そこでの人々の営み，活動などとの関係のありよ

うの総体の変容として捉えるのである」(佐伯, 2001)としている．さらに佐伯は「保育は本来あれやこれやの原因に還元できるものではない．保育というのは「善かれ」と願う人々が様々な行き違いやしがらみの中で，変えようにも変えられないことにぶつかり，葛藤しながらも，あちこちでの「わずかなきっかけ」の積み重ねから，ほとんど誰もあれが原因だったとはいえない状況の中で，関係の総体が少しずつ，少しずつ変容することで，結果的に「より望ましい」保育が実現できるのではないだろうか．1人ひとりの子どもの発達もそのような「関係の網目」の中で形づくられるものである」(佐伯, 2001)と述べている．

参考文献

新井邦二郎（編）(1997). 図でわかる発達心理学　福村出版.

Bronfenbrenner U, (1979). *The ecology of human development*, Harvard University Press. (ブロンフェンブレンナー，U.（著）磯貝芳郎・福富護（訳）(1996). 人間発達の生態学　川島書店)

Erikson E. H, (1963). *Childhood and society* (2nd ed), W. W. Norton and Company. (エリクソン，E. H.（著）仁科弥生（訳）(1977). 幼児期と社会　みすず書房)

Friedman L. J., (1999). *Identity's architect,* Scribner. (フリードマン，L. J.（著）西平直監（訳）(2003). エリクソンの人生（上・下）新曜社.

藤永　保（編）(1992). 現代の発達心理学　有斐閣.

藤永　保（編）(1995). 発達心理学へのいざない　新曜社.

庄治順一 (2006). ライフステージと心の発達　母子保健情報　第54号　19-23.

Havighurst, R. J, (1948). *Developmental tasks and education*, University of Chicago Press. (ハヴィガースト，R. J.（著）荘司雅子（訳）(1958). 人間の発達課題と教育　牧書店)

繁多　進（編）(1999). 乳幼児発達心理学――子どもがわかる　好きになる　福村出版.

石井正子（編）(2009). 赤津純子・白坂香弥・高橋晴子・田中秀明・増田梨花・森木朋佳・吉村真理子　発達心理学――保育者をめざす人へ　樹村房　pp. 2, 19.

石井正子・松尾直博（編）(2004). 小沢日美子・白坂香弥・田中秀明・冨田久枝・宮本智美・吉村真理子　教育心理学――保育者をめざす人へ　樹村房.

伊藤隆二・橋口英俊・春日　喬（編）(1994). 人間と発達心理学2　乳幼児期の臨床心理学　駿河台出版.

小林隆児・鯨岡　峻（編）(2005). 自閉症の関係発達臨床.

鯨岡　峻 (2002). 育てられる者から育てる者へ　日本放送協会.

川上清文 (1992). 胎児期　東　洋・繁多　進・但馬信元（編集企画）発達心理ハンドブック　福村出版.

永田雅子 (2011). 周産期のこころのケア――親と子の出逢いとメンタルヘルス　遠見書房.

大日向達子・並木　博・福本　俊・藤谷智子・向井敦子・石井富美子（1992）．発達心理学朝倉書店．

佐伯　胖（2001）．幼児教育へのいざない　東京大学出版会　pp.93-94, 103-104．

白井　常（1968）．発達　八木　冕（編）心理学Ⅱ　培風館．

多田　裕（1992）．胎児の発達　高橋道子（編）新・児童心理学講座2　胎児・乳児期の発達　金子書房．

田島信元・西野泰広・矢澤圭介（編）（1985）．子どもの発達心理学　福村出版．

Willerman, L., Broman, S. H. & Fielder, M. F.（1970）．Infant development, preschool IQ and socialclass. *Child Development*. pp.41, 69-77.

コラムⅠ-1　人生≒RPG

　生物はみな一様に**成長**をする．人間の発達にはさまざま段階が存在する．その段階では，クリアしなければならない課題，**発達課題**がある．こんなことを書くと語弊を産むかもしれないが，人生は選択の連続などと巧く言った人もいる様に，人生はRPGの様に感じる．バーチャルリアリティの観点から言っておくと，人生というゲームではセーブした所に戻って……なんてことはできない．そしてこのゲームにはもちろん終わりがあるが，そこまではゲームは続く．大人になってもゲームは続き，人間は死をむかえるまで発達し続ける．この観点から，**生涯発達**や**ライフサイクル**の概念が説明できるのではないだろうか．

『みんなあかちゃんだった』　鈴木まもる・作　小峰書店　2000

　発達理論（ゲームでのシナリオ）に関して，心理学の中でもいろいろな理論が存在する．**エリクソン**に始まり，**ピアジェ・ヴィゴツキー・ブロンフェンブレンナー**などなど．それぞれの理論には各々共感するものが多々あるが，ここでは，絵本に描かれている内容から，3歳位までのシナリオについてみていこう．

『みんなあかちゃんだった』には，いろいろな赤ちゃんの姿が描かれている．4〜5か月くらいでは，よこに抱かれるよりたてに抱かれるのが好きであったり，7〜8か月くらいでは，バンザイとハクシュができるようになったりと……当たり前だが，知らないことのオンパレード．赤ちゃんの成長のキセキ（軌跡や奇跡）が描かれている．その中でやはり目につくのは，赤ちゃんとその周囲の人間，父親・母親・友人との関わりである（**生態学的アプローチ** or **環境説**）．いろいろな赤ちゃんが示されているのは，その子の**個性**の現れかもしれない．しかし，その個性に気づくにも，周りとの関わりがあってこそだと思う．赤ちゃんが色々なことをする．その1つひとつ全てに意味があるとは思えないが，その1つひとつを観察すること自体，子どもの成長に寄り添っていることなのではないかと感じた．

　絵本の最後はこんな言葉で締められていた．「いろんな人がたくさんいるけど，さいしょはみんなあかちゃんだった」自分たちも赤ちゃんだった時があったんだなぁと思いにふけると，少しだが張りつめていた気持ちが緩んだ気がする．お母さん・お父さんだけでなくいろいろな人に読んでもらいたい本だと感じた．

立命館大学大学院応用人間科学研究科修士課程修了生　有田有佳
立命館大学大学院文学研究科博士前期課程修了生　髙城雅裕

第2章　胎児期から新生児期の発達

1．人間の発達の特殊性

(1) 留巣性と離巣性

　鳥類の中でも雀やツバメの雛はかなり未熟な状態で誕生し，誕生してからもしばらくの間は巣にいて親からえさをもらわなければ生きていけない．このような特徴を**留巣性**という．一方，カルガモの雛や鶏のヒヨコのように誕生してすぐに移動ができて，食物を自分で探すことができる種類もいる．こちらは**離巣性**と呼ばれる．では，哺乳類も鳥類のように2つのカテゴリーに分類されるのではないか．そう考えたのはポルトマンである．犬，猫，ウサギのように頼りない状態で生まれてくる留巣性の特徴を備えた哺乳類もいれば，馬，牛，羊などのように生まれて間もなく立ち上がり，母親の乳を飲むことができるような離巣性の特徴を持った哺乳類もいる．**ポルトマン**はこの2つのカテゴリーを比較して，離巣性の哺乳類は妊娠期間が長く，1回の妊娠で生まれてくる子どもの数がおおむね単数であることを示し，留巣性の哺乳類にはその反対の特徴，すなわち妊娠期間が短く，1回の妊娠で生まれてくる子どもの数は複数であるということを示した．

　では，人間の場合はどちらに分類されるのだろうか．妊娠期間も長く，1回の妊娠での出生児数も少ないという意味では離巣性の特徴を持っている．しかし，人間の赤ん坊は馬や牛の赤ちゃんのようにすぐに立ち上がって母親の乳を飲みに行くことはできない．むしろ人間の赤ん坊はツバメや雀の雛のように，養育者から食物をもらって摂取しているように見える．

(2) 二次的留巣性

　本来ならば離巣性でなければならないはずが，留巣性の状態に生まれてくるという人間の個体発生に対して，ポルトマンは進化史上新たに発生したという意味で**二次的留巣性**と呼んだ．そして，このようなことが生ずる理由として，本来ならばもう1年胎内に留めておかなければならないのに，1年早く生まれてくるためにこのような現象が起きてしまうのであると説明した．つまり，人

間の場合は大脳の発達による重い頭を支えるために胎児の体軀が大型化していることや，直立二足歩行による産道の垂直化などのために，胎児をそれ以上留めておくことができず，早産が常態化したという意味において**生理的早産**と呼んだ．そして早産のために早く生まれてきた生後1年を本来は胎内にいるはずの時期という意味で**子宮外胎児期**と呼んだのである．

2．赤ちゃんが生まれるまで

(1) 妊娠初期の母体と胎児

「十月十日（とつきとおか）」という言葉をよく耳にするが，これは，約10ヶ月間，母親とお腹の中の赤ちゃんとの共同生活の期間のことを表しているのである．どこをスタートとするかといえば，「**受精した日**」と考えがちだが，そうではない．**妊娠**の週数は最終月経の開始日を「妊娠0週」として数え始める．月経の遅れなどから妊娠が確認されるのは，妊娠2ヶ月以降となる．また，妊娠月は4週（28日）であるため，**胎児**は文字通り「十月十日」の間，母親のお腹の中にいるわけではない．妊娠月でいう10ヶ月，つまり出産予定日は最終月経開始日から数えて40週0日となる．

妊娠初期とは，1ヶ月から4ヶ月（0週0日～15週6日）までを指す．この時期の母体の変化の特徴としては大きく2つ挙げられる．1つめは月経の遅れ，そして2つめは**つわり**である．つわりの程度やその症状は様々で，例えばご飯が炊けるにおいがすると吐き気がするといった胸のむかつきや頭痛，眠気といった症状が現れることがある．つわりは本来は妊娠に伴う母体の生理的変化ではあるが，つわりを通して，妊婦が妊娠に伴う身体の変化を心理的に受け止め，また周囲が妊婦の保護と出産に向けての協力体制を整えていく一過程となっていくのである．その重症度は妊婦によって様々であるが，その要因として，女性自身の心理学的要因を指摘する報告も見られる．自分の身体なのにどうすることもできないという恐れが強くなり，いつ終わるとも分からない長いトンネルの中にいるような感覚に陥り，その不安がつわり症状をより強め，長引かせることもあるようである．

胎児が胎児と呼ばれるようになるのは約妊娠9週目からである．それまではまだ**胚期**や**胎芽期**と呼ばれている．胚期は受精の瞬間から受精卵が子宮に着床するまでの8～10日間をいい，胎芽期は受精卵の着床から胎生8週（受精後8週の終わり）までの時期を指し，タツノオトシゴのような形をしている．胎芽期に各臓器の原基から主要器官が形成される．次の胎児期と呼ばれる妊娠9週頃になると，頭部，頸部，胸部，腹部，骨盤部，四肢などの身体的各部が明瞭に

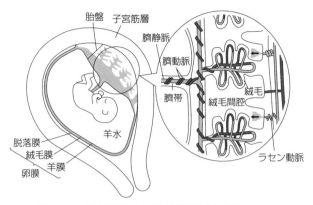

図2-1 体内環境（医療情報科学研究所（編），2013）

区分形成される．身体内部では，循環器系，運動器系，消化器系などの基本的形成が進み，顔面では一時目が開いて眼球が動き，耳，鼻，口，下顎が識別できるまでに形成される．受精から妊娠9週までという妊娠のごく初期の，妊娠に気づくか気づかないかという時期に，人としての基本的な部分が形成されるのである．そして，外部の刺激や振動にも反応を示しつつ，手足を動かし，頭部を回旋させ，体を屈曲させて活動を開始するのである．そして，胎芽期の終わりから出生までの時期には，胎盤が形成され，母親からの栄養分をもらうようになり，各臓器は量的にも質的にも増大を続ける（**図2-1**）．つまり，胎内では両親から受け継いだ遺伝子や遺伝子が持つプログラムに従って，個体の発生，分化，発育，機能の分化，発達が進み，妊娠期間に応じた成長，発育をしていくのである．このようにして胎児は母胎の中にいるうちから種々の能力をすでに備え，それらを活発に活用しながら母体から離れた後の子宮外生活で独立した個体として生きていくために必要な呼吸や循環の確立，体温の維持，栄養の摂取，運動発達などの準備をしているのである．

近年，子宮内胎児に関する情報は，エレクトロニクスの進歩，超音波断層装置（いわゆるエコー検査）の開発などによって飛躍的に増加している．さらに，母体の心身の状態や母体を取り巻く**胎内環境**要因が，直接的であれ間接的であれ胎児の成長発育や機能発達に影響を与えることが認められている．

(2) 妊娠中期の母体と胎児

妊娠中期とは，5ヶ月から7ヶ月（16週0日〜27週6日）までを指す．母体では胎盤が完成して**安定期**に入るとともに，つわりが治まることが多い．この頃になると，子宮が大きくなり羊水も増加し，お腹が目立つようになり，妊婦ら

図 2-2　胎齢 4 ヶ月半の指しゃぶり動作
(Nilsson, L & Hamberger, L. 1990)

しい体型になる.

　胎児は妊娠 4 ヶ月では, すでに羊水の中で活発に手足を動かしたり, 指しゃぶりをしたり, 心音や外界の音に耳を澄ましたりして安定した感覚体験を楽しんでいる. そして, 5 ヶ月ではさらに動きが活発になって, 母親が**胎動**として感じられるようになる. 小西 (2003) は, 母親が最初に胎児が動いたと感じる動きは, **驚愕運動**と呼ばれるものではないかとしている. 驚愕運動とは, びっくりした時や眠っている時に, 体がびくっとする動きのことである. まだ小さい胎児が羊水の中でびくっとすれば, 蹴られたというよりは, お腹の中で波打つようなものとして母親には感じられるのである.

　胎児は妊娠中期の初め頃 (妊娠 20 週) には 4 頭身となり, 赤ちゃんらしい体型となる. 超音波写真では, 顔立ちがはっきりとしていることが分かる. **聴覚器官**が特に発達し, 母親の声の強さや弱さなどを感知したり, 外界の音に反応するようになる. 強い刺激や母親がショックを受けた場合などに, それへの不安反応として指しゃぶりを示すことが確かめられている (図 2-2). 胎児は胎内にいる頃から, 親のリラックスした感覚であったり, 不安や緊張であったりといったこころの状態を全身で感知し, 反応しているのである. そして母親もまた, お腹の中の胎児の状態を, 胎動などを通じて, 意図あるものとして読み取り, 声かけをして, やり取りを行っているのである.

　また, 妊娠 20 週頃の胎児は嚥下運動, そして 23 週頃には口唇をすぼめる吸啜反射のような動きが観察される. 吸啜や嚥下などの出生前の運動は, 出生直後に自力で乳房に吸いつき母乳を飲み込み, 栄養を摂取するための準備となっているのである. 妊娠 7 ヶ月ではもういつでも外界で生活できるほどに諸機能の十分な発達が見られる (図 2-3).

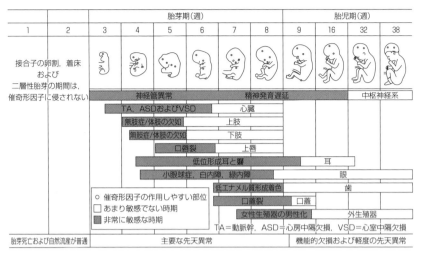

図2-3 受精から誕生に至るまでの諸器官の発生時期 (有森(編), 2015)

(3) 妊娠後期の母体と胎児

妊娠高血圧症候群・むくみ

　妊娠後期とは8ヶ月から10ヶ月（28週0日〜39週6日）までを指す．妊娠後期になると子宮はさらに大きくなり，お腹が前にせり出して，足元が見にくくなる．大きくなった子宮に下半身が圧迫されてきて，**むくみ**などが生じるようになる．この時期には**妊娠高血圧症候群**という妊婦特有の病気が表れることがある．主な症状としては，高血圧，蛋白尿であり，その原因は未だはっきりとは分かっていない．

　胎児は聴覚がさらに発達してくる．ドギャスパーとファイファー (Decaspen & Fifer, 1980) は，胎児への物語の読み聞かせを行い，妊娠末期（33週）には，胎児を取り巻く外部環境の音があまり変化することなく胎児に達していること，胎児は子宮内で聴覚的に反応する力を備えるようになっていることを明らかにした．この実験では，明確なリズムと抑揚パターンを持った物語を毎日何度も子宮内の胎児に向かって読み聞かせるように妊婦に頼み，誕生直後，確認実験をした．その結果，生まれたばかりの新生児は子宮内で聞いた物語をより馴染み深いとする反応を示した．また，出産されたばかりの新生児が声を上げて泣いている際に，子宮内で聞いて馴れていた母体を流れる血流音やそれと類似の音を聞かせると泣き止み眠ることが確かめられた．このことから，胎児は周囲の笑い声，話し声，怒った声，歌声，咳，くしゃみなどの日常的な物理刺激や母体の呼吸音，母体腹部の大動脈血管や子宮筋層内の血管から発生する音や振

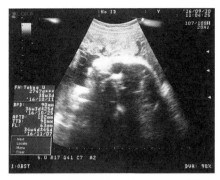
図2-4　妊娠36週の胎児：エコー写真

動なども聴き取っていることが想像できる．
　聴覚のみならず視覚も備わるため，光に反応するようになる．強い光に対しては顔を背けるような反射行動を示す．胎内での動きはますます活発になり，しっかりとした胎動が感じられるようになる．胎児が子宮いっぱいに成長しているため（図2-4），足を動かしたり手を伸ばしたりしている様子，しゃっくりをしている様子もはっきりと分かるのである．
　胎児は9ヶ月に入ると肺機能が成熟し，胎外でも生活ができるようになる．この頃になると，外見は新生児とほとんど変わらない．10ヶ月になると全ての器官が完成し，病気に対する免疫も胎盤を通して母体から胎児に移行する．出産予定日が近づくと，胎児は骨盤の間に頭が固定され，身体をぐっと縮めるような姿勢をとる．生まれる準備が整うと，陣痛が起こり母親の胎内での10ヶ月の生活が終わるのである．陣痛が40週0日あたりで何をきっかけにして起こるのかなどは，まだ解明されていない．命の誕生は，そのプロセスを含めて神秘的な出来事である．

(4) 妊娠過程において気を付けること
　胎児は環境因子への敏感さ，有能さをもった存在であるという認識のもとに，胎内生命の発育，発達を考えるならば，妊婦や周囲の人たちは受精後のごく初期段階から妊娠の意識や日常生活が発達環境として胎児に影響や刺激を与えるものとなっていることを心に留めておく必要があるだろう．そして，胎児が胎内にいる時から新しい命として活動を始める存在であることを理解しておくべきである．誕生してきた子どもたちに良い環境を与えようと努力するのと同じように，胎児にも良い胎内環境を与えようと努力することが大切である．
　胎児の発達に悪影響を与えるものに，飲酒やタバコがある．妊娠中の母親の

飲酒が原因で起こるものに，胎児性アルコール症候群と呼ばれる障害がある．知的障害，発達障害，小頭症などの症状がかなりの確率で現れるとされている．一方，タバコの場合も，喫煙している母親は，していない母親に比べて，子どもを死産する確率が有意に高いとされている．また，母親の喫煙量が多いほど，子どもの出生時体重が低くなるという研究結果もある．いずれにせよ，妊娠中の母親の飲酒や喫煙，そして周囲の人たちの喫煙が胎内環境を著しく悪くさせることは疑いがない．こうした認識のもとに，新しい家族の一員として，胎内の胎児に語りかけ，呼びかけ，対話をするつもりで接していき，身体的にも心理的にも母親が健康であることが出生後のより良い母子関係の形成に繋がると思われる．

3．赤ちゃんとの出会い

(1) 新生児の特徴

生後28日未満の赤ちゃんを新生児と呼ぶ．この期間は，母親の体内から外の世界へ出てきたばかりの赤ちゃんにとって，環境の変化に適応するための大切な時期である．新生児は1日のうち16時間半から18〜19時間は眠っている．まるで眠ってばかりいるように見えるのであるが，睡眠と覚醒が短い時間で繰り返し，大体2時間ほど眠っては，20〜30分ほど目覚めて，睡眠と睡眠の間の小刻みの覚醒時間に，授乳等の世話を受けるのである．また，新しく生まれ出た外の世界についての知覚や感覚を高めていき，自己を取り巻く世界についての認識をつくりあげているのである．

(2) 新生児の身体的特徴

初めての出産では，新生児の様々な特徴（表2-1）とともにケアの方法も知らないことが多いため，出産した病院や育児相談ダイヤルなどを活用したい．

(3) 新生児の能力

近年目覚しい発展をとげた乳児，特に新生児に関する発達研究は，人間の赤ちゃんに生まれつき備わっている能力を明らかにした．物を見る能力，音を聞く能力，味覚や嗅覚の能力，模倣の能力，学習能力がすでに備わっていること，また対人的に方向づけられた豊かな能力を持つこと，社会的に開かれた存在であることも立証している．

表 2-1 新生児の身体的特徴

体重	・生理的現象により出生後に体重が10%程度減少することがあるが，1週間ぐらいで元に戻る．便や尿が排泄されることに加え，羊水に浮かんでいた時に含んだ水分が皮膚や肺から蒸発したり，まだうまく母乳やミルクを飲めないために起こる． ・新生児期は体重が1日に30～40g程度増加．満1ヶ月を迎える頃には，出生時の体重よりも約1kg程度増加．
姿勢	・自然な仰向けの姿勢では，腕はW字型で足はM字型に屈曲． ・手は軽く握っている． ・手足をよく動かし，仰向けの時は左右対称に動かすことが多い．
体温	・体温調節機能はまだうまく働かず，周りの温度に左右される．暑さや寒さに弱いため，養育環境としては室温を冬は20度前後，夏は28度前後に保つことが推奨される．
呼吸や脈拍	・心臓も肺もまだ小さいため，大人と比べて呼吸数も脈拍数も多い． ・呼吸数は1分間に40回程度で，脈拍数は120～140回程度．泣いた後や授乳の後はさらに増え，体温も上がる．
頭	・頭のてっぺんにひし形のすき間があり，触ると柔らかい．これは「大泉門」といい，1歳から1歳半ぐらいで閉じる． ・頭にこぶができていることがある．これは狭い産道を圧迫されて通ってきた時にできたもので，3～4日で消える． ・頭の形は細長いが，数日で自然に丸くなっていく． ・新生児は一方方向に顔を向けて寝ることが多く，頭は柔らかいために変形しやすいが，1歳頃には目立たなくなる．
便・尿	・生後2～3日は胆汁の色により，緑色または暗緑色．胎便と呼ばれる無臭のねばねばした便が排泄される．生後3～4日すると，黄土色の便となる．下痢の時は黄色っぽい色で，酸っぱい臭いがする． ・母乳栄養児と人工栄養児では便の色の様子やにおいに違いがある．例えば母乳栄養児は，緩い便が排泄され，ヨーグルトのような芳香酸臭がする．尿は透明である．時間が経っておむつにつけば黄色であるがほぼ透明である．
肌の様子	・新生児の肌は薄く，大人の10分の1以下．そのためかぶれやすく，お尻拭きなどで強くこすると傷つきやすい． ・新生児黄疸と呼ばれる生理的現象により，生後2～3日頃から肌が黄色みをおびてくる．生後4～5日ぐらいにピークを迎え，2週間ぐらいで消える． ・お尻のところに青く見えるのは「蒙古斑」で，年齢が進むにつれて薄くなり，消えていく．
臍の緒	・たいてい3～4日で乾き，生後1週間ぐらいまでにはぽろりと落ちて取れる．

図 2-5　生後1日目の新生児と両親

図 2-6　生後1日目の新生児

図 2-7　ぬいぐるみの黒い目をじっと見つめる，生後 20 日目の新生児

① 新生児の視覚

　新生児は強い光に対して瞬時に目を閉じることはあっても，物が飛んできた時に目を閉じる**瞬目反射**は見られない．また，新生児は自分でピントを合わせて物を見ることができない．しかし，人の顔を好んで見つめ，あやされるとむずかるのをやめ，話しかけに身体の動きを使って反応し，能動的に周囲に働きかけたりする．新生児の視力は 0.03〜0.04 ぐらいであるといわれている．母親がおっぱいをあげている時の顔の距離，つまり 20〜30 cm ぐらい先のものがぼんやり見える程度であるが，人の顔はよく認識することができる．母親の顔をじっと見つめたり，母親が舌を出すと赤ちゃんも舌を出すなど，マネをすることもある．30 cm ぐらいの距離で目の焦点をしっかり合わせた状態で，赤ちゃんのペースでゆっくりと顔を左右に動かすと，目と頭を使って，顔の動く方向を追おうとするのである．3〜4ヶ月になれば，視力も 0.01 ぐらいになり，1 m ぐらい先のものが，ぼわっとした感じで見えるようになる．色は黒，赤・青・黄などはっきりした原色のほうが見えやすい．昔からある日本の赤ちゃんのオモチャに赤が多かったり，絵本の登場人物の黒目がはっきりと描かれているように，赤ちゃんは赤や黒をよく見る．パステルカラーのような色より，はっきりとした原色のほうが見やすいためである．6ヶ月では 0.04 から 0.08 の視力になり，1 歳で視力が 0.6 ぐらいになり，1.0 程度になるのは 3 歳になる頃である．

② 新生児の聴覚

　赤ちゃんは，胎生 7〜8 週より聴力があり，外界の音，母親の心音や声を聞いている．新生児の聴覚の発達は視覚よりもかなり早いスピードで進む．赤ちゃんが母胎内にいる胎児期には，外界の光が入ってこないため，胎児の目は見えない状態にあるが，聴覚を司る耳に関しては妊娠 20 週頃から発達を始めていると言われている．妊娠 20 週目以降には，耳の内部の器官（内耳・聴覚細胞・

大脳皮質の聴覚野）も形成され始めるので，母胎内の羊水の動く音や母胎の外の話し声・物音などもうっすらと曖昧な音で聴いていると考えられる．

新生児には，特定の声や音をより好むという**聴覚的選好性**が確認されている．胎児の聴覚的な選好性を確認するための実験は，以下のようなシンプルな方法であった．乳児におしゃぶりを吸わせて，ヘッドホンで色々な音源・音声を聴かせていき，どの音・声の時に吸啜行動が増えるのかを調べる実験である．他にも，乳児の頭の左右の側にスピーカーを設置して，どの音・声の方向に頭を向けるかを調べる実験などがあった．そういった乳児の聴覚実験の結果，乳児は次の3つのような音声をより選好して好むということが分かった．(1) 物音・機械的な音よりも，人の話し声を好む．(2) 低い男性の声よりも，高い女性の声を好む．(3) 早口で抑揚の乏しい声よりも，ゆっくりとした抑揚のある声を好む．

以上のことから，新生児が選好する言葉の特徴は，母親が自分の赤ちゃんに向かって話しかける時の**母親語**（**マザリーズ**）の特徴を持っている．更に，乳児は産まれて間もない時期から，母親と母親以外の声を聴き分け，母語と外国語を聴き分けるだけの**聴覚的弁別能力**を持っているとされる．母胎内にいる胎児期には明瞭ではっきりした音声を聴く事はできないので，なぜ新生児がこういった聴覚的弁別能力を持っているかには幾つかの仮説がある．基本的には，母親が胎児に話しかける声を聴いて，『母親の言語・発声』に特有のパターンやリズム，イントネーションを無意識的に学習していると推測されている．産後すぐの新生児に，こういった聴覚的弁別能力があることは，人間の赤ちゃんが生得的な言語学習の基盤を備えていることを示している．生後6ヶ月頃になると，マンマ・ネンネ・ワンワンなどの幼児向けの育児語に対する選好が強まってくると言われている．

③ 新生児の原始反射

新生児期の生後2～3ヶ月までに見られる反射のことを原始反射という．**表**

図2-8　吸啜反射

図2-9　探索反射

表2-2 主な原始反射 (石井(編),2009)

名称	特徴	消失時期
吸啜反射	吸啜反射は,口の中に乳首や小指を入れると吸う反射.眠りながらでも自分の唇を吸っていることもある.満腹だとこの反射は弱くなる.	3ヶ月頃
探索反射	別名追吸反射といい,口角や頬に指や乳首が触れると,それを追いかけて探すように口に含もうとする反射.	
把握反射	手の平に物を押し付けると握る.手の把握反射が代表的だが,足の指も同じような現象が起きる.足の親指の付け根あたりを圧迫すると,5本の足の指がキュッと丸くなる.	
モロー反射	仰向けにした赤ちゃんの頭を手の平で支え,10〜15 cmぐらいベットから上げ,頭を手にのせたままベッドにおろすと四肢を大きく伸ばし,驚くようなポーズをして,両腕抱きつくようなしぐさをする.	
緊張性頸反射	顔を一方方向に向けると,顔を向けた方の手足を伸ばし,反対側の手足は屈曲する.	6ヶ月頃

2-2に主な原始反射を示す.赤ちゃんの手の平に大人の指などを入れるとギュッと握る**把握反射**(握り反射,手掌把握反射),赤ちゃんの口元に小指や乳首などを持っていくと吸いつく**吸啜反射**,音の刺激などで上肢を大きく開き抱きつこうとする**モロー反射**(びくつき)などがある.基本的にはすべての新生児に見られ,中枢神経系の発達,成熟の評価にも用いられている.赤ちゃんが最低限生きるために必要な反射とも言われている.生後3ヶ月近くになると,赤ちゃんの脳や中枢神経の成熟にともない,自分の意思で身体の動きをコントロールできるようになると,消失していく.4ヶ月近くになると手の把握反射以外は消えていくと言われている.

④ 新生児のエントレインメント

エントレインメントとは,乳児期における母子相互の働きかけを指すものである.例えば,新生児の授乳の場面で,赤ちゃんは母親を見つめながら,母親の乳の臭いを頼りに時間をかけて乳首を探し出していく.また,母親も赤ちゃんの動きを肌で感じていく中で,赤ちゃんの姿を捉えていた言葉かけから,次第に赤ちゃんの微妙な動きに声の調子を合わせた声かけに変化することが観察される.母親と赤ちゃんのどちらか一方向からの働きかけではなく,お互いがお互いの反応を引き出し,少しずつ進んでいくのである.そこには微妙なリズムやハーモニーが存在し,1つひとつのやりとりの積み重ねの中で,母親と赤ちゃんの関係が紡がれていく.母親は周囲の理解や温かな見守りの中で赤ちゃんとのやり取りを支えてもらうことができれば,徐々に赤ちゃんに合わせた関わり方を微調整して赤ちゃんとのやり取りを楽しむことができるようになって

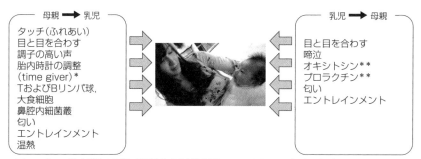

* time giver（体内時計の周期に影響を与える外的因子．ここではそのリズムを母親が調整していることを意味する）
**成長に欠かせないホルモン．子どもの吸啜によって母親のホルモン分泌が刺激される．

図2-10　母子の相互作用（Klaus, et al., 1995）

いく．そのやりとりには**エントレインメント**（図2-10）と呼ばれる同調したリズムが存在する．赤ちゃんはこのような母親との情緒的交流の段階を経て，また，母親も赤ちゃんとの情緒的な関係の中で母子関係を育んでいくのである．

⑤ 親と子の出会い

実際の赤ちゃんと**相互交渉**がスタートするのは，赤ちゃんが生まれてきてからということになるが，生まれてくるまでの間，夫婦の会話で「どちらに似ているかな？」，「赤ちゃんの名前は何にしよう？」などと赤ちゃん自身や赤ちゃんのいる生活のイメージを膨らませて，赤ちゃんの誕生を待っている．ベネッセが父親200人，母親200人を対象に行ったアンケート調査（表2-3）でも，親になったと実感する時期には，父親と母親とでは違うという結果がでている．父親，母親ともに，生後0～1ヶ月の間に親になったという実感が湧いたという回答が上位を占めている．ところが，母親は8割以上であったが，父親は6割程度であった．このことから母親のほうが早い段階で母親になったことを意識していると考えられる．

母親は妊娠から出産までのプロセスを通して，自らの身体の変化に加え，パ

表2-3　親になったと実感したのはいつか（石井（編），2009）

	時期	母親	父親
1	生後0ヶ月	78%	54%
2	生後1ヶ月	7%	7%
3	妊娠中	3%	5%

図 2-11　父親のサポート

図 2-12　家族のサポート

ートナーである赤ちゃんの父親や周囲の人たちとの社会的な関係の変化にも適応していく必要がある．特に母親自身の体調や体型の変化，そして胎動を感じながら母親は，自分以外の命を宿していることを強く意識することになる．また，お腹の中の赤ちゃんの存在を通して母親は自分が赤ちゃんだった時の姿を重ね合わせることもあったかもしれない．上記のような理由から，母親は父親よりも早くに赤ちゃんと出会っているといえよう．

　実際に赤ちゃんが生まれてからは，本格的に母親との相互交渉が始まる．新生児期の赤ちゃんは寝て起きて，おっぱいを飲んで，また寝ての繰り返しである．この時期は昼夜の区別もないため，母親は赤ちゃんのリズムに合わせて生活をすることになる．赤ちゃんに付き合っているとまとまった睡眠がとれずに疲れやすくなるので，なるべく赤ちゃんと共に寝て赤ちゃんと共に起き，体を休めることが大切である．家事や上の子どもの世話などについては，周囲のサポートが必要不可欠である．

(4) 新生児期の心配

　出生体重別・在胎週別分類（表 2-4）のように，出生体重が 2500 g 未満の赤ちゃんを**低出生体重児**と呼ぶ．その中でも 1500 g 未満の赤ちゃんを極低出生体重児，1000 g 未満の赤ちゃんを超低出生体重児と呼ぶ．また，妊娠 37 週未満で生まれた赤ちゃんを早産児と呼び，最近は未熟児という表現は使われなく

表 2-4 出生体重別・在胎週別分類 (永田, 2016)

低出生体重児	2,500g未満
極低出生体重児	1,500g未満
超低出生体重児	1,000g未満
早産児	37週未満
超早産児	28週未満

なった．現在は医療技術の進歩で1000gに満たない赤ちゃんが健やかに育つこともある．小さな赤ちゃんの救命率はだんだん高くなってきており，日本では，超低出生体重児であっても約80％以上の赤ちゃんは助かるようになった．しかし，在胎週数が短くなればなるほど未熟性が強くなり，死亡率も高くなる．

早くに小さく生まれた赤ちゃんは，体の様々な機能が未熟なため，色々な合併症を起こしやすい．免疫力も弱いため，重症の感染症にかかりやすい．未熟児網膜症という網膜の異常が見られることもある．小さな赤ちゃんは，色々なサポートを受けながら，これらを乗り切っていかねばならない．早産で生まれた赤ちゃんは，同じ頃に満期で生まれた赤ちゃんに比べると，しばらくは身長や体重が小さいままで経過するが，3歳を過ぎた頃から追いついていく．お座りやひとり歩きなどの運動発達についても，生まれた日を基準とする月齢ではなく，出産予定日からの月齢で算出した修正月齢を用いて発達の様子をとらえていく必要がある．とくに超低出生体重児では，さらに2〜3ヶ月ほど遅れて発達していくのが普通である．超低出生体重児の約13％に脳性麻痺，約20％に精神遅滞がみられると言われている．また，注意欠陥多動性障害，学習障害，聴力障害も，成熟児と比べて多くなると言われている．しかし，小さく生まれた赤ちゃんであっても，多くは通常の学校生活，社会生活を営むことができる．

参考文献

有森直子（編）(2015)．アセスメントスキルを修得し質の高い周産期ケアを追求する 母性看護学Ⅱ 周産期各論 医歯薬出版 p. 20.

DeCasper, A. J. & Fifer, W. P. (1980). Of human bonding: Newborns prefer their mother's voice. *Science*, 208. 1174-1176.

深津時吉・会津 力・小杉洋子（1998）．発達心理学 ブレーン出版．

羽生義正・鈴木順和・栗山和宏（1983）．学習・記憶 山本多喜司（編）児童心理学図説 北大路書房．

平出彦仁（編）(1988)．発達心理学序説 八千代出版．

ひよこくらぶ (2006)．3月号 ベネッセコーポレーション 205-216.

繁多 進（編）(1999)．乳幼児発達心理学——子どもがわかる 好きになる 福村出版．

医療情報科学研究所（編）(2013)．看護師・看護学生のための なぜ？どうして？ 8 母性

看護　第5版　メディックメディア　p. 69.
石井正子（編）（2009）．赤津純子・白坂香弥・高橋晴子・田中秀明・増田梨花・森木朋佳・吉村真理子　発達心理学——保育者をめざす人へ　樹村房　pp. 16, 30, 35, 38.
石井正子・松尾直博（編）（2004）．小沢日美子・白坂香弥・田中秀明・冨田久枝・宮本智美・吉村真理子　教育心理学——保育者をめざす人へ　樹村房　p. 38.
伊藤隆二・橋口英俊・春日喬（編）（1994）．人間と発達心理学2　乳幼児期の臨床心理学　駿河台出版.
加藤紀子（編）（1997）．生涯発達へのアプローチ　宣協社.
加藤紀子・漁田俊子・佐藤信雄・奥平洋子・西片　栄（1990）．乳幼児心理学　東京教科書出版.
川上清文・内藤俊史・藤谷智子（1990）．図説乳幼児発達心理学　同文書院.
Klaus M. H., Kennel J. H. & Klaus P. H. (1995). *Bonding: Building the Foundations of Secure Attachment and Independence*. Perseus Publishing, New York.（クラウス，M. H., ケネル，J. H., クラウス，P. H.（著）竹内徹也（訳）（2001）．親と子のきずなはどうつくられるか　医学書院　p. 94）
小西行郎（2003）．赤ちゃんと脳科学　集英社.
村田孝次（1990）．児童発達心理学　倍風館.
無藤　隆・高橋恵子・田島信元（1990）．発達心理学入門I——乳児・幼児・児童　東京大学出版会.
永田雅子（2016）．周産期のこころのケア——親と子の出逢いとメンタルヘルス　遠見書房　p. 47.
Nilsson, L. & Hamberger, L. (1990). *Et barn blir till*, Bonnier Fakta AB.（ニルソン，L.（写真）ハンベルイェル，L.（著）坂本正一（監訳）レナルト・ニルソンの世界：誕生の神秘　小学館.
ポルトマン，A.（著）高木正孝（訳）（1961）．人間はどこまで動物か　岩波書店.
佐々木正人（1992）．記憶　東　洋・繁多　進・田島信元（編集企画）　発達心理学ハンドブック　福村出版.
佐藤公治（1992）．発達初期の知覚・認知理論の展開　東　洋・繁多　進・田島信元（編集企画）　発達心理学ハンドブック　福村出版.
下條信輔（1988）．まなざしの誕生——赤ちゃん学革命　新曜社.
内田伸子・臼井　博・藤崎春代（1991）．ベーシック現代心理学2　乳幼児の心理学　有斐閣.
山本利和（編）（1999）．現代心理学シリーズ7　発達心理学　培風館　pp. 39, 43.
矢野喜夫・落合正行（1991）．発達心理学への招待　サイエンス社.

コラムⅠ-2　子どものやる気を引き出す魔法

　「やる気」を育てる要因として，外発・内発的な動機づけが挙げられる．しかし外発的な動機づけは，行為における本質的な楽しみを見出す妨げになるため，指示待ち人間や無気力人間として育ちかねない．反面，賞賛や共感によって育てられる内発的な動機づけの方が子どものモチベーションを高めるには効果的である．

　絵本には，我々が思っている以上に子どもの「やる気」をテーマにしたものが多い．今回は『半日村』，『いたずらビリーとほしワッペン』の２冊の絵本を紹介したい．

『半日村』　斉藤隆介・作　滝平二郎・絵　岩崎書店　1980

『いたずらビリーとほしワッペン』　パット・ハッチンス・作　いぬいゆみこ・訳　偕成社　1995

　『半日村』は，村の裏手の大きな山のせいで太陽がすぐ沈んでしまい「半日村」と呼ばれる村を背景にした絵本である．村のみんなは農作物がすくすく育つようにと「１日村」を望むも，山をどうすることもできず諦めていた．そんな時，村の人のために山に登って少しずつ山を削る坊やが現れた．坊やの姿は，最初こそ「そんなんで削れるわけがない」と馬鹿にされていたが，やがて村のみんなの心を刺激し，やる気を出させることでみんなが１つになって山を削るようになる．

　『いたずらビリーとほしワッペン』は，幼稚園に行こうとしないいたずら好きな小悪魔なビリーを幼稚園の先生が褒めて褒めてはまた褒めて，やる気を出させる話である．幼稚園のみんなは，先生の言うことに従わない，いたずらっ子ビリーを怖がるけれど，そんなビリーのいたずらを大げさに褒める先生の姿を見て，だんだんビリーを尊敬し，かっこいいと思うようになる．

　子どもの中に眠るやる気は，決して誰かに強要されて生まれるものではない．保育者は，その子どものもつ資質や能力に見合った課題を提供するべきであり，子どもがそれをこなした時は大いに受容し，賞賛すべきである．こうしたことが「自分はできる，また挑戦したい」という子どものモチベーションを高めることにつなが

るのである.

立命館大学大学院応用人間科学研究科修士課程修了生　金　多妍

第3章 乳児期の発達

1. 赤ちゃんの魅力

　学生に聞いてみたところ，「子どもは苦手」という学生でも「赤ちゃんはかわいいと思う」と答える．ではなぜ赤ちゃんがかわいいと思うのであろうか．
　ローレンツ（Lorenz, 1943）は，ベビー図式という概念を用いて，赤ちゃんの視覚的特徴について以下の7つのように述べている．(1)身体に対して大きな頭，(2)前に張り出したおでこを伴う高い上頭部，(3)顔の中央よりやや下に位置する大きな眼，(4)短くて太い四肢，(5)全体に丸みのある体型，(6)柔らかい体表面，(7)丸みをもつ頬．これらの特徴は多くの鳥類や哺乳動物の赤ちゃんの時期に共通に見られるという．

図3-1　生後1ヶ月　　図3-2　生後4ヶ月　　図3-3　生後7ヶ月

　これらの特徴を持つ赤ちゃんに対しては攻撃性が抑制されるという．赤ちゃんの特徴が私たちに「かわいい」という感情を呼び起こし，「守ってあげたい」という養護反応を引き出すのである．そのように考えてみると，視覚的特徴のみならず，子どものしぐさや声，表情といったのも周囲の人たちの養護反応を引き出すのではないだろうか．

2．赤ちゃんの能力

(1) 乳児の知覚
① 乳児の視覚

乳児は，自分の持っている能力を最大限に生かして自ら周りの環境に積極的に働きかけ，外界を認識しようとする能動的な存在である．

では，物を「見る」という行動はどのように発達していくのだろうか．サラパテックの研究では，幼児の視線の動きは，月齢が上がるにつれてより組織的に，探索範囲が広がり滑らかになっていくことが明らかになっている．また，図3-4からも分かるように，乳児は色々な図形の中でも単純な図形より複雑な人の顔のような図形を好むことが，ファンツの選好注視法という方法を用いた実験から明らかになっている．特に，顔については，生後1ヶ月は頭部やあごなどの顔の周辺部を注目するのに対し，2ヶ月児になると目や口などの中心部を見つめるようになる．更に，その後は目をよく注視するというように，**顔の認知**が発達していくのである（図3-5）．3ヶ月児は人の顔の中の目，鼻，口の配列がきちんとしていれば，平面，立体どちらにも微笑をする．しかし，これらがランダムに配置された顔には微笑をしない．5ヶ月を過ぎると，笑いながら話しかける生身の人にだけ微笑するようになり，その他の平面や立体，無表情または無言の人に微笑しなくなることが分かっている．

また，色の識別は，誕生した時は白黒の区別は明暗の違いとしてある程度識別できている．2～4ヶ月頃に発達して，4ヶ月ですでに大人の色分けとほぼ同じ基準で，青，緑，黄，赤の4つの区別をしているようである．特に純粋な赤と青を好むとされており，乳児期の絵本で使用される色に赤や青のようなは

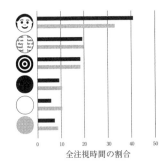

図3-4 図形パターンに対する乳児の好み（バウアー，1980）

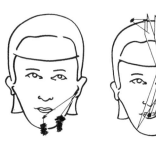

図3-5 1ヶ月児（左）と2ヶ月児（右）の人間の顔への視覚探索活動（マウラ，1992）

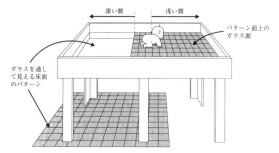

図3-6 ギブソンが用いた視覚的断崖の実験の装置 (ギブソン, 1983)

っきりとした色で描かれたものが多く見られるのはそのような理由からである.

さらに, 奥行知覚, すなわち遠くにあるものは遠くに, 近くにあるものは近くに感じられるかということに関しては, 図3-6のように視覚的断崖の実験がなされた結果, 生後6ヶ月頃からすでにこの知覚能力が認められた. ただし, この実験は這って移動ができる乳児が実験対象となっているため, それ以前にはどうなのかという点では議論が残されているようである.

② 乳児の聴覚

音に対する赤ちゃんの反応は, まばたき, 筋緊張, 心拍数の変化, 顔や四肢の動きなどによって示される. これらの反応を指標として, 生後1～2週の赤ちゃんでも大きい音と小さい音, 高い音と低い音を聞き分けていることが分かってきた.

コンドンとサンダーは, 生後12時間の赤ちゃんに大人が語りかけた時の様子を詳しく分析している. 赤ちゃんは, 人の話す言語音には, そのリズムに合わせて眉をつり上げたり, 腰や手足を動かしたりするのに対し, 母音の連続といった無意味な語音や単なる物理音には全く反応をしなかった. また, 同じ人の声でも女性の声, すなわち高い調子の声をより好むことが知られている. 人の言葉に合わせて身体を動かす反応はエントレインメント（母子の相互作用）に繋がっており, このような反応は乳児が人の話す言語音に対して生まれつき強い感受性を持っていることを示すものと言えよう.

③ 乳児のその他の感覚

嗅覚は出生時の感覚器官の中で, 最も発達しているといわれている. 生後1～3日で4種類の臭いを弁別し, 刺激臭や腐敗臭には顔をしかめたり, 泣くといった反応を示す. 味覚もかなり発達しており, 酸味よりも甘みを好むことが

知られている．その他，触覚もよく発達しており，特に足の裏や口元に敏感である．逆に痛覚や温度感覚は出生時には十分機能していないものの，生後急速に発達していく．

④ 乳児の感覚間の共応

様々な感覚は別々に機能しているわけではない．メルツォフは，感覚から得られた情報が視覚にも結びついていることを実験によって明らかにした．まず，1ヶ月半の乳児の半数にイボイボのついたおしゃぶり（図3-7）を，残りの半数に表面の滑らかなおしゃぶりを暗闇の中で与えた．次に明るい部屋で両方のおしゃぶりを見せた．すると，乳児は自分のなめていた方のおしゃぶりを，よく長く注視したという．

また，視覚と聴覚に関しては，赤ちゃんが音のするほうへと顔を向けることからも分かるように，出生時に既に感覚間の協応の兆しが認められるのである．また，視覚と味覚に関しては，筆者が行う3ヶ月の乳児を対象とした絵本の読み聞かせで，絵本「はらぺこあおむし」の食べ物のページを開くや否や，乳児がだらだらとよだれを流し始める様子が観察された（図3-8）．

図3-7 イボイボつきおしゃぶりとなめらかなおしゃぶり

図3-8 絵本の読み聞かせ場面（生後3ヶ月児）

(2) 乳児の知的活動

私たちは難しいことを考える時，「えーと，なんだっけ？」，「どうしたらいいだろう？」など，知らず知らずのうちに言葉を使用して，物事を考えている．しかし，まだ言葉を獲得していない乳児は物事を考える時，どのようにしているのであろうか．

乳児は目や耳などの遠受容器からの情報や唇，手などの感覚運動の働きによって，外界を認識する．認知能力の面から発達段階を考えたピアジェは，この

頃の乳児を感覚・運動知能の段階と呼んでいる．これは以下の6段階に分かれている．

第1段階は生後1ヶ月までの反射的な活動，反射的な**シェマ**の使用である．吸啜反射で乳を吸ったり，把握反射で物をつかんだりする時期である．第2段階は生後1～4ヶ月頃の最初の適応行動の獲得が成立する時期であり，**同化調節**が分化してくる時期でもある．例えば偶然自分の両手が触れて音が出ると，それが面白くなり手が触れた感触と音の聞こえという2つが結びついて，手を叩く動作を何度も繰り返すというような時期である．第3段階は生後4～8ヶ月頃で，目と手の協応の時期である．例えば，ティッシュペーパーの箱から中身を次々に引っ張り出して喜んで遊ぶような時期である．第4段階は生後8～12ヶ月頃の時期で，物の永続性が理解できる時期である．

物を見たり，触ったりできなくてもどこかに存在し続けていることが分かる場合を物の**永続性を理解**しているという．生後4ヶ月以前では，物が見えなくなると，それ以上は探そうとしないが，生後6～8ヶ月頃になると，隠された物を探し出せるようになる．生後6ヶ月頃から「いないいないばあ」をすると喜ぶようになるのは，人の顔が視界から消えたことと，手の後ろにはそれが存在していることが分かってきたためである．第5段階は生後12～18ヶ月頃の時期で，目的を達成するために様々な手段を生み出す．例えば，マットの上にあるおもちゃを取るのに，初めは直接手を伸ばして取ろうとする．しかし，偶然マットの端をつかんだ時に少しだけその物が動いたのを見ると，少しずつマットを自分の方に引き寄せておもちゃを取ることができるのである．第6段階は生後18～24ヶ月頃の時期である．試行錯誤的に実際にやってみなくても，いくつかの方法を頭に思い浮かべることにより，一番良い方法を選択することができる．例えばおもちゃ箱のふたをしばらくじっと見ていて，箱を手にした途端にすぐに開けることができる．

このようにして，乳児はピアジェのいう感覚・運動知能の段階において，思考のやり方は次第に洗練され，ある目的に適した手段が選択できるようになり，進行中の出来事の結果予測ができるようになるのである．

3．赤ちゃんとのふれあい

(1) 乳児の愛着

人や動物が特定の対象に対して起こす強い情緒的結びつきのことを**愛着（アタッチメント）**という．乳児が愛着を感じる対象は，多くの場合は養育者である母親である．以前は，母親が赤ちゃんの空腹という生理的欲求を満たす授乳の

機能を持っているために，赤ちゃんは母親に愛着を感じるのだと考えられていた．しかし，その考え方には疑問が投げかけられた．

動物が生得的に持つ動物メカニズムの1つで，初めに見た相手を母親と思い込んで後を追うといった行動を**インプリンティング**（刻印付け）という．ローレンツは，ハイイロガンの卵を人工孵化して，ガチョウに育てさせようとした．ガチョウが孵化させた雛は，当然のようにガチョウの後について歩き，ガチョウを親と見なしているように振舞った．ところが，1つの卵だけを自分の目の前で孵化させたところ，その雛は彼を追いかけるようになり，ガチョウのふところへ押し込んでも，他の雛がガチョウについて行くのに，その雛だけは彼を追ったという．ガンの仲間の雛は，親の後ろを追いかけて移動する習性がある．この行動は生まれついてのものである．ところが，雛は親の顔を生まれた時には知らず，生まれた後にそれを覚えるのである．具体的には，生まれた直後に目の前にあった，動いて声を出すものを親だと覚え込んでしまう事が分かった．したがって，ガチョウが孵化させた場合には雛はガチョウを親鳥と思い込み，ローレンツが孵化を観察した場合には彼を親鳥と認識することになるのである．以上の体験から，ローレンツは，動物は自分よりも大きく動く対象に服従し，しかもその短時間の体験は生涯維持し続けることを見出したのである．

ハーロウはアカゲザルの実験で，安全基地としての母親への愛着機能について調べ，心理的な安心感は身体接触によって得られるというスキンシップの重要性を指摘した．その実験とは，生後すぐに母親から離した8匹のアカゲザルを2グループに分け，2種類の代理母の元で165日間過ごした．**代理母親**の1つは針金製，もう1つは布製で，ミルクは針金製の代理母親から与えられた．その結果，子ザルはミルクを飲む時には，針金製の代理母親のところに行き，それ以外の多くの時間を布製の代理母親に抱きついて過ごした（図3-9, 図3-10）．以上の結果から，赤ちゃんにとって，空腹という生理的欲求を満たしてくれる対象より，温もりを与えてくれる存在，柔らかな感触を与えてくれる対象の方が，安心感を与えてくれるものであるということが示されたのである．赤ちゃんへのスキンシップは，愛情表現だけでなく，人の関係性の基盤を形成するものでもあることが分かった．

ボウルビィは，比較行動学的な見地から，人間の子どもには生得的に大人への接近や接触を求める傾向があり，また，例えば大人の側にも子どもの持つ小さく丸みを帯びた姿に養育行動が触発されるなど，生得的に子どもに接近し保護しようとする傾向があり，この両者の絡みによって子どもの特定の人への結びつき，愛着はつくられていくと仮定した．そして，この特定の人への愛着が元になり，後々の人間関係が形成されていくと考えたのである．

図 3-9　ハーロウの実験：針金製母親と布製母親
(ハーロウ・メアーズ, 1985)

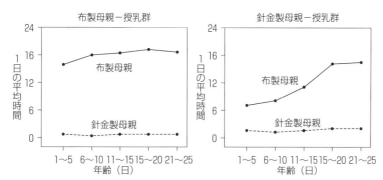

図 3-10　2 つの違う授乳条件で育った小ザルの布製母親および針金製母親と過ごした時間 (ハーロウ・メアーズ, 1985)

(2) 愛着形成と発達

① ストレンジ・シチュエーション法

エインズワースは，イギリスのタヴィストック研究所でボウルビィの同僚であった．彼はアフリカのウガンダでの生後 1 年間の乳児を観察することで，乳児が示す愛着行動を，表 3-1 のようにまとめた．彼は母親の感受性が子どもの差し出すメッセージを受け取り，それをきちんと理解して，応答し，子どもの要求を適切に効果的に実行する能力のあり方が，生後 12 ヶ月頃までに形成される母親の愛着の質を決定すると考えた．そして，そこに見られる社会的・情緒的な関係パターンはその後の就学前頃までに渡る子どもの人格発達のあり方を予測させるものであると主張している．

エインズワースらは，愛着行動は，非常時に活性化するとして，初めての場所，知らない人の出現，母親の不在といったストレンジ・シチュエーション法

表 3-1 エインズワースによる愛着行動の 12 の項目 (Ainsworth, 1963 より作表；矢野・落合 1991, 繁多. 1987 を合成)

愛着行動の項目	行動例	開始齢	月齢 6ヶ月	月齢 10ヶ月
① 分化した泣き	母親が抱くと泣きやむ	12週～	71.1%	79.4%
② 分離による泣き	母親が部屋から出て行くと泣く	25週～	32.2%	25.0%
③ 分化したほほ笑み	とくに母親にほほ笑みかける	32週～	38.9%	73.0%
④ 分化した発声	母親への泣きでない発声	20週～	52.5%	80.1%
⑤ 視覚運動的定位（追視）	母親を目で追う	18週～	72.8%	87.2%
⑥ 追随運動（後追い）	母親が部屋を出ると後を追う	24週～	28.8%	95.9%
⑦ よじ登り	母親の体によじ登り、顔などに触れる	30週～	45.7%	96.4%
⑧ 顔埋め	母親の所に帰って、母親の体に顔を埋める	30週～	15.2%	91.8%
⑨ 安全基地からの探索	母親を安全基地として、離れて遊ぶ	33週～	6.7%	91.3%
⑩ しがみつき	脅えたりしたとき、しがみつく	9ヶ月	30.5%	84.5%
⑪ 両腕を上げる歓迎	母親と再会時、抱かれるように両腕をあげて歓迎する	21週～	52.5%	86.7%
⑫ 両手を打つ歓迎	母親と再会時、両手を打って歓迎する	30週～	10.1%	—

(注) 6ヶ月児59名, 10ヶ月児166名, 10ヶ月の「両手を打って歓迎」はとっていない.

という実験方法を開発した．この方法は，愛着行動の有無（愛着が形成されているかいないか）と質（愛着が安定したものか，不安を伴ったものか）を捉える方法である．子どもの満1歳の誕生日前後に行い，母親，子ども，実験者の三者が8つのエピソード場面の中に2回の母子分離後，母親との再会場面を作り（図3-11），この一連のエピソードの中で，母親がいれば知らない場所でも探索行動を示すか，母親を安全基地として知らない人をどのように受け入れるか，母親が退出する時の泣きや後追い，母親が戻って来た時に母親との接近や接触を求める歓迎行動や活動が活性化するか，といった子どもの行動を，ビデオ記録から取り上げ分析したのである．

　実験における子どもの反応を検討し，母親との分離の時の悲しみを示すかという点と，母親との再会によって悲しみが慰められたかという点から，愛着のパターンは以下の3つの群に分類された．この研究結果では，子どもの感受性は母親の人格特性により不変かというと，そうではなく，夫との関係のようなサポートシステムや子どもの側の個性も影響していると考えられた．

　A群（回避群）の子ども：母親が実験室を出ても後追いや泣きが見られず，愛着を示さない．Aタイプの子どもの母親：全般的に子どもの働きかけに拒否的に振舞うことが多い．

図3-11 ストレンジ・シチュエーションの8場面
(繁多,1987)

　B群　(正常群・安定した愛着群)の子ども：母親を安全基地とでき，母親が退室すると，泣いたり抵抗しても母親が戻ってくると，再会を喜ぶ．Bタイプの子どもの母親：こどもの欲求や状態の変化などに相対的に敏感であり，子どもに対して過剰なあるいは無理な働きかけをすることが少ない．

　C群　(両極群・アンビバレント群)の子ども：母親から離れようとせず，母親と離れると混乱し再会後も回復が遅く，母親を責める行動も見られる不安定な愛着の型Cタイプの子どもの母親：子どもからのメッセージに対する敏感さが相対的に低く，自分の気分や都合によって対応の一貫性に欠ける傾向がある．

　さらに上記の中におさまらないタイプとしてD群というのが，1990年代に見出された(Main & Solomon, 1990)．以下，D群の特徴を示す．

　D群　(無秩序・無方向型)の子ども：顔を背けながらも激しいアタッチメント

行動をとり，再会の場面では親を迎えるためにしがみついたかと思うとすぐに床に倒れこむような回避があったり，行動が無秩序で一貫性がない．Dタイプの子どもの母親（養育者）：はっきりしたことはまだ分かっていないが，母親自身が心的外傷から十分回復していなかったり，抑うつ傾向が高かったりする．また，日常的に子どもに対して虐待などの不適切な養育を行っている場合が多く，子どもがおびえて心が不安定になっていることが考えられる．

② 移行対象

乳児は人に対してだけでなく，タオルやぬいぐるみなどに対しても愛着を示すことがある（図3-12）．就寝時にタオルを顔に押し当てて寝ていたり，お気に入りのぬいぐるみを抱きかかえている乳児を目にしたことがあるだろう．このように，毛布やぬいぐるみなどを乳児が肌身離さず所有していて，それが無いと不安がるもののことをイギリスの児童精神科医のウイニコットは**移行対象**と名付けた．

井原（1996）によれば，移行対象には3つの側面があるという．1つめには，乳児は主観的にはその対象を生きている物と感じているが，一方では客観的に無生物であることが分かっている．2つめに，移行対象は母親との分離に関わる時期に子どもに現れてくる行為で，精神を安定させる手段として用いられる．3つめは，乳児が欲求のままに行動していた時期から様々な社会的な制約に何とか適応していこうとする移行時期に表れるとしている．

図3-12　6ヶ月の乳児の移行対象

(3) 乳児のコミュニケーション

1歳の誕生日前後に，子どもは初めて意味のある**初語**を話せるようになる．ことばを発するまでの準備期間は**前言語**期と呼ばれる．この約1年間に，言葉の前提となる様々なコミュニケーション能力を発達させていく．泣き，**喃語**，

表 3-2 言語発達のめやす (西野, 1988 を参考に増田が作成)

項　目	時　期	特　徴
産声	誕生時	全身からしぼり出すような泣き声
泣き声・叫び声	0ヶ月〜	叫び声，甘え声など色々な泣き方
クーイング・ガーグリング	2ヶ月〜	クー・ゴロゴロと喉の奥を鳴らすような音
過渡期の喃語	3, 4ヶ月〜	「子音＋母音」の構造が不明確な喃語 「アーアーアー」
基準喃語（バブリング）	6, 7ヶ月〜	「子音＋母音」の音声の繰り返し 「ダーダー」
一語発話	1歳頃〜	「パパ」「ママ」：1つの単語
二語発話	1歳半頃〜	「パパとって」「ママちょうだい」2つの単語

指さし，身振り，模倣などは言葉を話すことのできない乳児が人との意思の疎通に用いる手段であり，**ノンバーバル〔前言語的〕コミュニケーション**と呼ばれる．そしてこれらの準備段階を経て，子どもは1歳頃から意味のある言葉を話し始める（**表3-2**）．

　話し言葉を持つことは人間の最大の特徴である．言語能力は年齢とともに発達していく．言語の獲得と発達に影響を与える要因には，心身の構造や機能の成熟と，社会的あるいは教育的な働きかけが挙げられる．特に周囲の大人との間に満足のいく安定した信頼関係が持てなければ，言葉の発達は遅れてしまったりする．言葉が発達していくためには，土壌としての安定した人間関係を体験することが大切である．

4．赤ちゃんからの旅立ち

(1) 歩行の自立

　乳児は平均的に1歳2ヶ月で歩き始めるが，個人差が大きく，多少の遅れはそれほど心配はない．様々な刺激から成長が促進され，全く移動ができない状態から二足歩行までの自力移動が可能になる（図3-13，図3-14，図3-15）．これは内部的な成熟が重要な働きをするが，環境の影響と練習が有効に働いているのである．

　歩きはじめの頃は足の筋肉，骨格系の発達が十分ではなく，足裏が扁平でぎこちないヨチヨチ歩きである．身体の安定を保ち，倒れないようにするために大変な努力をしている．転んでは起き，起きてはまた転ぶということを繰り返して足腰の訓練が行われる．筋肉が硬くなり，関節が自由に動かせるようになり，神経系が成熟して長い直立歩行が可能になる．1歳半頃には身体のバラン

図3-13 ひとりでおすわりする生後5ヶ月　　図3-14 つかまり立ちする生後7ヶ月　　図3-15 ひとりで立てる生後11ヶ月

スをとるための両足の広がりは狭まり，横や後ろへと歩くこと，走ることもできるようになる．2歳ぐらいで歩行運動はほぼ完了する．

　歩いたり，走ったりが自由にできるようになると，全身運動が盛んになり，激しい動きを喜ぶようになる．飛んだり跳ねたり，両足を揃えて飛び降りたりするようになる．怪我には注意を要するが，適度に冒険心を育てていくことも必要である．好奇心や探索・探究心，及び操作性などの**内発的動機づけ**に基づいて現実世界と効果的に関わっていく能力を，周囲の大人たちが導いていくことが大切である．

(2) 食事の自立

　外界からの食物の取り入れは，出生直後から授乳という形で始まる．授乳の意義は栄養補給に加え，聴覚，視覚，嗅覚，触覚，運動機能など乳児のあらゆる感覚を総動員して感覚の統合が育ち，哺乳を通して信頼関係が作られるということである．新生児に対する母親の行動は，そのほとんどが授乳と排泄の世話に終始する．それらの母子のやり取りの中で，相互に相手に働きかけて愛情を育てていくのである．母親からの一方的な働きかけばかりではなく，新生児といえども母親からの働きかけを促す能力を持っている．授乳に対する母親の労力や自己犠牲を超える喜びを，これらのやり取りは与えてくれるのである．

　母子の安定した関係の中で乳児は母乳を飲み，やがて離乳食に進むことは生理的であると同時に，心理的な営みでもある．離乳食が始まると，乳児は母乳以外のものを初めて口にすることになり（**図3-16**），食文化との出会いとなる．人間的自立に向けての成長発達は，社会化と個性化という2つの過程が発展的に統合していく過程であるが，社会化の過程は文化の型を身につけていく過程でもある．1歳以降の幼児食は食習慣形成期であり，多くの食べ物を通して色々な味の違いを理解していき，感覚を発達させ，豊かな感情を育てる基礎ともなる．

図3-16 ママに食べさせてもらう生後6ヶ月

図3-17 ひとりで食べる生後8ヶ月

参考文献

Ainsworth, M. D. S. (1967). *infancy in Uganda*, The Hopkins Press.

Ainsworth, M. D. S. & Bell, S. M. (1970). Attachment, exploration, and separation: Illustrated by the behavior of one-year-olds in a strange situation *Child Deveiopment*, 41, 49-67.

Ainsworth, M. D. S. & Bowldy, J. (1991). An ethological approach to personality development. *Ameri-can psychologist*, 46, 331-341.

蘭香代子 (1989). 母親モラトリアムの時代 北大路書房.

バウアー, T. G. R. (著) 岡本夏木ほか (共訳) 1980 乳児期——可能性を生きる ミネルヴァ書房.

ボウルビィ, J. (著) 黒田実郎ほか (訳) (1976). 母子関係の理論Ⅰ——愛着行動 岩崎学術出版社.

ボウルビィ, J. (著) 黒田実郎ほか (訳) (1981). 母子関係の理論Ⅱ——愛情喪失 岩崎学術出版社.

Bowlby, J. (1988). *A secure base: parent-child attachment and healthy human development*. Basic Books.

Brazelton, T. B., Kozlowski, B. & Main, M. (1974). The origines of reciprocity in mother-infant inter-action. In M. Lewis & L. A. Rosenblum (Eds.), *The effect of the infant on its corebiver*. Wiley.

Condon. W. S. & Sander, L. W. (1974). Synchrony demonstrated between movements of the neonate and adult speech. *Child Development*, 45, 456-462.

ダン, J. (著) 古澤頼雄 (訳) (1979). 赤ちゃんときげん サイエンス社.

Fantz, R. L. (1963). Pattern vision in newborn infants. *Science* 140, 296-297.

藤生英行 (1991). 現代の家族とは 川島一夫 (編) 図でよむ心理 発達 福村出版.

ギブソン, E. J. (著) 小林芳郎 (訳) (1983). 知覚の発達心理学Ⅱ 田研出版.

繁多 進 (1987). 愛着の発達——母と子の心の結びつき 大日本図書.

繁多　進・青柳　肇・田島信元・矢澤圭介（編）（1991）．社会性の発達心理学　福村出版．
繁多　進（編）（1999）．乳幼児発達心理学――子どもがわかる　好きになる　福村出版　pp. 28-30, 30-33, 46, 48.
ハーロウ，H. F., メアーズ，C.（著）梶田正巳ほか（訳）（1985）．ヒューマンモデル――サルの学習と愛情　黎明書房.
Hazan, C. & Shaver, P. (1987). Conceptualizing romantic love as attachment process. *Journal of personality and Social psychology*, 52, 511-524.
井原成男（1996）．ぬいぐるみの心理学　日本小児医事出版.
石井正子（編）（2009）．赤津純子・白坂香弥・高橋晴子・田中秀明・増田梨花・森木朋佳・吉村真理子　発達心理学――保育者をめざす人へ　樹村房　pp. 46-49, 66.
石井正子・松尾直博（編）（2004）．小沢日美子・白坂香弥・田中秀明・冨田久枝・宮本智美・吉村真理子　教育心理学――保育者をめざす人へ　樹村房　pp. 52-58, 62-66.
伊藤隆二・橋口英俊・春日喬（編）（1994）人間と発達心理学2　乳幼児期の臨床心理学　駿河台出版.
Kaye, K. (1977). Toward the origin of dialogue. In H. R. Schaffer (Ed.), *Studier in mother-infant inter-action*. Academic Press.
ケーラー，W.（著）宮孝一（訳）（1962）．類人猿の知恵試験．岩波書店.
クラウス，M. H., ケネル，J. H.（著）竹内　徹ほか（訳）（1979）．母と子のきずな　医学書院.
Kobak, R. R. & Sceery, A. (1988), Attachment in late adolescence: Working models, affect regulation and replesentations of self and others. *Child Development*, 59, 135-146.
小林　登・石井威望・高橋悦二郎・渡辺富夫・加藤忠明・多田　裕（1983）．周生期の母子間コミュニケーションとその母子相互作用としての意義　周産期医学, 13, 1883-1896.
小嶋秀夫（編）（1989）．乳幼児の社会的世界　有斐閣.
Kreppner, K., Paulsen, S. & Schuetze, Y. (1982). Infant and family development: From tirads to trends. *Human Development*, 25, 373-391.
久保田まり（1995）．アタッチメントの研究――内的ワーキング・モデルの形成と発達　川島書店.
ラム，M. E.（著）2歳までのアタッチメントの発達　ペダーセン，F.（編）依田　明（監訳）（1986）．父子関係の心理学　新曜社.
Lorenz, K., (1943). Die angeborenen Formen moglicher Erfahrung. Z. *Tierpsychologie*, 5.（ローレンツ，K.（著）丘直道・日高敏隆（訳）（1997）．動物行動学（下）　筑摩書房）
ローレンツ，K.（著）日高敏隆（訳）（1983）．ソロモンの指環　早川書房．
Main, M. & Goldwyn, R. (1988). An adult attachment classification system. Unpublished manuscript, Univ. of California Dept.of Psychology, Berkeley. (In

Bertholomew, K. & Horowitz, L. M. 1991).

Main, M., Kaplan, N. & Cassidy, J. (1985). Security in infancy, childhood and adulthood: A move to the level of representation. In I. Bretherton & E. Waters (Eds.), *Growing points of attachment theory and research* (Monographs of the Society for Research in Child Development, 50. (1-2)).

Main, M. & Solomon, J. (1990). Procedures for idenitifying disorganized/disoriented infants during the Ainsworth Strange Situation. In M. Greenberg, D. Cicchetti & M. Cummings (Eds), *Attachment in the preschool years*, pp. 121-160. Chicago: University of Chicago Press.

Main, M. & Weston, D. R. (1981). The quality of todler's relationships to mother and father: Related conflict behavior and the readiness to establish new relationships. *Child Development*, 52, 932-940.

マウラ, D., マウラ, C. (著) 吉田利子 (訳) (1992). 赤ちゃんには世界がどう見えるか 草思社.

Maurer, D, & Sarapatek, P. (1976). Developmental changes in the scanning of faces by young infants. *Child Development*, 47, 523-527.

永田雅子 (2011). 周産期のこころのケア——親と子の出逢いとメンタルヘルス 遠見書房.

大日向雅美 (1988). 母性の研究——その形成と変容の過程：伝統的母性観への反証 川島書店.

Pavlov, I. P. (1928). *Lectures on Conditioned Reflexes Twenty-five Years of Objective Study of the Higher Nervous Activity (Behaviour) of Animals*, translated and edited by W. H. Gantt, International Publishers.

ペダーセント, F. (編) 依田 明 (監訳) (1986). 父子関係の心理学 新曜社.

ピアジェ, J. (著) 谷村覚・浜田澄美男 (訳) (1987). 知能の誕生 ミネルヴァ書房.

Radke-Yarrow, M., Cummings, E. M., Kucynski, L. & Chapman, M. (1985). Patterns of attachment in toe-and three-year-olds in normal families with parental depression. *Child Develop-ment*, 56, 884-893.

佐藤眞子 (編) (1996). 乳幼児期の人間関係 (人間関係の発達心理学2) 培風館.

高取憲一郎 (1994). ヴィゴツキー・ピアジェと活動理論の展開 法政出版.

戸田弘二 (1989). 青年期後期における基本的対人態度と愛着スタイル (2) ——対人認知場面における情報処理の違い 日本教育心理学会第31回総会発表論文集.

ヴィゴツキー, L. S. (著) 柴田義松 (訳) (2001). 思考と言語 新訳版 新読書社.

Walk, R. D & Gibson, E. J. (1961). A comparative and analytical study of visual depth perception. *Psychological Monographs: General and Applied*, 75 (15, whole No. 519).

Wissenfield, A. R. & Malatesta, C. Z. (1982). Infant distress: Variables affecting responses of care-givers and offers. In L. M. Hoffman, R. J. Gandelman & H. R. Schiffnan (Eds.), *Parenting: Its cases and consequences*. Lawrence Erlbaum

Associates.
山本利和(編)(1999). 現代心理学シリーズ7　発達心理学　培風館　pp. 70-75.
矢野喜夫・落合正行(1991). 発達心理学への招待　サイエンス社.

コラム I-3　なんてったって　あいしてるからね.

　生後1ヶ月から1歳半頃の乳児期は**愛着（アタッチメント）**が形成されるとても大切な時期である．赤ちゃんはこの時期にお母さん，もしくは最も親密な養育者と**人生で最初の二者関係**を築く．その**最初の二者関係**の中で**愛着**が形成されて初めて，赤ちゃんは安心して外界の探索を行うことができる．それが近い将来，赤ちゃんの**自律・自己主張**へと繋がっていく．

　赤ちゃんの**最初の二者関係**を描いた絵本に『ぎゅっ』がある．原題は"HUG"と言う．『ぎゅっ』の中でサルのジョジョはひとり歩きに出かける．その道程で，ゾウやカメレオンやヘビの親子が HUG しているのに出会う．するとジョジョはお母さんのことがだんだん恋しくなる．そこで親切なゾウのお母さんがジョジョのお母さんを一緒に探してくれるのだが，出会うのは HUG しているライオンやキリンやカバの親子．ジョジョはますますお母さんが恋しくなる．そのとき，「ジョジョ」という声がして，ジョジョを探していたお母さんが駆け寄り，HUG する．すると，お母さんと十分 HUG したジョジョは，ゾウさんと HUG，キリンさんと HUG，みんなと HUG することができた．お母さんとの「ぎゅっ」があって初めて，みんなと「ぎゅっ」できるのだ．

『ぎゅっ』　ジェズ・オールバラ・作・絵
徳間書店　2000

『オリビア』　イアン・ファルコナー・原著
谷川俊太郎・訳　あすなろ書房　2001

「ぎゅっ」の時期を十分堪能すると，乳児は自律を始める．イヤイヤ期とも呼ばれるものが，この時期にあたるのかもしれない．お母さんが何を言っても，返ってくる言葉は「イヤッ!!!」．お母さんは目の前のちっちゃな怪獣が自らの分身ではなく，一個の魂を持った一個の人間であることを発見する．ただし「自律」とは切れることではない．何故ならば「自律」は「愛着」なしには確立されないからである．

『オリビア』の主人公オリビアはいわゆる「よいこちゃん」ではない．オリビアは自分のこころを持っている．そして自分のこころのままに行動する．お母さんはもうへとへと．でもベッドの中でかあさんがキスして言う．「ほんとに あなたには へとへとよ．でも なんてったって あいしてるからね」．この最後の部分の原文は "I love you, anyway" である．この言葉の意味するところは，「（あなたは完璧じゃないけど）でも，それでも，愛してるからね」という他者肯定の基本である．オリビアのかあさんはオリビアが「よいこちゃん」だからオリビアを愛するのではない．オリビアの「存在そのもの」を愛している．それがオリビアの自己肯定感を育む．オリビアはかあさんに，お返しのキスをして言う．"I love you, anyway, too"「（あなたも完璧じゃないけど）なんてったって，愛してるからね」．

立命館大学大学院応用人間科学研究科修士課程修了生　藤原佳世

コラム I-4　人見知り

私は先日 2 歳前の従兄の子どもと初めて会う機会がありました．私はその小さな子に対してにっこりと笑いかけましたが，その子はそばにいたお母さんの後ろに隠れてしまいました．「この子，少し人見知りが激しくて……．ごめんね．」とお母さんは言いました．私はその子に会うことをとても楽しみにしていたので，人見知りをされてしまい，少し残念な気持ちになりました．こちらの笑いかけに対して笑顔を返してくれると期待していたからです．その後 1 日を共に過ごすことで段々と慣れていき，最後には笑顔を見せ一緒に遊ぶことが出来るようになりました．冷静に考えてみれば，子どもが初めて出会う私に対して警戒し，不安を持つことは当たり前で，「人見知り」が出来るようになるほど成長しているということなのです．

「人見知り」とは，自分の母親と他者の存在の区別が出来るようになり，母親以外の他者への不安から抵抗を示すことです．母親が信頼できる存在であるという関係があるからこそ，子どもはその他の存在と区別をすることが出来るのです．しかし，「人見知り」は子どもにとって大きな成長であると分かっていても，私たちは「人見知り」をする子どもと出会う時，なんだか寂しいような何とも言えない気持ちになることも多いでしょう．おそらく，私たちは，子どもに対して，ニコニコとかわいい笑顔を向けてくれることを求めているのでしょう．これは，大人の側の希望にすぎないのですが……

私たちは自分にとって可愛い子ども像を期待してしまいがちですが,「人見知り」をする子どもの成長を優しく見守ることが大切であることは言うまでもありません.子どもたちは,「人見知り」の時期を通過しながら,次第にその関心は社会へと開かれていき,さまざまな人との関わりへと歩みを進めていくことになるのですから.

社会福祉法人札幌育児園　札幌南こども家庭支援センター　尾崎由香里

第4章 幼児期の発達

1. 幼児期の子どもの表現

(1) 幼児の言葉

　人間にとって，言葉はきわめて大切なものである．人間以外の動物でも発声によるコミュニケーションは行われているが，人間ほど複雑な言葉の体系を操る動物はいない．本節では，この大切な言葉を幼児がどのようにして獲得していくかを見てみよう．

　人生最初の発声は，多くの場合「オギャーッ，オギャーッ」という泣き声である．大人からみると，生まれてきた喜びを精一杯表現しているようにみえるが，赤ちゃんにとっては生まれて初めて自分で呼吸をするためという重要な意味がある．2～3ヶ月頃から，赤ちゃんは起きている時間が少しずつ長くなってきて，機嫌のよい時に「アーウ」，「クー」などといったゆったりと寛いでいるような声を出し始める．これは，泣き声や叫び声とは違って，口やのどの形に変化が表れたために出る声で，**クーイング**と呼ばれ，言葉の発達の始まりと捉えられている．次第に，**喃語**（なんご）が始まり，「アッアッ」とか「バブバブ」という多音節からなる音を発声するようになる．この頃に発生される声は，意味を持たない音のようなものである．

　このような身体的準備に続いて意味のある言葉が出始めるのは，普通1歳前後だが，その前段階として，自分の指を媒体として何かを他者に指し示す行為を始める．この背景には，乳児の外界への関心の持ち方に関する大きな変化がある．乳児が他者（多くの場合は養育者）に自分たち以外の何かを指し示すことから，**三項関係**の形成とも呼ばれている．また，この時には，2人で同じものを見るという共視の構図があり，この現象を発達心理学においては「**共同注意**」と命名している．やまだ（1987）は，このような**指さし**を「驚き・定位・再認の指さし」と名づけている．やまだによれば，それまでの研究で言われていた「指さしは省略された把握運動である」という説を否定するものであった．乳児が何かを取ろうと手をのばす時と，何かを見てほしくて指し示す時では，手を出すという形は似ていても，他の様子が大きく異なるのである．何かを手に

取ろうとする時は，乳児自身が身を乗り出したり，母親が対象物の方へ近づくことを要求したりする．逆に，指し示しの場合には，母親が対象物に近づかなくても，表情も声も穏やかである．また，指し示しがみられた時は，乳児の機嫌がよく，母親に抱かれて安心しており，緊急に何かを要求する必要性に迫られていないという条件が整っていることが認められる．このように，乳児の置かれている状況の分析という視点にも敏感でありたい．北山（2005）は，このような母子の姿を浮世絵の中から見つけ，2人で対象に眼差しを向けながら同時に母親の腕がこの状況を抱えており，情緒的交流が行われていると述べている．また，浮世絵の中の共視対象は，蛍やしゃぼん玉といった「うつろいやすい」ものが多いことから，絶対的な「血のつながり」から出発する母子関係について，やがて「通じない」という事実によって切れていくことを示していると論を進めている．万能感に満ちた2人だけの世界から，通じることの困難な世界に出ていくという感覚が，成長の過程で実感を伴った体験となるのである．

　さて，自分の声で遊び始めた乳児は，次第に大人たちからの働きかけもあって音に意味があるということを学んでいく．そこには，乳児の指差しも重要な役割を持っている．乳児は，対象の名前を知りたくて指差しをするわけではないが，ほとんどの養育者は乳児の指差しに応じて「わんわん」，「ブーブー」などと語りかけていく．この時の養育者の言葉遣いは育児語（マザリーズ）と呼ばれ，ゆっくり，はっきり，抑揚をつけて話されることが多い．また，繰り返しがあるという特徴もあり，喃語の特徴とも似ている．声で遊び始め，喃語や指差しへと進み，そこに養育者の話しかけが加わって，物と言葉に関連があるということを知り，言葉を覚えていくことになる．養育者の話しかけは，乳児の言語獲得に関するミルクとも言えるもので，不可欠なものである．

　乳児が初めて口に出す「ワンワン」，「マンマ」という言葉は色々な意味を含んでいる．「ワンワン」は犬という意味だけではなく，「犬がいる」とか「犬がこっちに来る」とかの多様な意味を含んでいる．これが**一語文**の特徴である．一語文は色々な意味を持ち，時には「マンマ」でご飯がほしいという文章を表わしているのである．

　1歳半頃から語彙の獲得数が急増するとともに，**二語文**，三語文へと発達していく．まずは，「ニャンニャ　ニャンニャ」という同じ語の繰り返しや，「ホシイノ」，「カイイノ」などという連接文が増えてくる．ついで，「コレ　ホシイノ」，「パパ　イッチャッタ」などのような決まった語順の「自立語と述語」という二語文が現れてくる．ただし，これらの二語の間をつなぐ助詞が出現するにはしばらく時間を待たなければならない．1歳半頃から就学までの幼児期の言葉の発達は目覚ましいものがある．

外山 (2012) は，「母乳語」と「離乳語」という区別を立て，「母乳語が具体的であるのに対して離乳語は抽象語である．両者は全く違う．母乳語は具体的なおっぱいのようなものであるとするなら，離乳語は"オハナシ"である」と言葉の発達状況を説明している．母乳語については，「何が何でも，ことばをかけること．もちろん赤ちゃんはそれに答えることはできないけれども，聞くことはちゃんと聞いている．わけはわからなくてもことばの"勉強"をしている．それが，赤ちゃんの心の発達にとってきわめて大切であることは，母乳が赤ちゃんの体を育てるのとまったく同じである」と，その重要性を強調している．離乳語については，抽象的な言葉であるから，実在しないことをあるように言うことができるので，嘘をつくことができる言葉とも表現している．古くから，たいていの親が我が子の言葉の離乳を促進してきたが，そこには母乳語に離乳語を加えるという形で「おとぎばなし」がうまく活用されてきたと考えられる．こうして，幼児は次第にフィクションやファンタジーの世界を楽しむことができるようになっていき，想像力を磨いていくことになる．

　ここで少し，**相貌的知覚**について触れておこう．幼児は 2 歳頃から過去，現在，未来を区別した話ができるようになるが，一方で，「お花が笑ってる」，「電車が疲れて休んでる」というように，事物が人間であるかのような表現をする傾向がある．ウェルナーによれば，幼児の知覚世界はきわめて情緒的・表情的であり，事物は全て「相貌的」なものとして知覚される．「相貌」とは「かおかたち，顔のありさま」のことで，「相貌的知覚」とは事物も人間と同じような表情・動作を表すと感じることである．これは人と事物とを区別した上で物事を人物的にとらえる「擬人化」とは異なり，主客の未分化からくる知覚そのものの特質である．この「相貌的知覚」はピアジェが幼児の心理的特徴の 1 つとして捉えたアニミズム傾向とも共通性がある．ピアジェは，生命のないものに生命を認めたり意識や感情などの心の働きを認めたりする幼児の心理的特徴を「**アニミズム**」と呼んだ．アニミズムも自分の心の中の出来事と外界の出来事（自己と外界）とが区別できないという**自他の未分化性**（自己中心性）から生じていると考えられている．

　幼児が成長するにつれて，自他は次第に分化していき，相貌的知覚も薄らいでいく．それに伴って，言葉による表現も大人のものに近づいていく．新宮 (2000) は，「私が『言葉を話せるようになる』というのは，自分を自分の外から見て，自分とはいったい何か―人間である―ということを，言えるようになるということである」と述べ，大人がしばしば見る空を飛ぶ夢について，「『今自分は言葉を話せるようになって，人間になったのだ』と知った瞬間の記憶そのもの」であると論じている．

(2) 幼児の遊び

　赤ちゃんは自分で声を出して遊び始め，外界の音にも関心を示す．つまり，赤ちゃんは自ら遊び始め，**遊び**の幅を拡げていく．また，自分の声を出して遊ぶ赤ちゃんは，同時に極めて素朴で原始的な「反射」からも遊びを始めていく．赤ちゃんは，「吸う」，「見る」，「運動」，「握る」などの反射を持って生まれてくるが，遊びと最も関係が深いものは「把握反射」である．物をつかむ反射から，ガラガラや関心のある対象をつかむことができるようになる．さらに，つかんだものを目の前に持ってきて，よく見るという行動に発展していく．「吸う」という反射も，手や指を吸ったり，つかんだものをなめてみたりという行動に繋がる．赤ちゃん自身に遊びへの準備は備わっているが，お母さんとのスキンシップやお母さんの話しかけが，遊びとしてもとても大切な時期である．赤ちゃんから幼児へと成長していく過程で，遊びは不可欠であり，子どもは遊びとともに育つともいえる．

　ここで少し，遊びに関する研究を紹介する．遊びの本質を解明しようと19世紀後半からたくさんの理論が提唱されてきた．心理学領域では，遊びによって将来の適応に必要な機能が発達するという「生活準備説」，日常生活で余ったエネルギーが遊びの中で発散されるという「余剰エネルギー説」，人類が原始的生活以来文明の中で行ってきた活動を個体の発達の過程で遊びとして順次反復するという「反復説」，抑圧された情緒や欲求や葛藤が遊びの中で浄化されるという「浄化説」，仕事の緊張を和らげ寛ぐために遊ぶという「休養説」，日常生活の中で表現しきれないことを遊びの中に求めるという「自己表現説」などがある．これらはいずれも遊びの一面を捉えてはいるが，遊びの全てを説明できるものではない．

　心理学領域以外でも様々な説が提唱されている．ヨハン・ホイジンガーは，遊びを子どもだけの遊びだけではなく，人間の活動のあらゆる局面に遊びのようなルールと開始や終わりのあるゲーム的性格が見られると指摘し，遊びを文化創造の関連で捉えようとした．また，ロジェ・カイヨワはホイジンガーに影響を受けて，遊びの特徴を以下の6つとして挙げている．

　　ⅰ．自　由　な　活　動；遊びは強制されたものではなく，魅力的な愉快な楽しみである
　　ⅱ．隔離された活動；あらかじめ決められた時空間の範囲内に制限されている
　　ⅲ．未　確　定　の　活　動；結果がわからず，創意工夫と自由が残されている
　　ⅳ．非生産的活動；財産などは生み出さず，遊びの終わる時には，遊びを開始した時と同じ状態になっている

v．規則のある活動；遊びのなかに一定のルールがあり，遊びの中ではこのルールだけが通用する

vi．虚構の活動；遊びはあきらかに現実ではないという意識を伴っている

このように，ある種の限定の中で自由に遊べる時，人は安心して創造性を育むことができるのである．

19世紀初頭，幼児教育の創始者で幼稚園の創設者でもあるフリードリッヒ・フレーベルは，遊びを子どもの発達の頂点と見なし，教師がモデルを演じ，子どもがそれを模倣する教育方法を考案した．彼が，子どもの遊びの教育的意義を説いたことから，幼児教育への関心が高まった．一方，モンテッソリは，子どもの潜在的な可能性が自発的活動（遊び）によって開花すると考え，感覚教具による指導を実践した．

子どもは，赤ちゃんから幼児へと成長する過程で，様々な遊びの形態を体験していく．言葉の獲得とも相まって遊びが変化していき，1歳頃から「パパ」，「ママ」などの言葉を発するようになると，空のコップで飲むまねをするなどの簡単な「**ごっこ遊び**」が見られるようになる．2歳頃から「**ひとり遊び**」ができるようになる．お父さんやお母さんとたくさん遊んだ経験を基に，ごっこ遊びも人形にミルクを飲ませたりするように発展していく．ひとり遊びは，幼児期から思春期頃まで続き，自分で考え，自分で行動する自立のために必要な力を身に付けていくことになる．ひとり遊びが見られるようになったら，それに夢中になっている間，お父さんやお母さんは少し声をかけることを我慢して見守ることが必要になる．また，この時期には他の子どもに関心を示すようになり，他の子どもが遊んでいるのを眺めるという「傍観的行動（傍観的遊び）」，あるいは他の子どものそばで同じ遊びをするという「**並行遊び**」も見られるようになる．この並行遊びは一緒に遊ぶ前段階であり，3歳頃には，ひとり遊びだけではなく，友だちとごっこ遊びができるようになっていく．4～5歳になると，他の子どもと一緒に遊ぶ「**連合遊び**」へと遊びの発展が見られるようになる．さらに，共通の目的の下で協力や役割分担がみられる遊びをするようになっていく．これは，「**協同遊び**」と呼ばれている．もちろん，子どもにとって，よく見知っている友だちかどうかということも重要であり，一概に何歳になったからこういう遊びができるということではないので，1人ひとりの子どもの発達を観察してサポートすることが最も重要なことである．マズローの欲求階層論にも示されているように，人間は生理的欲求や安全の欲求が満たされて，初めて他者への関心や他者と親しくしようとする欲求が芽生えて来るのである．両親を中心とする子どもを抱える環境が**安全基地**となることが，遊びの発展に

も重要な要因となることは言うまでもない．

20世紀になって，小児科医であり精神分析家であるウィニコットは，遊びの中にも創造性が現れると考えた．そして，遊びの中でもう1人の自分を自由に演じることは，創造的な行為であるとし，遊ぶことは本能ではないと考察した．このことが，治療というのは遊べない人を遊べるようにすることであるという彼の治療論にも繋がっていくのである．遊びが子どもの発達において重要であるということに留まらない，遊びの更なる高度な意味づけがなされたと言えよう．

(3) 幼児の反抗

ウィニコットの言う**母性的専心**が発動されている時期，すなわち，お母さんと赤ちゃんが2人で1人というユニットとして存在している状況から出発する人生は，1年を過ぎる頃から自分と他者という区別がつくようになっていく．同時に言葉の飛躍的な成長も伴って，「いやだ，いやだ」期へと成長を進めていく．時に激しく自己主張したり，反抗的な態度をとる時期が現れてくる．養育者が手を焼く現象ではあるが，幼児にとっては**自我の芽生え**や自己意識の形成に関わる重要な時期であり，大切な自己表現でもある．幼児にとって，歩いたり触ったり観察したりということで世界は飛躍的に拡がり，自分の周りは興味と関心で満たされている．大人からみるとまだできないことや危険を伴うようなことにも幼児が挑もうとするので，行動を制限される場面も多く，そのことへの不満が爆発するのである．例えば，自分で服を着られたときの幼児の喜びは大きい．しかし，現実的には時間との兼ね合いもあって，養育者はぎりぎりのところで手を出し始める．その時,「自分でする！」,「だめー！」という強い反抗に出会うことになる．また，しつけも幼児にとっては行動の制限に繋がることが多いので，強い反抗が発現する．自己主張にも少しずつ成長がみられ，2～3歳の「いやだ，いやだ」期に続いて,「かしてあげない！」という明確な自己中心性の顕れが見られるようになる．おもちゃを貸さない意地悪な子どもの姿がよく観察される．そして，幼児は反抗の結果，他人の意図や気持ち，さらには環境からの抵抗を学び，自己中心性から少しずつ脱して成長を続けていくのである．

ジャーシルド（Jersild, 1968）は，小さな子供の反抗の形式として以下のものを挙げている．

　ⅰ．実行可能な頼まれごとをあえて失敗する
　ⅱ．聞こえないふりをする，分からないふりをする
　ⅲ．食事や日課について強情をはる（ぎりぎりまでおしっこに行かないなど）

ⅳ．自己主張する
　ⅴ．質問攻めにする
　上記のどれをとっても，親にとってはかなり忍耐を必要とすることであり，子どもの反抗が多くの養育者の自己評価にとって脅威であると記している．また，子どもが教師や親戚の者に対して小さな天使のように振舞い，両親に対しては小さな悪魔のように振舞うと，教師や親戚の者は親に何か悪いところがあるに違いないと考える場合があるが，これは誤った結論であると警告している．むしろ，その子どもは，いつ，どこで，誰に対して自己主張しても安全であるかを知っていると考えることの重要性を記している．これは，子どもがすでに内と外とを使い分けられるということであり，自他の区別に始まった成長の順調な進展と考えることができるのである．
　反抗期であっても，上記に記した着替えなどに関しては，本来は励ましながら，子どもが自分でできたと感じられるようなサポートをすることが大切である．このような「自分はできるんだ！」という**自尊感情**の高まりは，人格形成の基盤となっていく大切な体験である．これらのことを巡っては，多くのお母さんたちが，現実生活の時間との板挟みになりながらも，様々な工夫をしながら，子どもの成長促進のために多くの忍耐と時間を当てているのである．

2．幼児期の子どもの生活

(1) 幼児の基本的生活習慣

　基本的生活習慣とは，子どもが心身ともに健康を保つために生活の基盤となるもので，日常生活の基本となる「**食事**」・「**睡眠**」・「**排泄**」・「**清潔**」・「**衣服の着脱**」の5つの生活習慣のことである．「食事」・「排泄」・「睡眠」は，人間の生理的欲求を満たすための生活習慣であり，「衣類の着脱」・「清潔」は，人が快適に生活するために必要な生活習慣である．その他にも，「あいさつ」や「かたづけ」など，幼児期に身に付けさせたい生活習慣は色々ある．
　松田（2011）は，「基本的生活習慣の形成は，乳幼児期の子どもにとって大変重要な発達の課題である．基本的な生活習慣が形成されるということは，身の回りのことが『自分でできるようになる』ということである．これは，生まれたときに大人の手を借りなければ何もできなかった子どもにとっては，たいへんな進歩である」と記している．そして，これらの習得は，「観察」，「模倣」，「意識化」によって少しずつ子どものなかに定着していくのである．ここでいう意識化とは，「お外から帰ったら手を洗おう」とか「ごちそうさまをしよう」などという大人の言葉がけや，それを子ども自身も言ってみることによってな

されていくものである．さらに，その行動に対する大人からの承認や評価が加わり，幼児は自分の行動に自信を持っていくことになる．

「睡眠」についてみていこう．生まれたばかりの新生児は，睡眠と覚醒の時刻が定まっておらず，1日の大半を眠って過ごす．徐々に，昼と夜のメリハリができてきて，生後6ヶ月から1年程経つと，生体リズムが確立し，夜にまとめて眠れるようになる．それでも，1日3回の昼寝をする子どもの割合は，生後半年までは5割を超えている．1歳半を過ぎる頃にはほとんどの子どもの昼寝は午後の1回となり，6歳になると，ほとんどの子どもは昼寝をしなくなるのである．

身体の発達とうい側面からみると，3歳から5歳までに自律神経系や発汗機能の基盤が確立するなどの身体発達が著しい時期があり，思春期までは脳神経系の正常な形成のためにも十分な睡眠を確保することが必要である．しかし，子どもは，遊びの連続としていつもすんなりとお昼寝を始めるわけではない．このような時には，子どもなりに心の準備ができるよう手助けをしてあげる必要がある．例えば，「もう少ししたら○時だから，お昼寝の時間よ」と予告をしたり，部屋を静かな状態にして照明を薄暗くするなど環境を整えることも効果的である．そして，横になったら，絵本を読んだりお話しを聞かせたりすることを習慣とするなど，子どもがお昼寝への見通しを持てるよう配慮することは大人のちょっとした工夫で可能になるのである．

「清潔」についても同様である．乳児の時は，養育者が子どもの清潔に気を配っている．子どもは新陳代謝が激しいので，清潔を保つことに十分に注意を払わなければならないのである．幼児になると，手洗い，うがい，歯磨き，入浴に関して自分でも少しずつできるようになっていく．幼児がこれらの基本的な生活習慣を獲得できるよう，時には遊びの中で楽しく練習ができ，自分でできるようになった達成感を味わえる工夫と関わりが必要である．

このような基本的生活習慣の獲得の過程において，子どもが手伝ってほしいときに，「手伝って」と言える環境を整えておくことも大切である．必要な時にはいつでも助けてもらえ，失敗してもさりげなく受け止めてもらえるという安心感を持たせることが，子どもの積極性を引き出すことになるのである．

(2) 幼児の食事

幼児は，1歳頃から食具（スプーンやフォーク）を使った自食が始まるが，食べ物をこぼさずにスムーズに口に持っていくことができるようになるまでには，母親などの大人の手助けが必要である．食は健康に直結することであり，体内で代謝された栄養素は身体のエネルギー源となるだけでなく，身体機能の維持

や調整にも使われる．したがって，子どもが自食を始めても，十分に食物を摂取できない部分は，大人の援助が欠かせないのである．時には，食具を使う食べ物と，おにぎりのように手で食べるものを取り混ぜて提供するような工夫もなされているであろう．このような経過を経て，子どもは**食の自立**を獲得していくのである．しかし，嗜好の問題もあり，まだまだ**食の自律**という意味では時間がかかる．

　食の文化は民族や宗教などによって多様であるが，どの社会にも共通している食の習慣として，他者とともに食べること，つまり**共食**がある．共食には生物学的側面の意味もあるが，子どもにとっては，「何をどう食べるか」を学ぶ場ともなる．子どもが，親の食行動を観察し，安全な食べ物を学習するという意味があるのである．さらに，人間は共食の場にコミュニケーションを持ち込む存在でもある．すでに新生児期において，授乳者と子どもには哺乳を介した会話のような働きかけがあることは多くの場面で観察されることである．

　このように，食には生命維持というきわめて生物的な側面と，社会文化的現象としての高度に洗練された側面が共存しており，ここに食の本質がある．食事場面を，生物的な側面を前面に現す子どもと社会文化的側面を盛り込もうとする親の葛藤との調整の場としてとらえることもできる．

　近年，大人の生活スタイルの影響から，子どもの就寝時刻の遅れ，朝食を食べない子どもの増加，肥満児童の増加など多くの問題が指摘されている．また，社会的，経済的な制約により家族が揃って食事をすることが難しくなってきていることも事実である．家族が揃って食事をするようになったのは，日本では明治以降といわれており，それほど長い歴史があるわけではないが，家族形態の変化という歴史の流れからみて，今家族が食事を共にできなくなっていることについて，子どもの成長に影響を及ぼす弊害を考えなければならないであろう．蕨迫・小林・野口・島津・吉田（2011）は，4 歳児を対象とした朝食の共食状況の調査から，「『母親が一緒』が 81.8％と最も多く，次いで『兄弟』が 54.3％であった」と報告している．1 人で食べている子どもは少なかったと報告されているが，ここに家族全員の姿はほとんどない．朝食を**孤食**する子どもは微増傾向にあるが，そのような子どもたちは生活習慣に問題を持っていることが指摘されている．夕食に関しても，特に都市型の生活においては，平日に家族が揃っての食事は持ちにくい．平日の共食環境が貧弱である分，休日の共食を豊かなものにするように工夫することや，家族以外の人も加わる様々な共食の場面を体験させることが必要である．このような体験を重ねることにより，子どもは，少しずつ多種多様なものを食べることができるようになり，必要な栄養素を摂取しやすい下地が作られていく．それは，また，食を通して社会文

(3) 幼児の排泄行為

2～3歳の頃は，**トイレットトレーニング**を通して，自分で自分をコントロールできることへの自信を育む大切な時期である．おしりが濡れて気持ちが悪いという感覚を持つようになることや，濡れたことをお母さんに知らせることができるということは重要なことである．足の筋肉が発達して，おまるにしっかり座ることができるようになったら，子どものサインをキャッチしておまるでの排泄を試みる時期であろう．子どもは，排泄したくなるとうろうろしたり，パンツを触ったりしてサインを出し始める．お母さんは，このサインをうまくキャッチして排泄の成功へと手を貸していくが，それでも失敗は何度も繰り返されることが普通である．お母さんの手助けで成功率が上がってきても，トイレに行きなさいという指示に反発する時期もあって，子どもは結構失敗を重ねる．しかし，あまり叱ることは得策ではなく，失敗して濡れてしまったということを言うとお母さんにきれいにしてもらえるという信頼関係が作られていることが大切である．子どもがこの難しい課題をクリアして自信を持つためには，お母さんに褒めてもらうことがその手助けとなる．この間，お母さんが，失敗体験についてはさりげなくカバーして，成功体験については共に喜んで褒めるという対応を続けることが功を奏するのである．このようなお母さんの対応によって，子どもも失敗体験にとらわれることなく，今度はできたという自信の芽ばえを持つことができる．

絵本『ぷくちゃんのすてきなぱんつ』では，主人公のぷくちゃんのお母さんはすてきな「ぱんつ」を何枚も用意して，ぷくちゃんの**排泄の自立**を見事にサポートしている．ぷくちゃんは「ぱんつ」を次々おしっこで濡らしてしまうが，実は少しずつ自立に向かって成長していることが分かる．お母さんの決して急かさない対応によって，ぷくちゃんは成功した時の喜びと自信を記憶に焼き付けることになるのである．

精神分析の創設者であるフロイトの発達論では，トイレットトレーニングが行われる頃を**肛門期**と呼んでおり，攻撃や反抗などが強まるとしている．この時期に排泄訓練という難しい課題に取り組んでいることがその理由の1つであ

『ぷくちゃんのすてきなぱんつ』ひろかわさえこ・作　アリス館　2001

るが，他にも理由があると考えられている．トイレットトレーニングに代表される自律性の獲得は，自他の分化が進み，乳児期の依存から身を引き離すことを意味しており，それは一体化していた母親を失うことでもある．このような分離状況でしばしば起こる無力感，フラストレーションからも**攻撃衝動**が強まるのである．そもそも，大好きなお母さんから**離れる**ためには，健康な攻撃衝動の後押しが必要なのだ．親がこれらの発達的欲求とそれをうまく調整できない未熟さを理解し，子どもの無力感や怒りをうまく受け止めることができると，攻撃衝動は緩和されてゆく．このように，精神分析的な考察からも，親子の交流や親の受け止めかたが，排泄にまつわる大変さを乗り越えさせる力となることが理解される．

3．幼児期の子どもの思考と世界観

(1) 幼児の思考

知的発達について初めて包括的理論を打ち立てたピアジェは，知的発達を思考が論理性を獲得していく過程と捉え，論理的思考の開始は具体的操作期に入る6，7歳頃からと考えた．しかし，その後の研究で，子どもは発達のかなり早い時期から論理的に思考する能力を備えていることが分かってきた．

ピアジェは幼児期をどのように捉えていたのであろうか．ピアジェの発達段階でみると，幼児期（2歳から6〜7歳）は前操作期と呼ばれており，**前操作的思考**という特徴をもっているとされる．身振り動作や言語を用いた象徴的な思考ができるが，まだ非論理的であり，他者の視点に立って考えることができない**自己中心性**を有しているのが前操作期である．ピアジェの理論に従えば，小学校低学年ぐらいまでの子どもに対して，「お友達の気持ちになって考えてみよう」などと要求することは，そもそも無理なのだということになる．また，ピアジェは，子どもが持つ数，量，重さなどについての**保存概念**を研究し，前操作期の子どもは，見かけの長さや高さに惑わされて，数や量まで変化したと思ってしまうと結論づけた．子どもの前にジュースの入ったコップを置き，それを子どもの見ている前で背が高くて直径の小さい別のコップに移し替えると，「ジュースがふえた！」と思ってしまうということである．

しかし，ピアジェ以降の**数概念**の研究で，3歳の子どもが視覚的な長さに惑わされることなく，数量の違いでキャンディーを選んだことが報告されるなど，この時期の子どもの多くが数の保存概念を持っていることが示されている．

一方，数学者の森（1978）は，「100グラムの水に10グラムの塩を入れて，110グラムの塩水ができると子どもは信じていない．『算数』ではそうなるが，

実際にはそうならないと考えている．それどころか，100グラムの水に10グラムの鉄の玉を沈めたのさえ，あやしい」と記し，小学生になっても重さの保存概念には不安定さがつきまとうことを指摘している．

森によると，ある教師が子どもの前で100グラムの水に10グラムの塩を溶かして110グラムの塩水ができることを実験してみせたところ，それを信じない子どもが「インチキや」と叫んだそうである．大人たちは，重さの保存を当然のことと考えているが，それは子どもから大人に成長する過程で自然に身についたものではなく，いわば近代の理科教育によって「刷り込まれた」ものなのである．

子どもの能力に関する研究は現在も進行中であり，まだ知られていない子どもの能力というものがあるかもしれない．大人が，子どもの大よその発達過程を知っておくことは必要であるが，未知なる子どもの可能性や能力に対しても開かれた心を持って接したいものである．

(2) 幼児の世界観

子どもは，外界の小さなことにも目を輝かせ，じーっと引き付けられる．大人は子どものそのような姿を見ていると，興味深く飽きることがない．子どもは，大人が見つけられなくなっているものにも嬉々として関心を向ける．好奇心の塊である．雨が降ってくる空を見ても，「白いお空！」と興味深々なのである．雨でも雪でも，ちょっとでもいつもと違うことに楽しみを見つけてしまう．初めてかわいらしい傘を買ってもらった子どもは，雨降りを待ちわびている．子どもが大人とは違う価値観，世界観に生きていることは確かなようだ．

かつて，子どもは「小さな大人」と考えられており，体は小さいが他は大人と変わらないとされて，大人と同じように扱われていた．近代になって，このことが反省され，「幼児期の個体としての世界」の存在を認め，その世界を理解しようとする学問が展開してきたのである．門山（2010）は，「"幼児期"は『ヒトが人として生きていくことの基礎を作るための時期』であり，その成長過程において最も重要な時期であると言えそう」と述べている．門山は，この時期に思いやりを与えられる体験と自己主張を受け止めてもらう体験が子どもにとって不可欠であるとし，しばしば「大人の都合によって中断される子どもの世界」があることを危惧し，「子どもの世界」を考えることの重要性について論じている．

幼児期は，仲間交渉が本格化する時期であり，仲間とのやり取りを通して発達する**道徳性**は，他者との関わりを調整する上で重要なものである．吉村（2012）は，「全般的に年児の低い子どもは情動に基づいて判断しやすいこと，

とりわけ女児が物語に登場する自己に共感しやすいことが示唆される」と述べ，4歳女児たちは同年の男児と比較して，物語の主人公の被害意識に共感しやすく，そこで浮かんだ情動に基づいて反応しやすいという子どもの世界の特徴を示した．吉村は，幼児の社会性と認知が相互の影響を及ぼし合って発達していると考えている．従来，道徳性に関して，幼児期は他律の道徳の段階であり，大人たちに「ダメ！」と言われることによって善悪を判断しやすいとされてきたが，子ども自身の客観的状況理解が道徳性に影響を与えている可能性は少なくない．

　子どもは子どもの世界に生きていながらも，大人や少し年長の子どもの振舞いも実によく観察している．子どもは，大人の世界や大人になることに**あこがれ**を感じており，大人の真似をする時にはそこに大人と自分との**同一視**がみられる．ごっこ遊びには驚くほど鮮明に大人の世界が現れていること思い起こすならば，子どもにも自律的な道徳性を獲得できる能力があることは疑う余地もないことである．

参考文献

カイヨワ，ロジェ（著）多田道太郎・塚崎幹夫（訳）（1990）．遊びと人間　講談社（講談社学術文庫）．

Jersild, A. T. (1968). *CHILD PSYCHOLOGY*. Prentice-Hall, Inc.

大場幸夫・斎藤謙・沢文治・服部広子・深津時治（共訳）（1972）．ジャーシルドの児童心理学　家政教育社．

北山修（編）（2005）．共視論　講談社（講談社選書メチエ）．

松田純子（2011）．幼児の生活をつくる――幼児期の「しつけ」と保育者の役割――　実践女子大学　生活科学部紀要　第48号　95-105.

宮原英種・宮原和子（1998）．赤ちゃん心理学を愉しむ　知性はどのようにして誕生するか　ナカニシヤ出版．

森　毅（1978）．数の現象学　朝日新聞社．

門山律子（2010）．幼児期の重要性――"子どもの世界"にどう関わるか――　日本教材文化研究財団研究紀要　40, 74-78.

小此木啓吾（編集）（2002）．精神分析事典　岩崎学術出版社．

大久保愛（1967）．幼児言語の発達　東京堂出版．

新宮一成（2000）．夢分析　岩波新書．

外山滋比古（2012）．幼児教育でいちばん大切なこと――聞く力を育てる　筑摩書房．

ウィニコット，D. W.（著）牛島定信（監訳）（1984）．子どもと家庭　誠清書房．

蕨迫栄・小林陽子・野口美奈・島津早奈英・吉田美津子（2011）．幼児の食生活に関する調査研究――朝食摂取を中心に――　学苑・生活科学紀要　昭和女子大学　854, 30-

36.
やまだようこ (1987). ことばの前のことば 新曜社.
依田新 (監修) (1979). 新・教育心理学事典 金子書房.
吉村斉 (2012). 幼児期の道徳性と客観的状況理解との関係 高知学園短期大学紀要 高知学園短期大学.

コラム I-5 「いやだいやだ」と言われたときは

　自己と他者の区別がつくようになっていくと，自己主張にはじまる**第一次反抗期**が訪れる．個人差はあるが，早くて１歳６ヶ月ごろからはじまると言われている．子どもの反抗期を特徴的に表すのが「やだ」「いやだ」という言葉である．何をしても「やだ」という言葉が返ってきて，もううんざり，というお母さんも多いことであろう．一体，子どもは何がいやなのだろうか．**反抗期の子どもは「なんでも」いやなのだ**．１歳半をすぎると次第に筋肉が発達し，神経系が成熟していく．それに伴い**歩行**や**食事**，**排せつ**など，いろいろな面で**自立**が一気に進む．基本的なことが一人でできるようになり，行動範囲がぐっと広がるのだ．こうして世界が広がると，「自分で！」と何にでも背伸びをしてやりたくなってしまうのは仕方のないことかもしれない．しかし，お母さんからすると困ったもの．成長したといっても，**自立**が完了するまでには時間がかかるため，まだまだ心配である．例えばここで，「危ないから」と移動や行動を制限してしまうと，子どもは欲求不満になる．『やだ！』ではこざるのジョジョとお母さんの関わりが描かれている．お母さんはお昼寝をさせたいけれど，ジョジョはもっと水遊びをしたい．ここで「やだ！」の出番である．とにかく「やだやだ」ばかりのジョジョに，お母さんは「それじゃさよなら」と言って離れてしまう．しかし，反抗期は子どもの**自我**，**意志**，**自尊感情**の発達に必要な過程だ．必要だからこそ誰にだってやってくるものなのである．ジョジョのお母

『いやだいやだ』 せなけいこ・作・絵 福音館書店 1969

『やだ！』 ジェズ・オールバラ・作・絵 徳間書店 2007

さんの素敵なところは，離れたと見せかけて，遊び疲れたジョジョが眠るまで木陰から優しく見守っているところ．第一次反抗期の子どもにとってなにより大切なのは，こうした周りの大人たちのあたたかい養育態度と言えるだろう．しかし，見守ることもなかなか難しいもの．『いやだいやだ』の主人公であるルルちゃんも「いやだいやだ」ばかり言う．すると，かあさんは「それならかあさんもいやだっていうわ」と答える．「いくらよんでもだっこしない」と言われ，ルルちゃんは困ってしまうのだ．「いやだ」と言われる相手の気持ちに気づくこともまた，これから**人間関係**を形成していく子どもにとっては大切なことである．

立命館大学大学院応用人間科学研究科修士課程修了生　二上佳奈

第5章 児童期を生きる

児童期とは一般的に7～12歳の時期を指す．日本ではこの時期に義務教育が開始され学校に通学するようになるため，生活範囲や人間関係がそれ以前よりも拡大する．したがって，人間関係，学習，学校適応といったことがこの時期の重要なテーマである．

1. 児童期の身体的発達

児童期の子どもは体型など身体のつりあいに変化が見られ，6歳頃に6頭身であった体型は12歳頃には7頭身に変わる．つまり，幼児体型からよりバランスの取れた体型へと成長するのである．文部科学省が2011年に全国の小学生25万3536名に行った調査によると，身長と体重の平均値は表5-1の通りである．小学校の1年生と6年生の差は，男児の場合，身長が28.4 cm，体重は17 kgで，女児の場合，身長が31.1 cm，体重は18 kgである．女児の場合は10歳ころから第二次性徴が始まり，男児よりも早く性的成熟が著しい時期に入る．文部科学省の調査結果においても小学校5年および6年時には女児の身長および体重の平均値が男児を上回る．児童期にはこれだけの身長と体重の増加がみられる．

表5-1 小学生の身長と体重の平均値（文部科学省，2012）

	身長の平均値（cm）		体重の平均値（kg）	
	男児	女児	男児	女児
6歳（小学校1年生）	116.6	115.6	21.3	20.8
7歳（小学校2年生）	122.6	121.6	24.0	23.4
8歳（小学校3年生）	128.2	127.4	27.0	26.4
9歳（小学校4年生）	133.5	133.5	30.3	29.8
10歳（小学校5年生）	138.8	140.2	33.8	34.0
11歳（小学校6年生）	145.0	146.7	38.0	38.8

2. 児童期の心理的発達

(1) 児童期の認知発達

　子どもが発達する過程において，外界を捉え，理解し，経験したことを蓄積するという学びは非常に重要な役割を担う．子どもの発達を認知という観点から包括的に捉えたジャン・ピアジェの**認知発達理論**は，各年代の学習能力を理解する上で大変興味深いものである．また，**動機づけ**は学びを促進する機能を果たす．そこで，ここではピアジェの認知発達理論と動機づけについて論じる．

　ピアジェの認知発達理論において認知発達は**感覚運動期，前操作期，具体的操作期，形式的操作期**という質的に異なる4段階から構成される．ピアジェは，外界を理解する際に生体が使用する過去の経験や知識といった認知の枠組みを**シェマ**と呼び，シェマが**同化**と**調節**という変化を繰り返しながら発達する過程を認知発達として捉えた．同化とは，新たな経験を理解する時に，その対象を自分のシェマに合わせて理解することである．一方，調節とは新たな経験をした時に，その経験に合わせて自己のシェマを変化させて，新しい経験を矛盾なく理解できるようにすることである．

　感覚運動期とは生後2年程度を意味し，ピアジェはこの時期を6段階に分類した．感覚運動期には触る，舐めるなど感覚や身体運動を通じて外界と関わることが中心となる．

　前操作期とは2歳から7歳ぐらいの時期である．この時期は表象能力の獲得により頭の中で思考することが可能になるが，量の保存の理解が不十分であるなど直観的で論理性に乏しい思考をする．また，**自己中心性**という認知的特徴を示す．例えば，**図5-1**のような**3つ山課題**と呼ばれる模型を見た時に，他者の視点から見た景色を理解することが難しく，自分が見ている景色と同じように見えると認識するのである．さらに，ぬいぐるみが泣いている，怒っているなど，非生物に人間同様の感情があるように認識することもある．このような非生物に人間的特徴を当てはめる思考を**アニミズム**という．

　具体的操作期とは7～12歳ぐらいの時期である．この時期に具体的な事象に関しては論理的な思考が可能になる．すなわち，量の保存の理解が可能になり，正しい判断をすることができるようになる．例えば，**図5-2**のようにどちらのコップにも同量の水が入っているが，一方を背の高いグラスに移し替えてどちらが多いか尋ねると，前操作期には背が高い方が多いと答えることがあるが，具体的操作期には見かけに影響されずに判断できる．しかし，抽象的な概念の理解はまだ困難である．児童期はピアジェの認知発達理論における具体

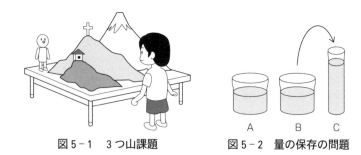

図5-1　3つ山課題　　図5-2　量の保存の問題

的操作期に該当する．

　形式的操作期とは，12歳以降の時期である．この時期には抽象的な事柄を理解できるようになる．善とは何か，道徳とは何かなど，具体的に目の前に見えないものに関しても，過去の経験から具体的な事柄を表象として捉え，それらの組み合わせとして思考することができるようになる．認知発達理論によれば，人は目の前にある具体的なものを把握する段階から，目の前に無い物や抽象的な事柄について思考することができる段階へと発達するという．

(2) 動機づけの概念

　ある目標に向けて行動を起こす，またその行動を維持する原動力が動機づけである．動機づけの中で欲求や要求のように生体の内部で生じる原動力を**動因**という．一方，生体の外部すなわち環境に存在し生体の行動を誘発する原動力を**誘因**という．

　空腹，喉の渇き，睡眠，排泄などの生理的欲求は一次欲求と呼ばれることがある．たとえば，空腹，喉の渇きは飲食行動を引き起こす動因である．一方，食事や飲み物は飲食行動を引き起こす誘因である．

(3) 欲求の階層説

　生理的欲求はヒトが生存する上で何よりも必要とされるものである．その生理的欲求が満たされると，次は安全を求めるようになる．その次は所属と愛情を求めるようになり，さらにその次は自尊や他者からの賞賛を求める，そして最後に自己実現を求めるという．これはアブラハム・マズローが提唱した**欲求の階層説**である．この説では，生理的欲求と安全欲求が一次欲求として，所属と愛情の欲求と自尊と賞賛の欲求が二次的欲求，そして自己実現は高次欲求として位置づけられている．すなわち，下位の欲求が満たされた上で上位の欲求が生じるという，欲求の優先順序が示されている．

(4) 内発的動機づけと外発的動機づけ

一次欲求の他にも，環境に誘因がなくとも生体に行動を引き起こす作用をもつものとして**内発的動機づけ**がある．厳密にいえば，内発的という表現ではあるものの，外的な環境との相互作用によって動機づけが生じる．漫画を好きな人は最新刊を見るために書店にその漫画を購入しに行くだろう．将棋を好きな人は強くなるために練習する，あるいは知識を増やす努力をするだろう．こうした興味や関心が内発的動機づけの代表格である．

興味や関心だけでなく目標もまた動機づけに含まれる．オリンピックで金メダル獲得を目指すスポーツ選手のように，ある目標を定め，それを成し遂げようとする欲求を**達成動機**という．この達成動機も内発的動機に位置づけることができる．達成動機は，本人にとっては非常に興味深いものであっても，はたから見ると特に価値を感じることがない，ということが往々にしてよくある．

目標を達成した際にその原因が何であったと認識するかは，その後の動機づけを考える上で重要である．ベルナルド・ワイナーらは原因の認識の仕方を原因の所在という時点と原因の安定性という二次元で分類した（**表5-2**）．原因の所在は内的なものと外的なものの2種類があり，原因の安定性は安定と不安定の2種類がある．これらの組み合わせにより，能力，問題の困難度，努力，運という4つの分類がなされる．目標達成した時に，運が良かったと思うか，努力したからと思うか，どちらの方が次の目標に向かう時に動機づけが高くなるだろうか．後者の方が動機づけが高まることは容易に想像できるだろう．

一方，外界に報酬があることで高まる動機を**外発的動機づけ**という．宿題のプリントに称賛の言葉を記して返却する．試験で正解したことを称賛する．労働の見返りとして金品を与えるなど，これらすべて外発的動機づけと位置づけることができる．

児童期の子どもは認知の発達，物事に対する動機づけに支えられ，他の子どもたちと関わる遊びを通じて，様々なことを学ぶのである．

表5-2 ワイナーらの原因帰属の分類 (Weiner, et al., 1971)

原因	安定性	
	安定	不安定
内的	能力	努力
外的	問題の困難度	運

3．児童期の子どもの人間関係

(1) 友人選択

　児童期は学校への入学により，同年代，年上，年下という，様々な年齢の人に出会う時期である．多くの人と出会う中でも学校におけるクラスという同年齢の仲間関係が人間関係の中心となる．

　児童期の友人関係は小学校の低学年と高学年では異なるといわれる．低学年では，クラスや塾での席が近い，住んでいる家が近いなど，物理的距離が近い友達と関係を形成することが多い．高学年になると，スポーツができる，勉強ができる，リーダーシップがあるなど，人間的な魅力を尊敬する，あるいは同じような価値観を共有できるといった，内面的な要因によって友人関係を形成し始める．

　また，小学校入学頃までは同性異性に関係なく友人を選択する傾向があるが，その後は同性の友人と遊ぶことが多くなる．そして，その傾向は思春期や青年期頃まで持続する．

(2) ギャング集団

　学校ではクラス単位の集団で生活を送る．例えば，授業時間や休み時間を守る，授業ではクラスごとや班ごとに同じ課題に従事するなど，フォーマルなグループで活動を行うことを求められる．そのような学校生活の中で規則を守ること，他者と協調すること，他者を見習うことなど，様々な社会生活の基礎を身につける．

　一方で，自分たちで**仲間を選択**し，グループを結成し，活動を共にすることもある．それは，同性同士で年齢の近い仲間から構成されるインフォーマルなグループであり，**ギャング集団**と呼ばれる．ギャング集団は排他的，閉鎖的であり，自分たちの仲間にしか通じない相言葉や合図を使用することがある．大人たちから独立して自分たちの好きなことを行う中で他の集団と競い合い，また仲間との連帯感を経験する．そして集団への責任感や忠誠心を発達させる．ギャング集団での活動が友人関係において重要な意味をもつこの年代を，**ギャングエイジ**と呼ぶ．児童期にはフォーマル，インフォーマルな集団活動を通じて対人関係や社会参加の基礎的な要素を学ぶのである．

(3) 児童期の遊び

　乳幼児期には何でも口に入れてしまうなど，もの自体を調べるような遊び，

容れ物と中身のような関係のあるものを扱う遊び，ごっこ遊びがみられる．児童期に入り，小学校低学年のうちはごっこ遊びをする児童もみられるが，加齢や成長に伴いルールに基づく遊び，そして集団で行う競争性のある遊びが多くみられるようになる．ルールに基づく遊びとは，たかおにや色おにのように，高い場所にいる場合は安全，特定の色に触れている場合は安全といった一定のルールが存在する遊びである．競争性のある遊びとは，ドッジボールやドロケイのように，チーム対チームで競う遊びである．児童期にはより複雑なルールが存在し，より多くの仲間と協力する遊びを行うようになるのである．

(4) 人間関係の測定と把握

ヤコブ・モレノは好き嫌いという個々の感情によって集団における人間関係を測定する方法，すなわち**ソシオメトリックテスト**を考案した．遊びなどの具体的な場面において，一緒になりたい人（好き），または一緒になりたくない人（嫌い）の名前を自由に記述してもらう．その結果を基に集団におけるメンバーの好き嫌いという相互関係を明らかにし，図式化するのである．この検査によって，多くの人から好意的に評価される者，その反対に多くの人から否定的に評価される者などの存在が明らかになるのである．ソシオメトリックテストは単に人間関係を明らかにする道具として利用するのでなく，席替えなどを行い集団の人間関係を再構築，改善するために用いることが推奨されるものである．

(5) 教師との人間関係

教師がもつ生徒に対する心理的な態度と生徒の学習に関する興味深い実験がある．ロバート・ローゼンサールとレノア・ヤコブソン（Rosenthal & Jacobson, 1968）は，子どもたちの学業成績の変化を調べることを担任教師に伝えた後，1年生から6年生の生徒に対して学力検査を行った．検査を受けた子どもたちのうち，20%の子どもたちをランダムに選び出し，担任教師にはその子どもたちは成績がよく，今後も成長する子であると伝えた．8ヶ月後に再び学力検査を実施すると，担任教師に何も伝えられなかった生徒と比較すると，学力向上の可能性があると伝えられた生徒の方が検査結果は向上した．おそらく，成長すると担任教師に伝えたことにより，担任教師はその子どもの成績が伸びると信じ，意識的にあるいは無意識的に，その生徒に対する教育的働きかけが向上したことが推測される．他者がその人に期待することによってその人の能力に変化が生じる現象は**ピグマリオン効果**と呼ばれる．

ピグマリオンとは，ギリシャ神話に登場する彫刻の名人であり，自分の作品の彫刻である女性に恋愛感情を抱いた．そして，その女性の彫刻に本物の人に

なってほしいと思っていた．神様が彼の願いを叶えてやり，ピグマリオンは人間に変わったその女性と結婚したのである．ピグマリオン効果という名前の由来はこの神話の内容にある．

4．児童期の学校適応

(1) 児童期における問題行動

児童期には小学校に入学し，学校に通学するという大きな生活環境の変化を迎える．そして，上述のように授業や休み時間など学校のルールに従って集団生活を送ることを要求される．それに伴い，教師という大人，そしてクラスメイトという仲間と良好な関係を保つという課題に直面する．それが困難な場合は様々な不適応を示すことになる．そのような生活環境の変化に伴うストレスによって生じる問題として，ここでは**場面緘黙**，**吃音**，**チック**，**不登校**を取り上げる．

場面緘黙とは，能力的に問題はないものの精神的な要因によって特定の場面で会話ができない状態を指す．例えば学校では全く発話がないが，自宅では他の子と変わらず元気に会話するといった状態である．

吃音とは発話時に，最初や途中の音が詰まる，または同じ音を繰り返し発するなど，会話の流暢性に支障をきたす状態である．例えば「昨日」と言おうと思った時に「き，き，きのう」と言うなど，円滑な発話が困難である．

チックとは，身体の一部の筋肉が不随意的に収縮する症状を示す状態である．その部位は顔，首，肩などであり，神経など身体的な病変によるものもあるが，学校でしばしば問題になるのは心因性のものが多い．

不登校とは，病気や経済的理由によるものは除き，心理的，情緒的，身体的，あるいは社会的要因により，児童生徒が登校しない，または登校したくてもそれができない状況にあることをいう．不登校の背景には本人自身の問題，親子関係に関する問題，友人関係に関する問題など，多様な原因が存在する．

学校ではまず授業内容を理解することが重要であるが，それが困難な場合は**学業不振**に陥る．学年が上がるほど授業内容はより高度に，また授業進度も早くなる．そのため，年齢が高いほど学力の差も大きくなりやすい．勉強についていくことが難しくなると，学校に行ってもつまらないなど，学校適応に悪影響を与えることがよくある．

学業と並び友人関係もまた学校生活の質を左右する大きな要因である．その友人関係の歪みが生む問題として**いじめ**を挙げることができる．文部科学省が1994年から使用したいじめの定義は，弱者に対して心理的または物理的な攻

第 5 章　児童期を生きる　　79

撃を行い，苦痛を与えるものとされ，その場所は学校の中だけでなく外も含むという．たとえば，仲間はずれ，集団で無視，持物を隠す，恐喝する，たたくなどの暴力，衣服を脱がせるなど，いじめは全て悪質な行為である．そして，被害にあった子どもに精神的，身体的な傷を与える．不登校の背景にはいじめという人間関係の問題が存在することもある．

児童期の特徴をとてもよく表現した絵本に『おこだでませんように』がある．この絵本の主人公は小学 1 年生の男児である．作品は彼が自分は家でも学校でも怒られてばかりだということを悩む場面から始まる．家では親が不在の間，良かれと思い妹の遊び相手をする．しかし，妹がわがままを言いだす．それに我慢できずに主人公の男児は妹を叱る．妹が泣き出したところに母親が帰宅し，男児は妹を泣かしたと怒られる．学校ではどうかと

『おこだでませんように』くすのきしげのり・作　石井聖岳・絵　小学館　2008

いうと，学校には学校の難しさがある．良かれと思い，捕まえた虫を女児に見せたら相手が泣いてしまう．サッカーの仲間に入れてほしいと友人に頼んだところ，仲間に入れないと言われた．腹が立ち相手に暴力をふるってしまうと，相手は泣きだす．いつも悪いタイミングで先生が登場し，泣かせたほうが悪いと怒られてしまう．泣かせてしまった相手は一切怒られることがない．怒られるのはいつだって自分だけ．昨日も今日も怒られた，きっと明日も．そのように考え，どうしたら怒られないのかということばかり考えるようになった．

七夕の日，学校では皆で短冊にそれぞれの願いを書くことになった．クラスメイトは勉強ができるようになりますように，スポーツ選手になれますように，富士山に登りたいなど，思い思いの願いを短冊に書いた．主人公の男児はクラスの中で 1 人だけ「おこだでませんように」と書いた．書き終わったのはいつも通り自分が最後だった．彼は作業が遅かったことを怒られると思いながら短冊を担任の先生に持っていった．その短冊を受け取った先生はじーっと短冊を見た．そして気がつくと涙を流していた．そして，いつも怒ってばかりでごめんねと先生は自分の対応を主人公の男児に謝った．担任の先生は男児の母親に電話し，短冊のことを報告した．その日の夜，母親も主人公の男児に対して怒ってばかりであったことを謝り，抱きしめた．そして，主人公の男児は怒られなくなったことを七夕さまに感謝しながら眠った．

このストーリーには，児童期になると学校に通い多くのクラスメイトや教員と関わり，それまでの生活環境とは劇的に異なる環境に適応していかなければ

ならない難しさが描かれている．また，そうした子どもに対して大人がどのような関わりをする必要があるのかということを示している．いつも注意する，叱るといった対応ばかりであれば子どもは自己評価を低め，何をやっても駄目だと考えるようになる．そのため，その子の良いところも積極的に見つけること，1つの場面だけを切り取ってその子を評価してはいけないことの重要性を示している興味深い作品である．

(2) 児童期と情報化社会の課題

子どもの安全のため親が子どもに携帯電話を所持させる傾向が高まっている．内閣府が2011年に実施した青少年のインターネット利用環境実態調査によると（図5-3），携帯電話の所有率は，小学生20.3％，中学生47.8％，高校生95.6％であり，自分専用の携帯電話の所有率は小学生16.6％，中学生42.8％，高校生95.1％と，進学するにつれて飛躍的に数値が上昇する．

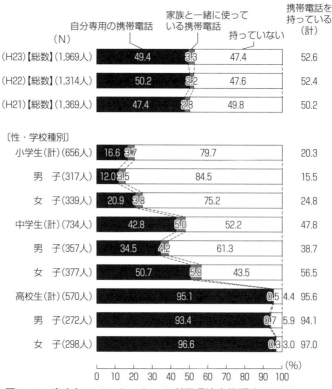

図5-3 青少年のインターネット利用環境実態調査（内閣府，2011）

総務省（2010）によれば，ネット上の書き込みやメールなどによるいじめ，なりすましによるいやがらせ，ネットを通じて知り合った大人からの強迫行為など，ソーシャルネットワークサービス，ゲームサイトなどを利用したことで様々な被害にあう子どもが増加しているという．

　こうした社会情勢を踏まえ，総務省（2012）は，インターネットを適切に活用する能力を測定するための指標として，インターネットを安全に安心して活用するための**インターネットリテラシー**指標（ILAS : Internet Literacy Assessment indicator for Students）を作成した．それは，インターネット上の違法コンテンツ，有害コンテンツに適切に対処できる能力，インターネット上で適切にコミュニケーションができる能力，プライバシー保護や適切なセキュリティ対策ができる能力という3つのカテゴリーから構成される．これらの能力はインターネットを安全に利用するために必要とされる能力であるという．

　神奈川県警は，子どもをインターネットによる悪質な犯罪から保護するためピーガル・キッズサイバースクールという，インターネットに関する一般的なルールやマナーの習得を目的とした教室を開催している．ネット上では個人情報は掲載しないこと，相手の分からないメールは開かないなど，その内容は小学校低学年の子どもにも理解できるよう配慮されている．

　児童期のうちに携帯電話やコンピュータの適切な利用方法を教育することで，子どもたちがネットを通じた犯罪やいじめに巻き込まれないように守ることが現代社会において重要な課題である．

参考文献

Atkinson, R. L., Atkinson, R. C., Smith, E. E., Bem, D. J., & Nolen-Hoeksema, S. (1999). Hilliard's introduction to psychology thirteenth edition. Orland: Harcourt brace college publisher.（アトキンソン，R. L.，アトキンソン，R. C.，スミス，E. E.，ベム，D. J.，ノーレン-ホーセクマ，S.（著）内田一成（監訳）（2002）．ヒルガードの心理学　ブレーン出版．

文部科学省（2012）．平成23年度学校保健統計調査（確定値）の公表について〈http://www.mext.go.jp/component/b_menu/other/__icsFiles/afieldfile/2012/04/13/1319053_1.pdf〉（2013年10月16日）

無藤　隆・森　敏明・遠藤由美・玉瀬耕治（2004）．心理学　有斐閣．

無藤　隆・岡本祐子・大坪治彦（編）（2009）．よくわかる発達心理学　第2版　ミネルヴァ書房．

無藤　隆・高橋惠子・田島信元（編）（1990）．発達心理学入門〈1〉乳児・幼児・児童　東京大学出版会．

内閣府（2011）．青少年のインターネット利用環境実態調査〈http://www8.cao.go.jp/

youth/youth-harm/chousa/h23/net-jittai/html/index.html〉（2013 年 10 月 18 日）
西本武彦・大藪　泰・福澤一吉・越川房子（編著）（2009）．現代心理学入門——進化と文化のクロスロード——　川島書店．
Rosenthal, R., & Jacobson, L.（1968）．*Pygmalion in the classroom: Teacher expectation andpupils' intellectual development*．New York: Holt, Rinehart & Winston.
総務省（2010）．インターネットトラブル事例集（平成 22 年度版）〈http://www.soumu.go.jp/main_sosiki/joho_tsusin/kyouiku_joho-ka/pdf/2-1_a_00.pdf〉（2013 年 10 月 16 日）
総務省（2012）．青少年のインターネット・リテラシー指標——指標開発と実態調査——〈http://www.soumu.go.jp/main_content/000175589.pdf〉（2013 年 10 月 16 日）
上田礼子（2005）．生涯人間発達学　改訂第 2 版　三輪書店．
Weiner, B., Frieze, I., Kulka, A., Reed, L., Rest, S., & Rosenbaum, R. M.（1971）．Perceiving the causes of success and failure．In Edward E. Jones, David E. Kanouse, Harold H. Kelley, Richard E. Nisbett, Stuart Valins, Bernard Weiner（Ed），*Attribution: Perceiving the Causes of Behavior*（pp. 95-120）．New Jersey: General Learning Press.

コラムⅠ-6　初めて記念

　児童期というと，小学校 3～5 年生くらい（9～11 歳）を指している．ちょうど「半分成人式」が行われる頃でもある．この頃自身が印象深く覚えているのは「初めて記念」が多かったことだ．例えば，初めて友達だけで電車に乗った記念．毎年行っていた島の海水浴で，初めて大人の付き添いなしに遠くまで泳いだ記念．

　児童期の子どもは，発話も達者で語彙も多くなるため，やりたいことを言葉で明確に伝えることができるようになる．身体のコントロールにも慣れ，なにより，少し安心した周りの大人（親や先生）がほっといてくれる時期でもある．だからこそ，「初めて 1 人でなにかをする」ということが増え，それに併せて成功体験も重ねていくことができる．

　『いけちゃんとぼく』という絵本は，主人公の「ぼく」と，いつもそばにいてくれる「いけちゃん」との物語．いけちゃんはぼくが生まれたときからそばにいて，「頭のなかの小人がどんどん歩くんだ」と訴えるぼくに，「それは頭痛というんだよ」と教えてくれる．そんなぼくも大きくなり，児童期に差し掛かると，今度は落ち込んでいるいけちゃんを励ますようになる．

　そしてある日，ぼくは友達と大げんかをするが，いつもいてくれていたいけちゃんはそばにいない．あとから，「だって大丈夫そうだったじゃない」なんていって，いけちゃんはだんだんぼくから離れて行く．そうしているうちに，いけちゃんはだ

んだん小さくなっていく．

　この絵本は，児童期の「1人でできるもん」「でも心細いときもあるもん」という子どもの心情を丁寧に表現している．ぼくは1人でなにかをするときにいつも，「いけちゃん見守ってくれてるかな？」と後ろを振り返るのだ．ぼくにとって，いけちゃんは拠り所だったのだ．

　「もう1人でできるよね」と，「初めて記念」をたくさん経験する児童期の子どもたちだが，本当の「ひとりぼっち」はまだまだ怖い．そうしたとき，いけちゃんのように「見守ってくれ，拠り所となるような人」がそばにいるぼくは，なんて幸せなんだろうと思わずにはいられない．

『いけちゃんとぼく』　西原理恵子・著　角川書店　2006

立命館大学大学院応用人間科学研究科修士課程修了生　白川愛子

コラム I-7　ちいさなヒミツ

　大学時代に，子どもと遊んだり，勉強をするボランティア活動に関わっていた．その中の経験を思い返すと，ある女の子から「秘密の場所につれてってあげる」と言われたことがあった．その子はそう言って，私の手を引いて歩いた．その子が言う「秘密の場所」に行ってみると，その場所は少し涼むことができる木陰であったり，お気に入りのブランコ，木の実や花が植えられている場所など，大人にとってはなんてことのない場所であった．そのような経験がいくつかあった．その子達が「秘密ね」と語るときの表情は，ニコニコしていて，嬉しそうにみえたことから，特別隠れ家のような場所ではないところを，子どもたちは「自分の秘密の場所」として楽しんでいるように思えた．そして，それが彼らにとっては，とてもわくわくするヒミツなのだろうと私は感じた．大人にとっては「なんてことのない場所」ではあるのだが，「ヒミツね」と子どもに言われると，こちらまでわくわくしてしまう．これは，場所や物事の面白さではなく，「秘密の場所に連れて行ってくれた」という感覚があるからである．ここで，子どもたちと私の間で「ヒミツの共有」が行われ，秘密を共有する側も，共有された側も何かを分かち合えたような一体感が生じたのだ．

　このような「自分にとっての秘密」を持ち，友達など他の人に共有した経験は，子ども時代を振り返ると誰にもあるのではないか．「好きな人教えて」「ヒミツだよ」と言いながらも教えてしまうような経験は，女の子なら誰しも経験する定番の

「ヒミツの共有」である．

　子ども達が私に教えてくれた「ヒミツの場所」，そして，「好きな人」を言い合う経験などは，大人になって振り返ると非常に小さな「ヒミツ」，しかし子どもにとってはとても重要な，わくわくする出来事であり，そういった自分の「秘密の共有」が，子どもにとっては必要な経験なのかもしれない．

　特に女の子は秘密が好きだ．「2人だけの秘密だよ」という「秘密の共有」は子どもはもちろん，大人にとってもちょっとどきどきしてしまう魔法の言葉なのかもしれない．

E・R・Iカウンセリングルーム　雉子谷真希

第6章 思春期・青年期の発達

1. 思春期・青年期を生きる

　思春期・青年期は子どもから大人へと変わる大きな変化を遂げる時期である。そのため，心身ともに様々な変化が生じる。10歳頃では男女の身体的特徴の違いは大きくないが，思春期を境に男の子は男性らしい，女の子は女性らしい体つきへと変化する。また，今までは養育者の言うことに素直に従っていた子であっても，思春期に入ると養育者の言うことに従わず自己の意見を主張するようになる。本章では思春期・青年期の身体的特徴，心理的特徴，そして対人関係について紹介する。なお，心理的特徴として認知発達と自我発達を取り上げる。

(1) 思春期・青年期の身体的特徴
　思春期や青年期には身体的に大きな変化を遂げる。それは，脳内にある脳下垂体といわれる器官が活発に働くことで，性ホルモンが大量に分泌されるからである。この時期に性ホルモンが分泌されて生じる体の変化を**第二次性徴**という。性徴とは性別の違いを表す生理的な特徴や形態的な特徴である。第二次性徴では，男性は声，陰毛，腋毛，精通，ヒゲ，筋肉隆起などに変化がみられ，男性らしい体型になる。一方，女性は月経，乳房隆起，陰毛，腋毛，皮下脂肪の発達などに変化がみられ，女性らしい体型になる。このような大人へと成長する**身体的特徴の変化**に伴い，身長，体重，胸囲なども量的に増加する。女性は概ね10～12歳頃に急速に身長などが増加し始める。男性は女性よりも若干遅い傾向があり，12歳から14歳頃に身長などが増加する。

　文部科学省（2012）の調査によると，中学1年時の男子と女子の身長と体重の平均値にはあまり大きな差異は認められない。ところが高校3年時には，男子は女子よりも身長および体重の平均値が顕著に大きな値を示している（**表6-1**）。思春期には性差が体格の違いに明確に現れるのである。この時期の男性は声変わりにより声が低くなり，筋肉がつき男らしく成長する。女性は体つきが女性らしくふっくらしてくる。これらの現象は，本書の読者も経験的に知っ

表 6-1　中学生と高校生の身長と体重の平均値 (文部科学省, 2012)

	身長の平均値 (cm)		体重の平均値 (kg)	
	男子	女子	男子	女子
12歳（中学校1年生）	152.3	151.9	43.8	43.6
13歳（中学校2年生）	159.6	155.0	49.0	47.1
14歳（中学校3年生）	165.1	156.6	54.2	49.9
15歳（高校1年生）	168.3	157.1	59.4	51.4
16歳（高校2年生）	169.9	157.6	61.3	52.4
17歳（高校3年生）	170.7	158.0	63.1	52.8

ていることではないだろうか．

(2) 思春期・青年期の認知発達

　思春期や青年期には身体的な発達だけでなく，精神的にも大きな変化が見られる．第Ⅰ部第5章で紹介したように，ピアジェは思春期・青年期あたりから獲得される合理的な思考方法を形式的操作とした．すなわち，思春期以降，人生とは何か，正義とは何かなど，抽象的な物事について思考することが可能になる．また，思考方法も論理的で筋の通った考えができるようになる．

　例えば，いま目の前にA，K，4，7という4枚のカードが並べられている．これらのカードは片面にアルファベットが1つ，もう片面には数字が1つ印刷されている．一方の面に母音がある時，裏面には必ず偶数がある，という規則が正しいかどうかを調べることになった．さて，あなたはどのカードを裏返して調べる必要があるだろうか．正解はAと7であるが，Aと4と回答する人も多い．形式的操作が可能になる思春期以降にはこうした問題にも対応できる思考力が養われていく．ただし，同じ論理的な推論であっても，内容が具体的で身近なもののほうが論理的な思考を適切に行いやすく，内容が抽象的であまり身近でないものであれば，上述のカード問題のように適切な推論が難しくなる．すなわち，この時期に複雑な思考も可能になるが，思春期青年期が認知発達のピークではなく，その後も思考能力を伸ばすことはできる．

(3) 思春期・青年期の自我発達

　エリクE．エリクソンは精神分析理論を重要視しながらも，精神分析を理論化したフロイトとは異なる独自の発達理論を生み出した．それは**ライフサイクル説**と呼ばれる．エリクソンの理論によれば人の生涯には8つの段階があり，それぞれの段階において解決しなければならない特有の課題がある．人の生涯

はⅰ. **乳児期**, ⅱ. **幼児期前期**, ⅲ. **幼児期後期**, ⅳ. **学童期**, ⅴ. **思春期・青年期**, ⅵ. **成人初期**, ⅶ. **成人期**, ⅷ. **成熟期**（あるいは老年期）の8段階に分類される. そして, それぞれの段階に, ⅰ.「基本的信頼対不信」, ⅱ.「自律対恥・疑惑」, ⅲ.「主導性対罪悪感」, ⅳ.「勤勉性対劣等感」, ⅴ.「同一性対同一性拡散」, ⅵ.「親密対孤立」, ⅶ.「世代性対停滞感」, ⅷ.「統合対絶望」という課題がある. 例えば, 思春期・青年期には同一性対同一性拡散という課題があり, ○○対○○という表現になっている. これは同一性の課題を達成できない場合には同一性拡散という心理的な危機状態に陥るという意味である.

　青年期は上述のように自我同一性を確立する, いわば自分探しの時期である. すなわち, 自分は何者か, どのような存在かという問いに答えることができる自己像を構築する. 精神的にも身体的にも成長し, 1人の大人として社会に出ていく上で, 自分が社会の中にどのように位置づけられる存在であるかを模索するのである. しかし, 自分が社会の中でどのように生きていくのか, その選択肢は実に多様であり, 自我同一性という自己像を確立するのは容易なことではない. 青年期は自己像を確立するために様々なことを考え, 試すことができる時間的猶予が与えられているという意味で, **モラトリアム**の時期と位置づけられている.

　ジェームズ・マーシャ（Marcia, 1966）は**自我同一性の達成を危機と傾倒**という2つの視点から捉えた（**表6-2**）. 思春期・青年期には学校卒業後の進学や就職など, 自分がどの道に進んだらよいか悩み, 迷い, 苦しい思いをしながらも進むべき道を1つに決めることがある. 危機とはそのような自分の進むべき道, 自分自身のあり方に迷いもがく苦悩である. また, 自分がどの選択肢を選ぶか決まると, その選択肢に沿った方向性に進んでいくことになる. 例えば, 教師になるために教育について学ぶことができる学校に進学し, 勉強に励む. あるいは料理人になるために料理の練習をするなど, 選択肢に沿った行動を行うようになる. すなわち, これが自分だ, あるいはこれが自分の進むべき道だという確信をもつことができると, 自分の信念に則って行動する. その状態が傾倒である.

表6-2　マーシャの自我同一性の分類

危　機	傾　倒	自我同一性地位
経験あり	している	同一性達成
経験中	しようとしている	モラトリアム
未経験	している	早期完了
未経験	していない	同一性拡散
経験あり	していない	同一性拡散

マーシャは危機や傾倒を経験する程度により自我同一性が異なるとした．危機と傾倒を経験した人は自我同一性達成，危機を経験していないが傾倒している人は**早期完了**，危機を経験または未経験で，かつ傾倒していない人は**同一性拡散**，危機を経験している最中であり，傾倒しようとしている人は**モラトリアム**である．エリクソンのように自我同一性を達成または拡散という一次元ではなく，二次元で捉えるというのがマーシャの自我同一性理論の特徴である．

2．思春期・青年期の感情

思春期の性的成熟は急激で劇的である．この急激な身体的変化は思春期青年期の心理状態に動揺をもたらすと考えられている．すなわち，自分が他者からどのようにみられているか，自分とは何者か，どのような価値のある人間かなどと考え，苦悩することがある．ここではそのような苦悩などを伴う感情として孤独感と抑うつを取り上げる．

(1) 孤独感

中学生が**孤独感**を感じた状況に関する調査によると，親とケンカしたなど他者と争いがあった時，親しい人と死別した時，親や先生に叱られた時など，具体的な出来事がきっかけになることもあれば，学校にいて何気なく考えた時，1人で歩いていて何気なく考えた時という，具体的な出来事とは無関係に生じる孤独感も存在することが示された（工藤，1986）．また，中学生の孤独感への対処行動としては，漫画を読む，趣味に熱中する，友達に相談するといった適応的なもの，たばこを吸う，バイクを運転するなど非適応的なもの，そしてじっと我慢するという孤独感をどうにもできないと思われるものがあった（工藤，1986）．孤独感は必ずしも明確なきっかけがあって生じるものではなく，その対処も非適応的である場合やどうにも対処できない場合があり，思春期の心理的適応において無視できない感情である．

(2) 劣等感

青年期は他の時期に比べて**劣等感**を抱きやすい時期であるといわれる．劣等感の強弱を決める心理的規定因には，自己評価，目標設定，関係志向の3要因がある（髙坂・佐藤，2009）．自己評価については，他者から称賛や承認を得たいと思うほど，そして自己の否定的な側面を直視しようとしない傾向が強いほど劣等感が強いといわれる．反対に自己のことをしっかり見つめる力がある人は劣等感が弱いといわれる．目標設定については，自己を高めようとする明確な

目標を持つことができると劣等感は弱く，そのような明確な目標がないと劣等感は強まるという．関係志向については，他者に拒否されることを恐れる傾向が強く，些細なミスでも他者からの評価は下がるのではないかとミスを過度に気にする傾向が強いと劣等感も強いという．反対に，他者に拒否されることを恐れず他者と関わることができると劣等感は弱いという．

　第二次性徴による身体的特徴の変化は個人差が大きい．身体的特徴の個人差は，自己と他者を比較せずにいられない思春期・青年期において，劣等感を形成する要因のひとつである．劣等感を抱くテーマがあると，そのことに不満や抑うつなどの反応を示す．上長（2007）が行った中学生の関する調査では，身体に関する満足度について男女で異なる特徴がみられた．男子の場合，自己の身体発達が遅いと認識するほど，また他者から見られている自分を意識するほど身体満足度は低い傾向がある．そして，身体満足度が低いほど抑うつは高い傾向があることが示された．

　一方，女子の場合，主観とは関係なく身体発達が客観的に早いほど自己の体重を重いと評価し，自己の体重を重いと評価するほど身体満足度は低いという．また，身体発達が客観的に早いだけでも身体満足度は低い傾向がある．そして，身体満足度が低いほど抑うつは高いという．

　すなわち，男子の場合，性的成熟が遅いと主観的に感じるほど身体満足度が低く，女子の場合は性的成熟が客観的に早いと身体満足度は低い傾向がある．また，女子は体重を重いと認識することが身体満足度の低さと関連するが，男子の場合は他者からどう見られるかを意識することが身体満足度の低さと関連する．このように，身体的満足度に関連する要因は男女で異なるが，性的成熟による身体変化が起きる時，自己の身体に不満を感じるほうが抑うつは高い傾向がある．

　思春期・青年期は明確な理由なく生じる孤独感や，身体的変化による劣等感，そして劣等感に付随する不満や抑うつなど，心理的な混乱を抱きやすい時期であると考えられる．したがって，これらの心理的混乱を支える大人が身近にいることが思春期・青年期の子どもたちにとって重要であろう．

3．思春期・青年期の対人関係

(1) 自己意識の高まり

　思春期に入ると**自己意識**が急激に高まる．そのため，それ以前には見られなかった行動が多数出現するようになる．例えば，これまでそれほど興味を示さなかった身だしなみに強い興味を示すようになる．そして，鏡を頻繁に，ある

いは長時間見ながら自分のヘアスタイルや服装を確認する．思春期以前は親が用意してくれた衣類を着用していたが，自分の好きな衣類を着用するようになり，親が用意したものを着用することを拒否する．身だしなみだけではなく，何をするかあるいはしないかなど，親や養育者の意見に従うだけだった子どもから，自分の考えや意見をもち，それを主張するようになる．こうして子どもという養育者に保護される存在から，主体的に活動する自己が出現する状態へと変貌を遂げる．

(2) 養育者との関係

自己の出現に伴い親をはじめとする大人の意見に対して反発するような自己主張をすることも度々みられ，先述のようにそれは**第二次反抗期**と呼ばれる．そのような反抗的態度は一般的に青年期後期には減少する．そのため，第二次反抗期はいつまでも親に従属しているだけでなく，1人の大人として**親から自立**する上で欠かすことのできないプロセスとして理解されている．

リータ・ホリングワースは，思春期・青年期の心理的特性を哺乳類動物の行動になぞらえて説明した．ヒトの場合，だいたい生後5ヶ月ぐらいから離乳食を試し始め，1～1歳半頃には離乳が完全に完了し，食事やおやつを摂取するようになる．他の哺乳類においても母乳からそれ以外の食物を摂取するように移行する時期があり，それに伴い母子密着の程度が軽減する．第二次反抗期にみられる自己主張や反抗的態度は，親に対して精神的に従順，依存という状態から脱却し，自己決定，自立へと移行する時期という意味で，ホリングワースは**心理的離乳**という言葉で表現した．

デイヴィッド・オーズベルは，思春期・青年期の心理的特性を星になぞらえて説明した．太陽のように自ら光を発する星は恒星と呼ばれる．そして恒星の周囲を回る星は惑星と呼ばれる．そして惑星の周囲を回る星は衛星と呼ばれる．太陽系でいえば地球は太陽の惑星であり，月は地球の衛星である．

子どもは養育者に保護されて育つため，養育者が惑星であるとしたら子どもは衛星のようにいつも養育者の周囲にいる．つまり，思春期以前は衛星のように親についてまわる関係性であるが，思春期・青年期を境に，養育者とは独立して自律的に動く関係性へと変化する．そのような意味で，こ

『わたしのきもちをきいて Ⅰ．家出』ガブリエル・バンサン・作　もりひさし・訳　ビーエル出版　1998

の時期を**脱衛星化**という言葉で表した．

　思春期・青年期の心理を非常によく描いた絵本に『わたしのきもちをきいてⅠ．家出』がある．この絵本はある少女が今の生活に嫌気がさして家出をしようと決心する場面から始まる．彼女は自分なりに必要なものをカバンに詰めて家を出ていく．父と母はもう自分に会うことはできないので叱ることもできないだろうと，親に対する反発心を抱きながら徐々に家から離れる．その道の途中で，自分が通う学校の前を通るが，学校のことが嫌だ，友達に気づかれないようにと思いながら，こっそりと学校を通り過ぎていく．自分には本当は悩み事があり，家ではいつも１人で泣いている．しかし，親も友だちにも分かってもらえない．そのような日常に嫌気がさし，もっともっと家から遠く離れたところへ行こうと歩みを進めていく．

　家からずっと遠くに離れた森の中に１人でやってきた少女は，孤独と寂しさに耐えかねて家に帰りたい気持ちになる．しかし，迷子になり，家に帰る道を見失ってしまう．両親に会いたい，話をしたい，そうした気持ちが溢れてくるが，家に帰ることができない．ついに疲れ果てて森で眠ってしまう．目が覚めると，父親が少女を抱きかかえて家に連れ帰ってくれるところであった．

　このストーリーには，思春期特有の両親への反発心，学校などの友人関係の難しさと悩み，孤独感が描かれている．つらい気持ちを素直に表現できず，そのつらさを理解してもらえないことで両親に対して反抗的な態度をとる．本音はもっと親に甘えたいのだが，それができないことの葛藤を抱える．一人前の言動をとるが，実際には自分ひとりで物事を解決することがまだまだ難しい子どもの部分をもっている．それらの思春期・青年期の繊細な心理を見事に描いた作品である．

(3) 異性への関心

　大人に対しては時に反抗的な態度をとることがある思春期・青年期において，同年代の仲間に対してもそれ以前とは異なる関係性を示すようになる．第二次性徴という身体的成熟に伴い，**異性への関心**が高まる．それは，**性的な欲求**の高まりと，**恋愛感情**の芽生えである．まだ精神的に未熟なため，性的欲求と恋愛感情が統合されていないこともある．児童期（小学生頃の時期）には男子同士のグループ，女子同士のグループというかたちで比較的同性と関わる傾向が強い人間関係が，異性への関心の高まりによって，異性との交流が生まれるようになる．

　また，自己意識の高揚によって他者からの注目を得たいという欲求が強まる．その結果，他者の注目を集めるために様々な行動をとるが，身だしなみを整え

て外見的魅力を高めるという他者に危害を与えない適応的な方法もあれば、暴力などで他者を威圧するという不適応的な方法であることもある。飲酒、喫煙、暴力などの非行が他者からの注目を得るために行われていると考えられる事例も多々存在する。

　自己意識が高まり、親から自立するようになるとはいえ、他者にどう評価されるかということに対して過剰なまでに反応し、他者の評価を得るために躍起になる。つまり、周囲に振り回されずに善悪の判断ができるほど精神的に成熟しておらず、友人に誘われ非行や反社会的な行動をとる危険性も高い時期であるといえる。

　思春期・青年期には友人の選択基準にも変化があるといわれる。友人関係には**ギャンググループ**、**チャムグループ**、**ピアグループ**という3つの段階がある(保坂・岡村, 1986)。最初の段階はギャンググループであり、同一行動という表面的な行動の類似性によって形成される同性同輩から成る関係である。次の段階はチャムグループであり、内面的な類似性によって形成される同性同輩から成る関係である。最後の段階がピアグループであり、内面的にも外面的にも相互の差異を認め合い、性別や年齢にとらわれない関係である。友人関係はこのように異質性に対する許容度が増す形で発達する。児童期にはギャンググループがみられるが、思春期以降はそれがチャムグループ、そしてピアグループという段階へと移行する。

4. 思春期・青年期の関心

(1) 職業的自己意識

　高等学校において進路をどうするかを担任教員と話し合う経験をしたことがある人は多いだろう。また、大学においても卒業後にどのような仕事に就くかを考え、大学のキャリアセンターなどを利用しながら就職活動に励む学生も多いだろう。思春期・青年期に関心が集まるテーマの1つが将来の職業や就職である。自我同一性の達成と関連することではあるが、自分が将来どのような職業に就くかという課題に直面する時期なのである。

　バブルが崩壊し、不況という経済的な低迷が継続する日本において、若者の就職が困難な状況は深刻である。総務省 (2013) が公表した労働力調査によると、2012年の就業者は6270万人と、2007年の6412万人と比較すると142万人減少している。また、15～34歳で非労働力人口に含まれず、かつ家事も通学もしていない者である若年無業者は、統計が始まった2004年以降60万人以上の水準を保っている（図6-1）。**フリーター**や**ニート**と呼ばれる人がマスコミに取り

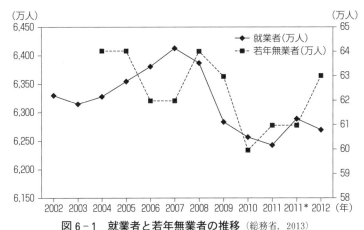

図 6-1　就業者と若年無業者の推移（総務省，2013）

注　2011年は東日本大震災の影響があり，図中の＊はその影響を補正した参考値を表している．

上げられることも多く，問題の深刻さが窺われる．雇用形態は非正規雇用が増え，若者にとっては将来の安定した生活という先行きが不透明な状況である．就職が困難な場合にはあえて大学を1年留年する，または大学卒業後に専門学校に再び入学し，「新卒」ということを売りにして就職しようとする学生さえいる．現代社会の青年は厳しい状況下でどのような道を選択していくのか難しい選択を迫られており，アイデンティティの確立は簡単なことではない．

しかし，生涯子どもという役割にとどまり，親の庇護のもとで生活をしていくことができる人はほとんどいない．したがって，自立して生活する必要があり，自分がどのような仕事をして生計を立てていくのかを考えなければならない．自我同一性のうち，自分がどのような仕事をするかという職業に関する同一性を**職業的同一性**という．就業しないで生きる道，たとえば専業主婦（または専業主夫）などが挙げられるが，そうした場合を除きほとんどの人が青年期に職業的同一性の達成という課題にも直面する．

参考文献

Ausubel, D. (1954). Theory and problems of adolescent development. New York: Grune & Stratton.

Hollingworth, L. S. (1928). The psychology of the adolescent. New York: Appleton.

保坂　亨・岡村達也 (1986). キャンパス・エンカウンター・グループの発達的・治療的意義の検討　心理臨床学研究, 4, 15-26.

工藤　力 (1986). 思春期の孤独感に関する研究　心理学研究, 57, 293-299.

Marcia, J. E. (1966). Development and validation of ego identity status. Journal of

Personality and Social Psychology, 3, 551-558.
文部科学省（2012）．平成 23 年度学校保健統計調査（確定値）の公表について〈http://www.mext.go.jp/component/b_menu/other/__icsFiles/afieldfile/2012/04/13/1319053_1.pdf〉（2013 年 10 月 16 日）
無藤　隆・森　敏明・遠藤由美・玉瀬耕治（2004）．心理学（New Liberal Arts Selection）有斐閣．
無藤　隆・岡本祐子・大坪治彦（編）（2009）．よくわかる発達心理学　第 2 版　ミネルヴァ書房．
無藤　隆・高橋惠子・田島信元（編）（1990）．発達心理学入門（2）　青年・成人・老人　東京大学出版会．
西本武彦・大藪　泰・福澤一吉・越川房子（編著）（2009）．現代心理学入門――進化と文化のクロスロード――　川島書店．
総務省（2013）．労働力調査（基本集計）平成 24 年平均（速報）結果の要約〈http://www.stat.go.jp/data/roudou/sokuhou/nen/ft/pdf/index1.pdf〉（2013 年 10 月 17 日）
高坂康雅・佐藤有耕（2009）．青年期における劣等感の規定因モデルの構築　筑波大学心理学研究, 37, 77-86.
上田礼子（2005）．生涯人間発達学　改訂第 2 版　三輪書店．
上長　然（2007）．思春期の身体発育のタイミングと抑うつ傾向　教育心理学研究, 55, 370-381.

コラム I-8　いじめの先にあるもの

　思春期・青年期と聞いて，どんな言葉やイメージを思い浮かべるだろう．恋愛，進路選択，自立，不安，迷い，悩み……．瑞々しい感情が刺激されて，とめどない喜びや感動を味わったり，あるいは胸が潰れそうな悲しみを体験したり，そして様々な選択に戸惑ったり，それが思春期・青年期ではないだろうか．この時期の心理的特徴として，**劣等感**，劣等感から生まれる**ナルシズム傾向**，そして**孤独感**がある．こうした思いを乗り越えて自分を高めていくことができるならばそれは素晴らしいことだが，これらの思いは時に歪んだ形で解消されることがある．その 1 つに，他者を蔑み排除することで，自分を保とうとする行為がある．そうそれは，今や若者の問題を語るときに外すことのできなくなったテーマ，**いじめ**である．
　絵本，『わたしのいもうと』の表紙にある少女の後ろ姿は，一種の戦慄を覚えさせるほどに，暗く寂しいものだ．少女は酷いいじめによって学校に行けなくなり，部屋に閉じこもり，ご飯も食べられなくなる．母親の愛情によって一度は命を取りとめるが，最後は大人になるのをまたずに独りひっそりと死んでゆく．少女は死ぬしばらく前から，つるを折るようになる．「あかいつる　あおいつる　しろいつる　つるにうずまって」．それはまるで，平和への祈りのようだ．少女は自らの悲しみ

によって，世界中の悲しみを理解していたのかもしれない．自らに起こったような悲しみが，世界中の悲しみにつながっていくのだと悟っていたのかもしれない．

この絵本は，著者の元に届いた1通の手紙が元になっている．いじめを受けた妹のことが綴られたその手紙には，「自分より弱いものをいじめる．自分と同じでないものを許さない．そうした差別こそが戦争へつながるのではないでしょうか」と記されていたという．著者はこれに大きな共感を寄せている．

『わたしのいもうと』 松谷みよ子・文　味戸ケイコ・絵　偕成社　1987

絵本，『わたしのいもうと』は，読む者に，いじめの悲しさ，悲惨さ，虚しさを伝える．そして，それに対する共感が大きな悲しみの抑止力になるのではないかと私たちに訴えかける．世の中を見ていると，若者の世界にはいじめはつきものであるように感じられてしまうが，いじめと距離がおける子は必ずいるし，いじめを憎むことができる子も間違いなくいる．それは痛みを知っている子，悲しみを知っている子，相手の立場に立ってものを考えられる子．私たちは，そういう子どもたちを育てなければならない．この絵本はその一助になるのではないか．1人でも多くの人に読んでもらいたい絵本である．

立命館大学大学院応用人間科学研究科修士課程修了生　矢口健太郎

コラムⅠ-9　ピアスを身につけること

ピアスを身につけること．それは「自分の身体に自ら傷をつける」という意味と「オシャレをする」という意味があります．昔は親からもらった身体に，しかも自ら傷をつけるなんて考えられなかったことでしょう．しかし，今や，その行為自体が「オシャレ」となっています．身体に穴を開け，そこに自分の好きなアクセサリ

ーをはめる．諸外国では，幼い頃に親が子どもの耳に穴を開け，ピアスをはめるという習慣もあります．ピアスと似たものとしてイヤリングがありますが，これは身体に傷をつけません．では，なぜ人はわざわざ自分の身体に傷をつけ，ピアスを身につけるのでしょうか．

　それはピアスを身につけることがオシャレであるとともに，自己表現の方法として認識されているからだと思います．ピアスはイヤリングとは違い，落ちる心配もなく，永遠につけていたいと思えばずっと身につけることができます．いわば，自分の分身と言えるでしょう．

　身につけるといっても，現代は耳だけではありません．例えば，眉毛，舌や鼻，唇，へそ等が挙げられます．校則違反とわかっていながら，よく中学生や高校生がピアスの穴を開けたがる光景を目にしますが，思春期の子どもにとって自己表現は自分を保つうえでとても大切なことです．思春期は，様々な人の中で色んな感情を抱きながら，たくさんの人と人間関係を築いていきます．その中で自分の思い通りにいかないことや納得のいかないことが存在することを学び，経験しながら成長していきます．ときには，自己主張ばかりではなく，周囲に合わせなければいけない場面もあります．しかし，そんな中で「自分」を見失わないように，他者と自分を見分けられるように好きなピアスをはめこむのではないでしょうか．

　ピアスは一見，ただのオシャレに見えますが，実はピアスを身につけることにはこのような深い意味があるのだと思います．だからこそ，開ける穴の位置にこだわったり，つけるピアスの種類にこだわりを持つのでしょう．それが現代人にとってのオシャレをしながら，自己表現できる一石二鳥のツールなのだと思います．

　ただし，アレルギー体質の人は，ようじん，ようじん．

　　　　　　　　　　　　社会福祉法人札幌育児園　札幌南こども家庭支援センター　高橋歩美

第7章 成人期の発達

1. 2つの成人期の中心的なテーマ

成人期は青年期と老年期の間の時期にあり，大学等を卒業して**就職**や**結婚**を経験する25〜35歳ぐらいまでを成人期前期，30歳代後半もしくは40歳ぐらいから60〜65歳ぐらいまでを成人期中期，60歳もしくは65歳以降を成人期後期としている．なお，成人期前期を「成人期初期」，成人期中期を「中年期」，成人期後期を「老年期」と呼ぶ場合もある．本章では主に65歳ぐらいまでの成人期前期と成人期中期について取り上げる．

(1) 成人期に対する扱い

成人期が発達心理学の中で扱われるようになったのは最近のことである．それまでは身体機能，社会性，認知能力，パーソナリティなどは青年期までに変化，成長のピークを迎え，その後は衰えていくだけであるという考えから，成人期以降は発達心理学においては注目されることは少なかった．しかし，近年，人間は誕生から死に至るまで一生を通じて変化，成長していくという存在であると捉える生涯発達心理学が盛んになったことから，成人期以降の発達に光が当たるようになったのである．

成人期を扱った絵本の1つに，『ルリユールおじさん』がある．この絵本は，ルリユールという伝統的な職人であるおじさんが，若いソフィの大切にしてきた本を直し，宝物として再生させる物語である．書物という，文化を未来に繋げるこだわりの職人の人生と，少女ソフィの成長を描いており，その間には，少女と老人との語り，おじさん本人が子どもだった頃の父親との語りが書かれている．人間の成長，人生というものを2人の関係と職業をテーマ

『ルリユールおじさん』いせひでこ・作　講談社 2011

として描かれている作品で，読むものにとって様々な思いを生じさせる．

　このように，成人期は多くの人にとって職業生活が中心的なテーマとなる．中等・高等学校を卒業し，就職して職業生活をスタートさせ，自分の力でお金を稼いでいくことが求められる．そして，結婚，子育てといった家庭生活がもう1つのテーマである．多くの人は生涯に渡るパートナーを見つけて結婚し，子供を産み，育てるという親としての人生を歩み始める．これまでの青年期の生活とは大きく異なった生活を送る時期と言える．

(2) 個人差の大きい成人期

　成人期に関する研究テーマを見てみると，やはり仕事場への適応や親役割や夫婦関係などの家庭の成長を扱ったものが中心となっている．発達心理学的にも成人期を職業人として，また，家庭人としの生きることはどちらも重要なものであるものの，これらの役割を両立させることは容易ではなく，個人の心理的な特性や環境のあり方によっては，葛藤など心理的な危機状態に至ることもあり，人生本番への関門といっても言い過ぎではない．しかし，同時にこうした出来事が人の心を発達させ，人生を豊かにする営みであるという点ではポジティブな面もある．

　成人期という時期は，就いた職業，経済状況，結婚した年齢，子どもの有無，結婚の状況，都市部か地方かといった住居環境など，様々な生活環境に左右されるため，発達における個人差は大きい．それゆえ，「これが成人期の標準型」というものを示すことは難しい時期でもある．

2．成人期のアイデンティティ

(1) 人生の曲がり角としての成人期中期

　成人期には就職，結婚，出産，仕事の昇進など人生の中でもいくつもの重要な出来事が起こる時期である．成人期中期頃には，自分の子どもは青年期に入っており，進路によっては短期大学，大学や専門学校に進学したり，就職したりして，生まれ育った家庭を離れていく．いわゆる子どもの巣立ちである．これは物理的・心理的に，子どもが巣立って親離れしていくと同時に，親にとっても子離れしていくという意味を持っている．この親子をダイナミックなシステムと考え，親離れと子離れを親子の相互分離として一元的に捉えて，「子別れ」と呼ぶ場合もある（根ヶ山，2013）．

　成人期中期になると，体力的な衰えを感じ，白髪も増え，顔の皮膚にはしわが増えて身体的な変化がはっきりしてくる．仕事の面でも，管理職などの立場

に就くようになり，上昇していくというよりも定年退職まで自分の組織や職務を継続・維持していくという意味合いが強くなり，頂点を過ぎたことを実感するようになる．これまでの人生の中で仕事や子育ては時間的にも生きがい的にも大きな位置を占めており，成人期中期にそれが突然失われるということは，生き方についての転換を求められ，仕事や子育てに熱心であったかどうかに関わらず，場合によっては心理的な苦悩を経験する場合もある．これが，中年期の危機（**ミドルエイジ・クライシス**）と呼ばれるものである．ここで自分の生き方について見直しをする必要が生まれてくる．そうして人生の残りの時間をどのように過ごすかということが新たなテーマとなるのである．

(2) 中年期のアイデンティティの危機とライフサイクル

成人前期から成人中期・後期にかけて見てみると，前期は青年期に決定したアイデンティティを成人役割への移行の中で吟味・修正していく時期であり，中期から後期にかけて，**アイデンティティの再構築**が行われる時期である．成人期のアイデンティティには，多様性が見られる．

ライフサイクルの中で成人期を理解しようとした岡本（1985）は，成人期中期には，アイデンティティを再体制化していく4段階のプロセスを明らかにしている．岡本によれば，第1段階は，身体感覚の変化の認識にともなう危機期としており，バイタリティ，体力の衰えや体調の変化への気づきが起こる．第2段階は，自己の再吟味と再方向づけへの模索期としており，自分のこれまで生きてきた半生についての問い直しと将来への再方向づけの試みの時期としている．第3段階は，軌道修正，軌道転換期としており，将来へ向けての生活・価値観などを修正し，自分と対象との関係が変化する時期としている．第4段階は，自我同一性再確定期としており，自己安定感や自己肯定感が増大するとしている．このように，成人期中期には自分自身の身体的，心理的側面について現状を受け止めることや，過去の自分の振り返りと未来への展望をじっくり考えることを繰り返して，アイデンティティの軌道修正を行っていくのである．

さらに，レビンソンら（Levinson et al., 1978）は，成人期は重要な人生の選択を行い，自分の目標を追求するという生活構造を安定させる時期とそれまでの生活構造を終わりにして新しい生活構造を作ろうと模索する過渡期の2つの時期が，次々に繰り返されて進んでいく，という成人期の発達段階説を述べている．

成人期には様々なライフイベントが生じ，自分自身の変化も多く，個人差が大きな時期である．就職，結婚，子育てを行う大切な時期である．人生の半ばを過ぎて，自分の限界が見えるようになり，再び自分自身の生き方を見直さな

くてはならない．次の老年期に進むためには，これまで生きて身に付けてきた価値観や考え方などを財産として，この危機を乗り越えていくことが求められるのである．

　特に，中年期は，これまでの人生を振り返り，アイデンティティの立て直しを行う時期でもある．ただし，中年期に訪れるアイデンティティの危機は，男性と女性とでは，大きく異なっている．というのは，男性はこれまでの仕事の業績など成果の意味を問う形で生き方を振り返るが，女性は個として達成してきたものの見直しだけでなく，家族に対する母親，妻としての自分などトータルな生き方の問い直しという複数の次元でアイデンティティの問い直しが行われるという違いがあるからである（岡本，2013）．女性の場合には，仕事と家庭を両立させるなど多くの役割を担っているため，これら複数のバランスを調整する必要があり，これらの調整の失敗が，中年期のアイデンティティの危機に繋がってしまいやすい．

3．恋愛と結婚

(1) 成人期の発達課題とライフイベント

　成人期前期は，結婚，妊娠，出産，子育て，仕事と家庭の両立という出来事が起こってくる可能性があり，「親密性対孤立」が発達課題となっており，他者との間に親密な関係を作ることが大切となってくる．もちろん，独身でいることや離婚を経験することもあるだろう．成人期中期は，結婚した場合には子育てや子どもの巣立ち，仕事の定年退職に加え，心身ともに自分自身の能力の限界を認識し，中年期の危機（ミドルエイジ・クライシス），自己の再定義（問い直し）といった出来事が起こる可能性があり，「生殖性対停滞」が発達課題となり，自分の後の世代に繋げていくことが大切となってくる．

(2) 結婚に至るまで

　宇都宮（2013）は，結婚のためのパートナーを選ぶ上で，配偶者選択に時間と労力をかけるあまり，慎重になりすぎて結婚までの恋愛交際に時間をかける配偶者選択のモラトリアムの動きが強まっていることを指摘している．

　恋愛とアイデンティティの関係については，大野（1995）が，ⅰ．相手からの賛美，賞賛を求めたい（好きだといって欲しい），ⅱ．相手からの評価が気になる（自分のことをどう思っているのかが気になる），ⅲ．しばらくすると飲み込まれる不安を感じる（自分が自分でないような緊張感にとらわれる），ⅳ．相手の挙動に目が離せなくなる（相手が自分のことを嫌いになったのではないかと気になる），という「アイ

デンティティのための恋愛」を概念化している．これは，相手からの賞賛（他者からの評価）によって，自分を支えよう（自分のアイデンティティを定義づけよう）とする未成熟な状態の恋愛である．

相手との親密な関係を築くというよりも，自分自身のことに関心が高く，他人を利用して自分を認めたい，認めてもらいたいという自分勝手な欲求がその根底にある．このためには，自分を一方的に褒めてもらわなくてはならず，相手の側からしたら褒め続けなくてはならない．このような関係では，恋愛関係を持続させていくことは難しいであろう．ただし，実際にやってみて失敗することは大切であり，その失敗を経て，成人期に親密性を獲得するきっかけとなるという面もある．恋愛の中で，自分と相手について深く考えることは，自分自身を理解することに繋がり，自分にふさわしい相手がどういった人であるか，少しずつはっきりしていくのである．恋愛経験の成功だけでなく失敗は，今後の結婚に至る上で大切なものである．

(3) わが国の結婚の現状

成人期前期における1つの大きなライフイベントとして，仕事を始めること以外に，結婚がある．近年，大学進学率の上昇や独身者の意識やライフスタイルの変化などを背景に，結婚する年齢が高くなる晩婚化が進んでいる．日本人の平均初婚年齢について調べてみると，2014年では，男性が31.1歳，女性が29.4歳となっている．1950年は男性が25.9歳，女性が23.0歳であり，男性は5.2歳，女性は6.4歳上昇している（厚生労働省，2015）．また，1980年では男性が27.8歳，女性が25.2歳であり，この34年の間だけでも男性は3.3歳，女性は4.2歳上昇している．初婚年齢は個人のばらつきも大きいため，平均値だけから判断はできないものの，晩婚化が進んでいると考えられる．晩婚化だけでなく，男女ともに晩産化，未婚化，非婚化も進行していることが指摘されている．今後も，この傾向が変わらなければ，生涯未婚率もさらに上昇していくであろう．

(4) 結婚という関係性の発達

結婚を視野に入れた時，その準備段階となると，結婚式の打ち合わせや親族との顔合わせなど現実的な出来事を計画，実行していく必要が出てくる．ゆえに，パートナーとの関係はこれまでの恋愛関係とは異なってくるため，パートナーとの価値観や理想などの不一致という問題が表面化してくることもある．

結婚後においても様々な困難や問題に突き当たることになるが，夫婦で話し合って協同し，また，周りの人からのサポートをもらいながら結婚生活を育ん

でいく中で，個人としても夫婦としての関係性も発達していくと言える．

　エリクソン（Erikson, 1950）は，成人期前期の発達課題として「親密性対孤立」を挙げており，仕事仲間，友人や異性といった他者との間で親密な関係を作り，その関係を継続し，完成させることが重要であるとしている．テッシュとウィットボーン（Tesch & Whitbourne, 1982）も，アイデンティティを確立している人は，親密性も高いことを示している．一方，この発達課題の達成に失敗してしまうことは，孤立に至ってしまうのである．他者から影響されるばかりで，自分らしさがだんだんと無くなってしまうのではないかということが怖くなって心配になり，他者との距離をとって表面的に関わるようになり，次第に拒絶するまでになり，孤立してしまうのである．

　一昔前は，お見合いや親同士が話し合いによって決めるなどの方法で結婚に至ることが多かったが，現代では，男女ともに自分の意思によって結婚相手を決めるようになった．結婚相手を選ぶということは，人生における重要な選択を迫られることになる．どのような相手であったとしても，その相手と結婚をし，お互いにその関係を継続させるということは簡単なことではないであろう．エリクソンは，青年期におけるアイデンティティを確立させておくことを重視しており，その後他者との間に充実した関係性を築いて持続させる上で欠かせないと指摘している．

(5) 子を産み，親となって育てること

　母性は，妊娠した女性が出産することで必ず生じると思われてきたが，近年の心理社会的な研究の成果によってこの考え方は見直されつつある．母親が，自分の子どもが胎児である頃から，子どもとの相互作用を通じて徐々に育まれていくものである，とされるようになってきた．また，母性は，社会や他人から親として扱われることによっても育つということが分かってきた．

　出産した女性が母親として子どもを育てていくことは，楽しいことだけではなく，不安，ストレスを生じ，苦痛を経験することでもある．一方，父親となった男性も，子どもを持ったことによって今後の経済面や夫婦関係の不安などを抱くことが分かっており，半年程経ってようやく落ち着くという．

　エリクソンが成人期後期の発達課題としていることからも明白なように，子育ては家庭の中で次の世代の継承者としての自分の子どもを育むことである．しかしながら，子どもが親によって一方的に育てられるという関係性ではなく，子どもを育てることにより，親も成長を促されるという相互性のある重要な過程であるとも言われている．親になることによって，自分自身の興味や関心を広げ，自己を発達させていくのである．

4. 職 業 生 活

　成人期の特徴として，多くの人が職業生活に入る時期であることが挙げられる．2016年のわが国の就業率をみると，15～64歳では，平均で74.3％，男性は82.5％，女性は66.0％であり，女性については，1968年以降最高であった（総務省統計局，2016）．

　厚生労働省が行った平成22年就業形態の多様化に関する総合実態調査の概況によれば，「仕事の内容・やりがい」について，正社員，正社員以外ともに満足度が高いことが示された．一方，「賃金」，「教育訓練・能力開発のあり方」「人事評価・処遇のあり方」については，正社員，正社員以外の両者ともに満足度が低くなっていた（厚生労働省，2010）．

　エリクソン（Erikson, 1959）の心理社会的発達理論では，成人期前期の前の青年期ではアイデンティティの確立がテーマとなっている．アイデンティティとは，「私はいつも同じ私である」という認識と「私は他者と重要な特徴を持続的に共有している」という認識の両方が合わさったものである．青年期にアイデンティティを確立する成果の1つとして，職業選択がある．先ほどの調査でも，「自分だけにしかできない仕事」にやりがいを感じるという回答が多いことから，自分自身の理想像を今の職業に重ねていると考えることもできる．また，職業を通じて自分の役割を実践し，他人から認められる，といった経験をするのは成人期ならではである．ただし，職業選択で必ずしも自分の理想としていた仕事に就けなかった人でも，アイデンティティの確立がなされることもある．人には様々な価値観があるため，個人差があることも忘れてはならない．

　成人期中期の発達課題としては，「世代継承性対自己陶酔」である．これまでは職業生活の中でキャリアを積み，自分自身が身に付けた技術や能力を発揮することに対して時間と労力を使ってきた人が，この時期に，自分の部下や後輩といった次世代に自分の成果を伝え残すということをテーマとするようになっていく．こういった世代継承が達成できることが1つの理想形であり，生きがいとなる一方，これに失敗してしまうと，技術や知恵が次世代に伝わらないだけでなく，独りよがりな自分だけの世界に閉じこもった自己陶酔に陥ってしまう．このように仕事の生きがいは，成人期の発達に大きな位置を占める．

　職業生活は，家庭生活と並んで成人期にとって大半の時間を過ごし，生活の糧を得たり，やりがいを感じて自己実現をする場であったりする．しかし，近年では，過重労働や長時間労働など，職業生活に関連する心身の疲弊やストレスから，メンタルヘルスに不調をきたし，うつ病などの精神疾患，過労死，過

労自殺が社会問題となっている.

5. 成人期のメンタルヘルスを理解する時間というキーワード

(1) 精神的不調と時間的展望

これまで見てきたように,成人期は結婚生活と職業生活の両者をバランスよく営むことが求められる上に,青年期で確立したアイデンティティを吟味,修正し,再構築していくことが求められる難しい時期であると言える.これらがうまくいかなかった場合には,心理的なストレスを経験する場合もある.ストレスによってきたす精神的不調として,最も経験するものは抑うつである.

抑うつなどの精神的不調を持つ者の時間の感覚が,健常者の時間概念と異なっていることが指摘されている.オルム(Orme, 1962a, 1962b)は,精神疾患患者を対象に,時計の時間と精神の時間との差について患者自身の言語報告をもとに明らかにする実験を行った.その結果,ヒステリーや精神病質者は,実際の時間よりも長く時間を見積もったが,うつ病者は短く評価した.木村(1982)も,時間意識の崩壊によって人格の病理が引き起こされるとして,時間と精神疾患との関係について考察している.

うつと**時間的展望**の関係については,ディリングとラビン(Dilling & Rabin, 1967)がうつ病者,統合失調症者,非精神病者の時間知覚,時間指向,時間展望を比較した研究がある.レヴィン(Lewin, 1951)によれば,時間的展望とは,「ある一定の時点における個人の心理学的過去および未来についての見解の総体」と定義されている.時間的展望の概念は青年期に飛躍的に発達すると言われており,成人期においても重要な概念である.ディリングとラビン(Dilling & Rabin, 1967)の研究から,うつ病者の未来展望は統合失調症者より縮小していることが分かった.さらに,ウィリックとウィリック(Wyrick & Wyrick, 1977)は,うつ病者は過去の出来事に支配されているため,現在や未来に注目しにくいことを報告している.

また,最近の研究では,うつに対するバッファーとしての時間的展望の効果を検討するような臨床実践に結びつく知見が報告されるようになっている.例えば,ブリーヤーウィリフォードとブラムレット(Breier-Williford & Bramlett, 1995)は,アーロン・ベック(Beck, A. T.)のBDI(Beck Depression Inventory)を用いて,未来指向は抑うつの程度と負の相関関係にあり,肯定的な未来を知覚することによって抑うつ状態を緩和することが可能であることを見出した.

一方,信念(ビリーフ)を重視し,論理情動行動療法(REBT)を確立したアルバート・エリスとウィンディ・ドライデン(Ellis & Dryden, 1987)は,人間の不

適応な感情・気分・行動は，客観的な出来事から直接引き起こされるのではなく，物事の捉え方や解釈の仕方である認知傾向（信念体系）によって引き起こされると主張している．

エリスの理論に影響を受けたとされるベック（Beck, 1976, 1979）は，認知の3要素として自己・世界・未来に対する認知を挙げ，抑うつの本質を認知の歪みによる障害であるとして，抑うつ感情は抑うつ的な物の見方から生じるとしている．このベックやエリスの認知的，論理合理的なモデルに照らして考えると，過去・現在・未来を分節化している事象の広がりや数，相互の関係を測定しているに過ぎない時間的展望尺度よりも，時間的展望に対するメタ認知・個人的価値体系を測定する時間的信念尺度こそが抑うつモデルに関係があると考えられる．

(2) 今後の課題

成人期の職業生活や家庭生活でストレスを感じ，精神的不調をきたす者が多い中，時間的展望という概念を鍵としてストレス対策を行うことは，彼らの心理を理解し，健康な生涯発達を促進する上で，新しい可能性を持っていると考えられる．また，うつと時間的展望に関する知見から，ストレス対策を，個人に向けたものと環境に焦点を当てたものとに分けた場合，個人向けにはストレス対処能力の向上のためにサイコセラピーの適用が考えられる．今後，うつと時間的展望の研究の発展と，より効果的な個人向けのアプローチの開発が期待される．

参考文献

Beck A. T., Ward, C. & Mendelson, M.（1961）. Beck Depression Inventory（BDI）. *Archives of General Psychiatry*, 4, 561-571.

Beck, A. T.（1976）. *Cognitive Therapy and the emotional disorders*. New York: International Universities Press.（ベック，A. T.（著）・大野裕（訳）（1990）. 認知療法——精神療法の新しい発展　岩崎学術出版社）

Beck, A. T., Rush, A. J., Shaw, B. F., & Emery, G.（1979）. *Cognitive therapy of depression*. New York: Guiford Press.（ベック，A. T., ラッシュ，A. J., ショウ，B. F., エメリー，G.（著）神村栄一・前田基成・清水里美・坂野雄二（訳）（1992）. うつ病の認知療法　岩崎学術出版）

Breier-Williford, S., & Bramlett, R. K.（1995）. Time perspective of substance abuse patients: Comparison of the scales in Stanford Time Perspective Inventory, Beck Depression Inventory, and Beck Hopelessness Scale. *Psychological Reports*, 77, 899-905.

Dilling, C. A. & Rabin, A. I.（1967）．Temporal experience in depressive states and schizophrenia. *Journal of Consulting Psychology*, 31, 604-608.

Ellis, A. & Dryden, W.（1987）．*The practice of rational-emotive therapy（RET）*．New York: Springer Publishing.（エリス，A.，ドライデン，W.（著）稲松信雄・重久剛・滝沢武久・野口京子・橋口英俊・本明寛（訳）（1996）．REBT入門：理性感情行動療法への招待　実務教育出版）

Erikson, E. H.（1950）．*Childhood and Society*．New York: W. W. Norton.（エリクソン，E. H.（著）仁科弥生（訳）（1977）．幼児期と社会1　みすず書房）

Erikson, E. H.（1959）．*Identity and the life sycle*．New York: International Universities Press.（エリクソン，E. H.（著）西平直・中島由恵（訳）（2011）．アイデンティティとライフサイクル　誠信書房）

木村　敏（1982）．時間と自己　中央公論社．

厚生労働省（2010）．平成22年就業形態の多様化に関する総合実態調査の概況：結果の概要〈http://www.mhlw.go.jp/toukei/list/5-22b.html〉（2017年9月30日）

厚生労働省（2015）．平成27年版厚生労働白書―人口減少社会を考える―〈http://www.mhlw.go.jp/wp/hakusyo/kousei/15/dl/all.pdf〉（2017年10月22日）

Levinson, D. J., Darrow, C. N., Klein, E. B., Levinson, M. H., & McKee, B.（1978）．*The Seasons of a Man's Life*, New York: Ballantine Books.

Lewin, K.（1951）．*Field theory in social science: Selected theoretical papers*．New York: Harper & Brothers.（レヴィン，K.（著）猪俣佐登留（訳）（1974）．社会科学における場の理論　誠信書房）

根ヶ山光一（2013）．成人期と子別れ　武藤隆・子安増生（編）発達心理学Ⅱ　東京大学出版会，pp. 136-141.

大野　久（1995）．青年期の自己意識と生き方　落合良行・楠見　孝（編）講座生涯発達心理学4　自己への問い直し-青年期　金子書房　pp. 89-123.

岡本祐子（1985）．中年期の自我同一性に関する研究　教育心理学研究，33(4)，295-306.

岡本祐子（2013）．女性のライフサイクルと中年期　岡本祐子（編）エピソードでつかむ生涯発達心理学　ミネルヴァ書房　pp. 170-173.

Orme, J. E.（1962a）Time Estimation and Personality. *Journal of Mental Science*, 108, 213-216.

Orme, J. E.（1962b）Time studies in normal and abnormal personalities. *Acta Psychologica*, 20, 285-303.

総務省統計局（2016）．平成28年労働力調査年報〈http://www.stat.go.jp/data/roudou/report/2016/index.htm〉（2017年9月30日）

Tesch, S. A. & Whitbourne, S. K.（1982）．Intimacy and identity status in young adults. *Journal of Personality and Social Psychology*, 43, 1041-1051.

宇都宮博（2013）．配偶者選択と結婚生活への移行　岡本祐子（編）エピソードでつかむ生涯発達心理学　ミネルヴァ書房　pp. 136-139.

Wyrick, R. A. & Wyrick, L. C.（1977）．Time experience during depression. *Archives of General Psychiatry*, 34(12), 1441-1443.

コラム I -10 ⇒（One-way passing）よりも⇔（Interaction）

『100 万回生きたねこ』作品は，「生きる」ことや「死ぬ」こと，「愛すること」を考えさせられる．とらねこの輪廻転生の人生を描いた作品である．この輪廻転生は「生きること」の意味を見つける旅と捉えられるが，**アイデンティティの再体制化モデル**・自己とはなんなのかという答えを探す旅としても捉えることができる．では，内容に関してみていこう．

何度も死を経験しているとらねこは死ぬことが怖くもなく，平気であった．その時々の飼い主はとらねこのことが大好きで，死んだときには涙を流す．自分とはなんなのか，自分が生きているこの世界に意味はあるのか．こんな感情が読み取れる．この風景から，対人関係における双方向性の大切さを感じる．また，愛情（恋愛）という観点から考えても，一方向の関係であったとらねこと飼い主では，意思の疎通などできているはずもないであろう．

『100 万回生きたねこ』 佐野洋子・作・絵　講談社　1977

飼いネコの宿命であるが，**自立**しているとは言えない．籠の中に飼われて，**自己実現**の機会すら存在しないし，ねこの**アイデンティティ**のへったくれもない．しかし，何度目かの生き返りで，ねこはのらねこになる．飼われていたころとは違い，自由気ままな**選択**可能な人生である．そこで一匹の白いねこに出会う．恋に落ち，「愛する経験」をする．愛し，**結婚**し，**家庭**を持つ．**子育て**を経験し，そして永遠の別れを経験する．ここで今までの生活との変化が訪れる．とらねこは初めて死を悲しむ．「愛される経験」だけでなく「愛する経験」をしたからだ．つまりは個体内で相互的関係を経験することになる．その結果，自分の生きている世界に意味を見出

し，自己という存在を確立し，死別を悲しむというココロの変化をもたらしたのではないだろうか．「生きること」こんなことに直面し考えることなんて，多くの人生においてあまりないことだと思う．日々の忙しさに忙殺され，ココロに余裕などないときにそんなことを考えている暇などないだろう．哲学じみた内容であるが，この絵本を読むことで，「生きる意味」を考える良い機会になるはずである．『100万回生きたねこ』では「生きること」「死ぬこと」「愛すること」にはどれが正解などということは存在しない．一度立ち止まって考えることもいいのではないだろうか．

　　　　　　　　　　　　立命館大学大学院文学研究科博士前期課程修了生　髙城雅裕

第 8 章　高齢期（老年期）の発達

1．高齢期（老年期）の発達

　一般に，老いが現れる時期以降を**老年期**という．近年では，「老人」や「老年」という言い方にマイナスのイメージを持つ人が多くなったため，「高齢」という言葉が用いられる傾向がある．日本では 65 歳以上を「高齢者」と定めており，高齢者以上の年代を**高齢期**という．心理学の学問上では，エリクソンの心理社会的発達段階（詳細は第Ⅰ部第 1 章参照）にならって老年期と呼ばれることが多く，実際に高齢期と老年期を明確に区分することは難しいため，本章では同じものを指す言葉として扱う．

(1) 増加する高齢者
　総務省（2011）の国勢調査によると，わが国では，65 歳以上の高齢者人口は 3000 万人を超え，総人口に占める割合は 23.0％であり，65 歳以上人口数，割合共に国勢調査を開始して以来，過去最高となった．老いについてはだれしもが他人事ではない，ある意味ではわが事として考える時代になったということができる．ここ数年を見ても，少しずつ増え続けており，この背景にはいわゆる「団塊の世代」が 65 歳に達し始めたことがあると考えられている．また，平均寿命も伸びていることから人口に占める 75 歳以上の高齢者人口も増え続けており，ますます高齢化の一途を辿っている．そこで，ひとことに高齢者といっても，65〜74 歳を前期高齢者，75〜84 歳を後期高齢者，85 歳以上を超高齢者または晩期高齢者に区分することがある．

(2) 老年期の捉え方の変化
　これまで老年期は，発達の上では青年期や成人期といった人生のピークを過ぎて衰えていくだけの時期として捉えられていた．しかし，近年では，老年期は人生の総まとめの時期であり，老いに対する人々の理解は，数々の誤解をはらんでいることが明らかとなっている（Powell, 1988）．代表的なものに，知的側面についての誤解がある．一般的には，加齢とともに知能も一方的に低下して

いくと思われがちである．確かに，記憶などの基本的情報処理としての知能は加齢により低下するとされているが，肯定的な側面として，安定して維持される知能も存在することが分かってきたのである．

2．心身機能の変化

(1) 身体機能の変化

　人によって個人差はあるが中年期から老年期には，しわ，白髪，筋力の衰えなどある程度共通した身体的機能の変化による老いを感じ始める．その変化は**「老化」**や**「加齢（エイジング）」**と呼ばれ，自他ともに目に見えるものであることが多いが，筋力やバランス能力の低下などの身体的な衰え，皮膚や骨格の変性，視覚や聴覚などの身体感覚機能の変化も生じる．「老化」も「加齢」もほぼ同じ意味であり，どちらも日常的に用いられているが，「老化」という言葉には能力の低下，衰退という否定的な意味合いが含まれているため，生涯発達の観点からは「加齢」が好んで用いられるようである（下仲，2004）．守屋・大竹（1975）は「老人」と自己・他者認知する要因について調べている．それによると，孫ができたり，定年退職というような外的な要因ではなく，活動性の低下の自覚という内的な要因により自分の老いを認知することが明らかとなった．また，内閣府（2004）の調査でも，一般の人が老年期に入ったことを意識するのは，筋力，柔軟性，平衡感覚，瞬発力などの身体機能が全体的に低下したということを自覚するようになった時期であるという報告がある．つまり，体の自由がきかなくなったと感じるようになった時，自分のことを高齢者として意識するようである．なお，「老人」という言葉も「老化」と同様に差別的な用語であるということから，近年では「高齢者」という言葉が多く使われるようになっている．

(2) 感覚機能の変化

　我々の周りには，光，音，においなど様々な刺激があふれている．これらの外界の刺激や情報は，目や耳や鼻などの感覚器官を通して我々に受け入れられている．このような情報が無ければ，自分を取り巻く環境の状況を知ることはできないし，それに応じた適切な行動をとることが難しくなってしまう．このように，感覚器が刺激を受容して生じる単純な過程を感覚と呼び，感覚が統合されたより高次で複雑な過程を知覚と呼んでいるが，この両者は連続した過程であり，厳密には区別することは難しい（中谷，2013）．感覚は，視覚，聴覚，味覚，嗅覚，そして皮膚感覚があり，これらの感覚機能も加齢に伴って少しずつ

衰えていく．

　加齢による衰えの中でも特に視覚の衰えは自覚しやすく，一般的に老眼と呼ばれている．近視力の低下，かすみ，二重に見える，まぶしくなることに加え，見える範囲が狭くなったり，疲れやすくなる．また，緑内障や白内障などの眼疾患にいたることも増える．

　一方，聴覚の衰えについては自覚しにくいと言われているが，老年期になると小さな音と高い音が聞こえにくくなり，聞こえる範囲が狭くなる．このことは，家族や友人など周囲の人に指摘されて初めて気づくことが多い．聴力の低下によって危険な信号を判断することが難しくなり，身体機能の衰えとあいまって，事故やけがなどに繋がるという問題がある．そのため，近年，聴覚の衰えを助けるために性能の良い補聴器が発売されている．その他，生理的な老化に伴い，嗅覚，味覚や皮膚感覚などの感覚機能の感度も低下することが知られており，病に至ることも多くなる．

(3) 認知機能の変化

　老年期における身体的な変化に加え，2つ以上の複数の対象へ注意を向けたり，注意を保ち続けるといったことが難しくなり，**認知機能の低下**が指摘されている．また，「つい先ほど聞いたことを忘れる」，「なかなか名前が出てこない」，「同じことを何度も繰り返す」といった記憶能力の低下も目立ってくる．

　老年期の知能については，先ほども述べた通り，低下していく知能と，老年期になっても衰えない，むしろある程度まで伸び続ける知能があることが分かってきている．知能の因子説を提唱しているレイモンド・キャッテル（Cattell, 1971）は，知能を**流動性知能**と**結晶性知能**の2つに分類している．流動性知能とは，新しい場面への適応を必要とする際に働く能力であるとされている．これは中枢神経や生物の生理的成熟と関連があると考えられている．一方，結晶性知能とは，これまでの経験を高度に適用して得られた判断力や習慣のことであり，経験の機会など環境・文化的な要因により成長が左右されるとされている．

　流動性知能は老年期で低下していくが，結晶性知能は成人期に置いてもゆっくりと増加してあまり減少しないと言われている（中里，1984）．

　記憶に関してはどうだろうか．記憶とは，記銘，保持，想起の3つの操作から成り立つ過程であるとされている．記銘とは，「記憶する，覚える」ことであり，保持とは，記憶した内容や情報を「覚え続ける」ことであり，想起とは，覚えた内容を「思い出す」ことである．情報の記憶のためには，どの過程も重要であるとされている．人間の記憶の過程は，近年のコンピュータなどの情報

処理過程に例えられることがある．自分自身の経験した事象は外界から入力された情報であるとみなされ，その情報が符号化され，貯蔵され，必要な時に検索されて取り出されるという流れに見立てられている．

老年期の記憶については，記憶力が低下するといわれることが多いが，知識そのものが減るのではなく，過去に記憶した情報を取り出す，検索することに時間がかかったり，失敗したりすることが増えると考えられる．

(4) パーソナリティの変化

一般的にパーソナリティとは，その人が外から見られた場合に他の人とは異なったその人らしい行動の個性のことであるが，現在までに様々な研究者がそれぞれパーソナリティ理論を展開して定義を生み出しているため，1つの決まった概念として考えることは容易ではない．パーソナリティの心理学的定義としては，ゴードン・オールポート（Allport, 1961）が提唱した「人の行動を時を越えて一貫させ，比較可能な事態で他の人と異なる行動をとらせる多かれ少なかれ安定した内的要因」というのが一般的である．

我々は持って生まれた遺伝要因の上に，一生の間に様々な経験をし，パーソナリティを変化させていく．つまり，遺伝と環境によって，パーソナリティの個性が生まれるのである．

加齢によってパーソナリティはどのように変化するのであろうか．そもそも子どもの頃から成人期までに形成されてきたパーソナリティは，老年期になって急に大きく変化するとは考えにくい．荒井（1990）によれば，加齢によって内向性と慎重さは高まりやすいことが分かっている．また，男性は能動的な態度から養育的・受動的な態度へ変化，女性は受動的な態度から能動的・自己主張的へ変化することが認められており，老年期になるとそれぞれのパーソナリティの性差が薄れてくるとも考えられる．

3．高齢者の介護とその介護者のストレス

(1) 高齢者を介護する側の心理

高齢者は加齢に伴う心身の機能低下が避けられないことに加え，認知症やその他様々な疾患の後遺症などにより，生活面での介護が必要な状況となることが多い．わが国の介護の場合，主な介護者と要介護者は同居が64.1％と最も多く，さらに同居している介護者の続柄は配偶者が25.7％，子が20.9％，子の配偶者が15.2％となっており，身近な家族が介護者となっている現状がある（厚生労働省, 2011）．個人の抱える困難度により必要となる介護の負担の大小はあるも

のの，介護者となる家族が抱える負担はかなりのもので，高齢化社会と言われている近年，介護者による「介護疲れ」が問題となっている．介護は，24時間ほぼ休みがなく，この先のゴールの見通しが立ちにくい．また，家族が介護することが多い現状では，家の中のことなので周囲の協力を求めにくいという意識がある．さらに，先ほどの資料によると，介護者の8割以上が50歳以上であり，性別は約7割が女性となっていることから，介護に伴う身体的な負担も相当なものである．

　介護疲れは様々な要因によって引き起こされる．介護される高齢者の要因，介護する人の要因，そして，介護者と被介護者の関係性による相互要因である．これらの要因が介護のストレス（介護ストレッサー）となる．介護される人は，疾患の重症度や障害度の大小，負けず嫌いやマイペースなど元々の性格や，これまでの生き方が介護にあたって問題となることがある．介護者にとっては，ストレスが溜まってもなかなか発散することができない．介護に多くの時間がとられるため，仕事，趣味，社会活動などの自己実現が図れないという苦しさがある．また，両者の問題として，これまでの親子関係や嫁姑関係などの関係性や，些細なことからくるコミュニケーションの悪循環などが大きな負担となる．

　高齢者は，日常生活を送る上での障害が生じるため，その介護を行う人は介護に関わる精神的な負担や体力的な負担を強いることとなる．また，これからの高齢社会では，高齢の子どもが，さらに高齢な親を介護するといういわゆる老老介護が増えていくと言われている．現在，家族の在り方や意識が変化しつつあると言われているものの，主な介護者となっている家族の介護負担は大きく，家族の介護ストレッサーに対する支援方法を開発していくことが今後の大きな課題になってくるであろう．

(2) 介護される高齢者の心理

　介護はする側だけではなく，される高齢者との相互作用で成り立っている．そこで，忘れてはならないことは介護される側の心理である．介護を受ける側である高齢者は，身体的な機能の低下や不自由さからくる焦り，怒りといった感情や，自信喪失を感じることがある．また，大切な配偶者の死による抑うつ感，子どもや孫の成長による孤立感などを抱いている場合も少なくない．さらに，介護は自分よりも年齢的には若い親族や介護専門職によって行われることが多く，これまでの人生の中で培ってきた自尊心を大きく損なうこともあるであろう．

　若い時であれば何の苦労もせずにできたようなことが，加齢とともに行動上の障壁となり，乗り越えることが難しくなってくる．以前であれば容易にでき

たことができなくなったという事実をなかなか認めることができず，頑なになって心を閉ざしてしまうことがある．その結果，周囲の人が近づきにくくなってしまい，人間関係はさらに孤立してしまう．こうした介護される側の心理について，支援をする側が理解しておくことは大切である．川島（2000）は，介護者が介護される側の心理を理解した上で，高齢者の生きてきた人生を肯定すること，高齢者の今のありのままの姿を肯定すること，高齢者が自分もまだまだと思える機会を提供すること，そして，高齢者が介護者に大切にされていると実感できる関わりが重要であると述べている．

　老年期は突然やってくるものではなく，日々時間を重ね，ライフイベントを経験し，その長い延長線上にある．介護される高齢者は１人ひとり誰しも長い人生を持っているのである．我々も捉え方によっては老年期に向かって毎日を過ごしていると言うことができる．高齢者を支えている我々が，誰かに支えられる時はいずれやってくるのである．お互い様の介護をするためには，個人の力だけでは不十分であり，社会全体で高齢者を支え合うことが必要であろう．

4．人生最後のライフイベントの「死」をどう捉えるか

　老年期は，人生における最後の時期であり，「死」に最も近づくこともあり，これまで以上に「死ぬこと」について考えることが増える．そもそも，「死」は必ず訪れる最終的なライフイベントであり，人は誰もみな自分自身の死という出来事から逃れられないのである．

　高齢者の死に対する捉え方は，その他の年齢層の子どもや若い世代や成人期にある人などとは異なっていることが明らかとなっている．青年期や成人期などの若いうちは，自分自身の死は家族など周りの親しい人に迷惑をかけたくないという思いから，できるだけ安楽に早く最後を迎えたいと望む人が多い．その一方で，大切な人の最後はそばでじっくりとできるだけ長く悔いのないように看取りたいと思っている．

　荒井（1994）の調査によると，中年期の人は死の恐怖を感じているが，65歳以上の健康な高齢者は死を恐れないという．エリクソン（Erikson, 1950）は，老年期の発達課題を「（自我の）統合性」とし，心理社会的危機を「絶望・嫌悪」としている．「自我の統合性」とは，人生の中で受け入れたくないような嫌な出来事を持っている過去と，将来の不安の多い未来について，排除せずに受け入れて認めようとするという状態であり，不適応的な状態をも含めて人格の発達と捉えて表現しようとしている．自分の人生に意味を見出し，死んだ後も自分の次の世代が継いでくれると信じていくことにより，やがて確実に訪れる死

に対しても恐怖を感じることなく受容していける．最後まで自分のライフサイクルを人生の究極として受け入れられない人は，別の人生を始めようとしたり，人生を完全な形で終結させるために別の道を試そうとするが，時間的にも不可能であり，ますます不完全感が強まって深い絶望に陥るという．

自我の統合性を達成させる1つの方法として，**「ライフレビュー」**が注目されている．高齢者と話してみると，自分自身の青年期の頃の苦労，子育ての大変さ，仕事の成功談などの生い立ちや生育史にまつわるテーマが語られることが多い．バトラー（Butler, 1963）は人生を振り返り，過去を改めて吟味したり，新たな解釈をすることにより，人生に新たな意味が与えられることを発見し，ライフレビューと名づけた．ライフレビューは，厳密に形式を問わないため，1対1の個別，あるいは集団など比較的自由な形式で行われる．解決していない葛藤が多いほど，その解決を求めるため，ライフレビューは活性化すると述べている．ライフレビューがうまく進んでいけば，人生の否定的な側面だけでなく，肯定的な側面にも目を向けて両者を統合し，自分自身の唯一の人生を，なるべくしてなったものとして，また他の人生と取り替えられないものであったと受け入れられるようになる．ライフレビューによって自我の統合がうまく進めば，自分自身の人生に意味を見出し，精神的な健康を保つことができ，肯定的な結果を生み出すことができると言われている．このようにして，エリクソンの統合性を達成し，死の受容を可能にするのである．

ライフレビューは，過去の振り返りという面が強調されるものの，現在の自分のあり方，未来への展望にも重要な意味を持っている．

5．老年期の障害，問題

(1) 認知症について
① 認知症とは

老年期，つまり65歳以上になると，誰しも老化によって脳の全体的な萎縮や変性によって認知，記憶，注意などの機能が低下してくる．その中でも精神的機能が病的に低下した状態に至ることがあり，**認知症**として広くしられている．以前は痴呆と呼ばれていたが，この呼び方は差別的な意味があること，名称がこの疾患の実態を正確に表現していないことなどから，2004年12月から認知症に変更された．認知症とは，一度正常に達した認知機能が，後天的な脳の障害によって，それ以前のレベルから著しく持続的に低下し，日常生活や社会生活に支障をきたすようになった状態のことであり，それが意識障害のないときにみられる（American Psychiatric Association, 2013；World Health Organization,

1992).国際的に広く用いられている認知症の診断基準としては，世界保健機構によるICD-10や米国精神医学会によるDSM-5がある．ICD-10の定義では「通常，慢性あるいは進行性の脳疾患によって生じ，記憶，思考，見当識，理解，計算，学習，言語，判断等多数の高次脳機能の障害からなる症候群」とされている．

　認知症になる原因は多岐に渡るが，大きく2つに分けられる．まず，脳血管障害，そして神経細胞が病的老化により脱落し変性した結果生じる脳の委縮である．具体的に原因となる疾患名は，脳梗塞，脳出血などの脳血管疾患の後遺症としての血管性認知症，緩やかな発症と認知機能の持続的な低下を特徴とするアルツハイマー型認知症，幻視や震えや関節の動きにくさといった運動障害（パーキンソン症状）が現れるレビー小体型認知症がある（小坂, 2011）．この他，これらの疾患の混合型もみられる．

② 認知症のアセスメント

　認知症といっても様々な病態をみせ，その原因となる疾患の種類も多く，アセスメントは容易ではない．認知症のアセスメントには**神経心理学的検査**や画像検査などが用いられているが，精査する前に，認知症状態にある人々とそうでない人々を可能な限りふるい分けるための**スクリーニング検査**が用いられることが多い．一般的に，よく用いられているものとして，**MMSE**（Mini-Mental State Examination），改訂長谷川式簡易知能スケール（**HSD-R**）がある．

　MMSEは，精神疾患を有する患者の認知機能を測定する目的でフォルシュタインら（Folstein et al., 1975）が開発した．ワイズとランデル（Wise & Rundell, 2000）が述べているように，使いやすく時間もかからないことから臨床場面に都合がよく，老年期の認知機能の低下を測定する際に使用されるようになった．

　HSD-Rは，記銘・記憶，見当識，計算などの9項目の設問で構成された簡易知能評価スケールである．改訂版を作成した加藤ら（1991）によれば，30点満点中20点以下を認知症の疑い，21点以上を非認知症と判定する．20点以下を認知症とした場合の感受性は0.90，特異性は0.82と高いことから，一般的には20点以下であると認知症疑いとして判断する，スクリーニングで用いられている．

　また，HSD-R，MMSEの2つを同一症例に行った際の相関値は0.94と非常に高く，並存的妥当性も高いとされている．

③ 認知症の症状

　認知症の症状は大きく中核症状と周辺症状にわけられる（小澤, 1998）．中核

症状は，ほとんどの認知症者にみられる知的機能の低下に伴って現れる症状で，脳障害による記憶障害，思考障害，見当識障害，パーソナリティ変化であり，非可逆的なものが多い．一方，周辺症状は，認知症に伴う行動の異常，心理的症状であり，意識水準が低下した状態に起こる妄想や興奮状態（せん妄），徘徊，うつ状態，不安を指す．これは，中核症状に心理的状態，身体的要因，状況的要因によって生じる二次的な症状と考えられており，変化する可能性があると言われている．つまり，環境要因によって生じる周辺症状は心理療法的アプローチが期待できると考えられる．

④ 認知症の心理学的アプローチ

認知症に対する薬物療法の効果は限定的であるため，周辺症状を含めた認知症高齢者に対しては非薬物療法である心理療法的アプローチが行われることが多い．認知症高齢者に対する代表的な心理療法として，支持的精神療法，回想法，リアリティ・オリエンテーション，音楽療法などがある（深瀬，2013）．またこれらの心理療法は，個人に対して行われるものばかりではなく，集団に対して行われることもある．

(2) 老年期特有の問題

老年期の問題は，高齢者本人だけでなく，家族や社会，子どもや孫の世代の問題でもある．つまり，高齢者を受け入れる家族や地域の問題，加齢に応じた社会的，経済的，福祉的，心理臨床的対応の問題であると言える．具体的な問題点の1つめは，高齢化に伴う定年，解雇，年金，介護負担など老後の経済的生活のひっ迫，2つめは，高齢化に伴った身体的能力の衰え，3つめは，配偶者との死別，子どもの独立，社会的地位の喪失など，生きがいの喪失，孤独などの問題である（下仲，1998）．このような問題にこそ家族および社会・地域的なサポートが必要であり，心理臨床的なケアも必要とされるが，現状ではまだまだ臨床的なサービスが満足に売れられる状況であるとはいえない．対応が必要になるテーマは，孤独，高齢者の虐待，介護，認知症（脳血管性，アルツハイマー型），うつ病，自殺であるが，最終的に，死の需要という人生の最後の生き方に，高齢者がどのようにコミットできるのか，社会がどのような援助を与えることができるのか，文化そのものが問われることになる．

年齢とともに，身体機能も衰えてくる老年期は，同じことを何度も質問する，先程のことが思い出せないなど記憶や認知機能の低下が目立つようになるが，ハヴィガースト（Havighurst, 1972）が発達課題として「身体的変化への適応」を挙げているように，本人は現実を受け止め，適応をしていくことが求められる．

そして，身近な家族などは，老年期の衰えに寄り添い，高齢者の自尊心を尊重した援助をしていくことが重要である．

　高齢者の存在は，家族の中での心の支えであり，英知であり，癒しである．『おばあちゃんがいるといいのにな』からは，長い人生を背負った高齢者その人自身から人は多くのことを学ぶことができる尊い存在であることに気がつかせてくれる．教えてくれたり，食べ物をくれたり，助けてくれたり，なぐさめてくたりという具体的なことではなく，そこに存在してくれるだけで意味がある．高齢者とはそんな存在なのではないだろうか．

『おばあちゃんがいるといいのにな』松田素子・作　石倉欣二・絵　ポプラ社　1994

参考文献

荒井保男（1990）．老人の性格　宮川知彰・荒井保男（編）老人の心理と教育　放送大学教育振興会．

荒井保男（1994）．老年期と死　荒井保男・星　薫（編）老年心理学　放送大学教育振興会　pp. 174-196.

高橋澪子（1975）．心理学における方法論の史的展開　八木　冕（編）心理学研究法1方法論　東京大学出版会　pp. 19-77.

Allport, G. W. (1961). *Pattern and growth in personality*. New York: Holt, Rinehart &. Winston.

American Psychiatric Association (2013). *Diagnostic and statistical Manual of Mental Disorders*, Fifth Edition, DSM-5, American Psychiatric Association, Washington, D. C.

Butler, R. (1963). The life review: An interpretation of reminiscence in aged. *Psychiatry*, 26, 65-67.

Cattell, R. B. (1971). *Abilities: Their structure, growth, and action*. New York: Houghton Mifflin.
Erikson, E. H. (1950). *Childhood and society*. New York: Norton.（エリクソン, E. H.（著）仁科弥生（訳）(1977). 幼児期と社会1　みすず書房）
Folstein, M. F., Folstein, S. E., & McHugh, P. R. (1975). "MINI-MENTAL STATE". A Practical method for grading the cognitive state of patients for the clinician. *Journal of Psychiatric Research*, 12, 189-198.
Havighurst, R. J. (1972). *Developmental tasks and education, third edition*. New York: David McKay Company.（ハヴィガースト, R. K.（著）児玉憲典・飯塚裕子（訳）(1997). ハヴィガーストの発達課題と教育——生涯発達と人間形成　川島書店）
深瀬裕子（2013）. 認知症をどう考えるか　岡本祐子・深瀬裕子（編）エピソードでつかむ生涯発達心理学　ミネルヴァ書房　pp.192-195.
加藤伸司・下垣　光・小野寺敦志・植田宏樹・老川賢三・池田一彦・小坂敦二・今井幸充・長谷川和夫（1991）. 改訂　長谷川式簡易知能スケール（HDS-R）の作成　老年精神医学，2，1339-1347.
川島和代（2000）. 介護する方される方：介護される側の心理　金沢大学サテライト・プラザ「ミニ講演」講演録集　平成12年度，13-38.
厚生労働省（2011）. 平成22年国民生活基礎調査の概況〈http://www.mhlw.go.jp/toukei/saikin/hw/k-tyosa/k-tyosa10/〉（2014年1月11日閲覧）
小坂憲次（2011）. レビー小体型認知症の臨床診断基準一次期改定に向けて　老年精神医学雑誌，22，133-183.
守屋国光・大竹喜美子（1975）. 老年期の自己概念に関する研究（1）　老人の自己概念の出現について　聴覚言語障害，4，88-94.
松田素子・石倉欣二（1994）. おばあちゃんがいるといいのにな　ポプラ社.
内閣府（2004）. 平成15年度年齢——加齢に対する考え方に関する意識調査〈http://www8.cao.go.jp/kourei/ishiki/h15_kenkyu/gaiyou.html〉（2014年1月9日閲覧）
中里克治（1984）. 老年期における知能と加齢　心理学評論，27，247-259.
中谷敬明（2013）. 老化　無藤　隆・子安増生（編）発達心理学Ⅱ　東京大学出版会　pp.170-175.
小澤　勲（1998）. 痴呆老人からみた世界　岩崎学術出版.
Powell, D. H. (1988). *The Nine Myth of Aging*. W. H. Freeman and Company.（パウエル, D. H.（著）久保儀明・楢崎靖人（訳）(2001).『〈老い〉をめぐる9つの誤解』青土社）
下仲順子（1998）. 老年期の発達と臨床援助　下山晴彦（編）教育心理学Ⅱ—発達と臨床援助の心理学　東京大学出版会　pp.313-338.
下仲順子（2004）. 2老化の概念　一番ヶ瀬康子（監修）リーディングス介護福祉学8　高齢者心理学　建帛社　pp.9-15.
総務省（2011）. 平成22年国勢調査〈http://www.stat.go.jp/data/kokusei/2010/index.htm〉

(2014 年 1 月 3 日閲覧)

Wise M. G. & Rundell J. R.（2000）. *Concise Guide to Consultation Psychiatry*.（3th ed）. Washington DC: American Psychiatric Press.（ワイズ, M. G., ランデル, J. R.（著）松浦雅人・松島英介（監訳）（2002）. コンサルテーション・リエゾン精神医学ガイド　メディカル・サイエンス・インターナショナル）

World Health Organization（1992）. *The ICD-10 Classification of mental and behavioral disorders*: Clinical descriptions and diagnostic guidelines. World Health Organization.

第Ⅱ部

絵本とともに学ぶ

教育の心理

第1章 学習の仕組み

　学習とは何かと問われた時，学校で勉強することと答える人が多いのではないだろうか．学校で様々な知識や技術を習得することも立派な学習である．学校で学ぶことだけが学習だとしたら，学校に通っていない大人は何も学習しないで日々過ごしていることになる．また，日本ほど学校教育制度が整っていない国々を考えれば，就学していない人も全く学習をせずに生活していることになる．

　心理学でいう**学習**とは，学校教育よりももっと範囲が広い．学習とは，過去の経験を現在や将来の生活に活かすこと，ということができるだろう．その中には，知識や技術の習得だけでなく，環境に適応する行動を身につけることも含まれる．心理学では，条件づけによる学習と認知的な学習が主要な学習として位置づけられている．

1．古典的条件づけ

(1) 反応の条件づけ

　レモン，または梅干しを口に入れるところを想像してもらいたい．酸っぱいレモンや梅干しを食べる状況を思い描くだけでも口の中に唾が出てくる人は多いだろう．過去にレモンや梅干しを食べたことがあり，その味を知っている人は唾が出る．しかし，過去にレモンや梅干しを食べたことがない人にレモンや梅干しの写真や映像を見せても，直接口にしない限りは唾が出てくることはない．食べる状況を想像しただけで唾が出るのは学習の結果である．この学習メカニズムを最初に発見したのはイワン・パブロフである．

　ロシアの生理学者パブロフは，イヌを対象として唾液の分泌に関する神経について研究を行った．その中でパブロフは興味深い現象に注目した．それは，初めは餌を口に入れた後に唾液を分泌していたイヌが，次第に餌を差し出される前に唾液を分泌するようになったことである．

　それからパブロフはイヌの唾液分泌についてさらに調べた．イヌが餌を口に入れる直前にベルの音を一緒に鳴らすようにした．イヌは最初のうち餌を口に入れたときに唾液を分泌し，ベルの音だけ聞いても唾液を分泌することはなか

った．ところが，餌を口に入れてから分泌されていた唾液は，次第にベルの音を鳴らすだけでも分泌されるようになった．

　この現象を理解するための重要なポイントは，反射と呼ばれる生理的な現象である．口の中に食べ物が入ると，神経に異常がなければ唾液が分泌される．これはイヌやヒトなど多くの動物が生まれながらに備えている身体の働き，すなわち**反射**である．普通はベルの音を聞いても唾液が分泌されることはない．ところが，本来唾液分泌という反応を誘発しないベルの音と，食べ物という唾液分泌を誘発する刺激を繰り返し一緒に提示することによって，唾液分泌を誘発しない刺激が唾液分泌を引き起こすようになる．

　これを専門的に説明すると，次のようになる．反射の現象において誘発される反応のことを**無条件反応**といい，無条件反応を誘発する刺激を**無条件刺激**という．そして，無条件反応を誘発しない刺激を**中性刺激**という．無条件刺激と中性刺激を一緒に提示することを繰り返すと，最初は無条件反応を誘発しなかった中性刺激が無条件反応を引き起こすようになる．この時，無条件反応を引き起こすようになった中性刺激のことを**条件刺激**といい，条件刺激によって引き起こされた無条件反応を**条件反応**という．

　パブロフのイヌの実験でいえば，イヌに与えた餌は無条件刺激であり，餌によって誘発される唾液分泌は無条件反応である．イヌが餌を口に入れる直前に鳴らしたベルの音は中性刺激であったが，餌がなくてもベルの音だけで唾液分泌が引き起こされるようになった．この時，イヌにとってのベルの音は条件刺激となり，唾液分泌が条件反応としてなされた．このような現象を**古典的条件づけ**，または**レスポンデント条件づけ**という．パブロフが最初に興味深いと思ったイヌは，実験者が餌をもってきてくれる合図として足音や扉の開閉の音など，何らかの刺激に反応して唾液を分泌していたと考えられる．

(2) 感情の条件づけ

　アメリカの心理学者であるジョン・ワトソンは，古典的条件づけが反射のような反応だけでなく，感情にも適用可能なことを示した．ワトソンはアルバートという生後11ヶ月の赤ちゃんに白いネズミを見せた．アルバートは白いネズミを見ても怖がることも泣くこともなかった．その後，ワトソンは白いネズミをアルバートに見せるたびに耳元で大きな音を鳴らし，驚かせた．その結果アルバートは大きな音が怖くて泣いた．そして白いネズミと大きな音を繰り返し示すことによって，アルバートは白いネズミを見るだけで怖がるようになった．

　この実験では，白いネズミが中性刺激，大きな音が無条件刺激，怖いという

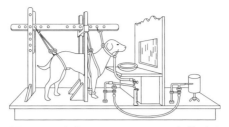

図1-1　パブロフによるイヌの条件づけ
　　　　実験装置

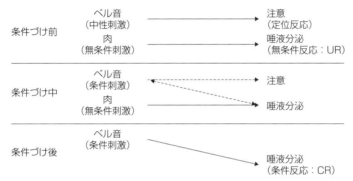

図1-2　古典的条件づけにおける刺激と反応の結びつき（西本・大藪・福澤・越川，2009）

感情や泣く反応が無条件反応である．白いネズミと大きな音を繰り返し一緒に示すと，白いネズミが条件刺激となり，怖いという感情や泣くという反応が条件反応になる．ワトソンの実験から，反射や感情など生物が生得的にもつ反応や行動は古典的条件づけによって本来無関係の刺激によって誘発されるようになることが理解できる．

2．道具的条件づけ

(1) 強化と弱化

　古典的条件づけはある刺激によって誘発される反応や行動に関するもの，いわば受動的な反応や行動を扱ったものである．一方で，私たちは環境に対して自ら積極的に働きかける．そのような積極的な行動に関する学習を説明するのが**道具的条件づけ**，または**オペラント条件づけ**と呼ばれる現象である．
　あなたの家の近所で飲み物を買う場所がたった2台の自動販売機しかないとしよう．その2台の自動販売機は隣同士並んでいる．ある日，のどが渇いたた

め飲み物を買おうとして，2台のうち右側の自動販売機に小銭を入れた．しかし，右側の自動販売機はお金を投入した証拠である金額のランプが点灯しなかった．試しにボタンを押したが飲み物は出てこない．仕方がないので左側の自動販売機に改めてお金を入れて飲み物を買った．次の日，また喉が渇いて飲み物を買おうと，自動販売機のところにやってきた．昨日は偶然調子が悪かったのだろうと思い再び右側の自動販売機に小銭を入れた．しかし結果は昨日と一緒で，金額のランプは点灯せず，ボタンを押したがやはり飲み物は出てこない．仕方がないのでまた左側の自動販売機にお金を入れて飲み物を買った．さらにその次の日，またのどが渇いたので自動販売機のところにやってきた．あなたは右側と左側のどちらの自動販売機で飲み物を買うだろうか．また，なぜそちらの自動販売機を選択するのだろうか．大多数の人は左側を選択するだろう．そして，選択した理由は，右側の自動販売機はお金を入れても飲み物を購入できず，左側の自動販売機は飲み物を購入できたから，というものであろう．

　私たちの行動はその行動の結果に影響を受けるのである．結果からの影響の受け方には**強化**と**弱化**という2種類がある．強化とは，ある行動を行うことによって何か都合の良い結果が起こると，その行動は繰り返されることである．ここでいう都合の良いことには，何か良いことが起こること，そして何か悪いことが起こらなくなることの2つがある．

　一方，弱化とは，ある行動を行うことによって何か都合の悪い結果が起こると，その行動は繰り返されなくなることである．ここでいう都合の悪いことには，何か悪いことが起こること，そして，何か良いことが起こらなくなることの2つがある．

　自動販売機の話では，左側の自動販売機にお金を投入し，ボタンを押すという行動の結果，飲み物を入手するという都合の良い結果が得られた．しかし，右側の自動販売機では，お金を投入し，ボタンを押しても，飲み物を入手することができないという都合の悪い結果が得られた．このように，左側の自動販売機では強化，右側の自動販売機では弱化という現象が起こったのである．

(2) ソーンダイクの**問題箱**実験

　行動がその結果の影響を受けるという法則を提唱したのはアメリカの心理学者のエドワード・ソーンダイクである．彼は**問題箱**といわれるケージの中にネコ入れて，ケージから出てくるまでの時間を測る実験を行った．ケージの中にはレバーがあり，それを踏むと出口が開き外に出ることができる．ネコは空腹の状態でケージの中に入れられ，ケージの外には餌が置かれる．そのためネコは餌を食べるために外に出たがるが，出るための方法が分からずうろうろする．

偶然レバーを踏むと出口が開き外に出ることができる．この実験を繰り返すとネコは次第にケージに入れられてから外に出るまでの時間が短くなった．つまり，ネコは**試行錯誤**を繰り返しながら，ペダルを踏むと出口が開くということを学習したのである．この実験から，ソーンダイクは都合のよい結果を得ることができる行動が繰り返されることを**効果の法則**と名付けた．効果の法則は後に強化として扱われるようになる．

(3) スキナー箱実験

ソーンダイクの問題箱の実験は，アメリカの心理学者のバラス・スキナーによって洗練された．スキナーによって考案された実験箱は**スキナー箱**と言われる．スキナー箱にもレバーがあり，ラットがそれを押すと餌が1つ出てくる仕組みになっている．ラットがスキナー箱に入れられると匂いを嗅ぐ，歩くなど様々な行動をとる．その時に偶然レバーを押すと餌が出てくる．空腹のラットにとっては都合の良い結果である．この実験を繰り返すと，空腹のラットはレバーを押すようになる．スキナー箱の優れている点は，レバーを3回押したら餌が1つ出るというように，**強化スケジュール**を設定できることである．

行動に対する結果の現れ方はスキナー箱のように様々である．自動販売機のようにボタンを1回押せば即座に結果として品物を得られる場合もあれば，アルバイトのように1ヶ月働いた結果として給与が1回支払われる場合もある．こうした結果の現れ方，すなわち強化スケジュールによって行動に与える影響が異なる．

代表的な強化スケジュールは4つある．X回の反応に対して1回の強化が行われる**定率スケジュール**，平均してX回の反応に対して1回の強化が行われる**変率スケジュール**，直前の強化からX秒経過した後最初の反応に対して強化が行われる**定時隔スケジュール**，直前の強化から平均してX秒経過した後最初の反応に対して強化が行われる**変時隔スケジュール**である．

反応と強化の関係を累積記録により調べると，変率スケジュールでは概ね一定で高い反応生起が認められ，定率スケジュールでも変率スケジュールほどではないが高い反応生起が認められる．変時隔スケジュールでは，他のスケジュールのように高頻度ではないが直線的な反応が表れる．定時隔スケジュールでは，設定時間が近づくにつれ反応頻度が増す．ギャンブルはいつ当たりが出るか分からない変率スケジュールであり，**図1-3**のように短時間で高頻度に反応してしまう．これは中毒のようにやめられなくなることを表していると考えられている．

道具的条件づけの基本は，行動とその結果の関係である．しかし，行動が起

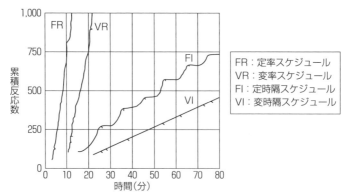

図1-3 強化スケジュールによる累積反応曲線 （西本・大藪・福澤・越川, 2009）

こる時の状況もまた重要である．例えば，飲食店で食べ物を注文すると食べたいものが出てくる．そのため，注文するという行動が繰り返されるのだが，店員さんがいない時に注文しても食べ物は出てこない．店員さんがいるという状況が行動を引き起こす手掛かり（弁別刺激）となり，その刺激がある時に注文するという行動をとると，都合の良い結果を得ることができる．スキナーは，道具的条件づけにおいて，弁別刺激，行動，結果の3つが順に起こることが重要であると指摘し，**三項随伴性**という用語でそれら3つの関係性を表現した．

(4) 般化と消去

条件づけの結果，学習の対象が広がることがある．例えば，先述のアルバートの実験を思い出してほしい．白いネズミと大きな音を繰り返し示すことによって，白いネズミを怖がるようになった．アルバートはその後，白いウサギを見ても怖がるようになったという．また，家の近所のコンビニで小銭を支払い，品物を受け取るという買い物の方法を覚えた子どもが，別のお店でも買い物ができるようになることがある．このように条件づけは成立した状況と類似している状況に拡大していくことがあり，それを**般化**と呼ぶ．

一方，刺激と反応，行動と結果の結びつきが弱まることにより，成立した条件づけが解消されることがある．この現象を**消去**と呼ぶ．例えば，パブロフのイヌの実験で言えば，ベルの音を聞くだけで唾液が分泌されるようになったイヌに対し，ベルの音だけを聞かせて餌を与えないということを何度も繰り返す．すると，ベルの音を聞いても唾液は分泌されなくなり，条件づけは解消される．

3. 認知的な学習

学習は，刺激と反応または行動と結果を，繰り返し直接経験しなくとも成立することがある．その根拠として，ここではヴォルフガング・ケーラーの研究とアルバート・バンデューラの研究を紹介する．

(1) 洞察学習

ゲシュタルト心理学を代表する研究者のケーラーは，図 1-4 のように，ケージの中のチンパンジーに対して，ケージ越しに複数の長さの異なる棒と餌を提示した．一番手前に短い棒，その次に中くらいの長さの棒，その次に長い棒，一番遠くに餌といった具合である．手を伸ばすだけでは餌には当然届かない．手が届く範囲にあるのは短い棒だけである．短い棒を使って届くのは中くらいの長さの棒である．中くらいの長さの棒を使って届くのは長い棒である．そして，長い棒を使うと餌に届く．この状況でチンパンジーは手前の短い棒から順に使用して餌を入手したのであった．ケーラーはこの結果から，目的を達成するために何をしたらよいか，その手段を見通すことによって問題が解決されると考えた．試行錯誤することのないケーラーの実験のような学習を**洞察学習**という．

(2) 観察学習

アメリカの心理学者のバンデューラが行った実験も，直接経験がなくとも学習が成立することを示す興味深いものである．彼は 4 歳児にある映像を見せた．それは 1 人の大人が部屋の中で人形に対して暴力を振るうというものであった．

図 1-4　ケーラーの洞察学習の実験場面
(Köhler, 1917)

ある子どもたち（便宜上，Aグループとする）は，そのシーンに続いて，人形に暴力を振るった大人がその後チャンピオンと言われて称賛されるシーンを見た．別の子どもたち（Bグループ）は，人形に暴力を振るった大人が別の大人から2度とするなと注意され非難されるシーンを見た．また，別の子どもたち（Cグループ）は，最初のシーンだけしか見なかった．それらの映像を見せられた子どもたちは，映像を視聴した後，映像で見た状況と同じ部屋，つまり人形がある部屋に連れて行かれた．

すると，AグループとCグループは，人形に暴力を振るう傾向が見られた．一方，Bグループは，人形に暴力を振るう傾向は見られなかった．この実験から，他者が強化あるいは弱化される場面を観察することによって，観察者の行動が強化または弱化されることが示唆される．このように，他者の経験を観察して成立する学習を**観察学習**という．

4．記　　憶

(1) 記憶のプロセス

学習は過去の記憶がなければ成立しない．過去の記憶がなければ，いつまでたっても同じ過ちを繰り返し，問題を解決するための方略は身につかない．先述した古典的条件づけや道具的条件づけも，刺激を繰り返し呈示されること，あるいは行動によって特定の結果が起こることを経験することで学習が成立することを示している．したがって，学習において記憶は極めて重要な役割を担っている．

記憶には3つのプロセスがあるという考え方が主流である．それは，外界の情報を覚える**記銘**，覚えた情報を保存する**保持**，そして保存した情報を思い出す**想起**という3つのプロセスである．近年ではコンピューター科学の発展に伴い，ヒトの脳の働きをコンピューターにたとえて理解する方法も拡大している．その立場によれば，ヒトの記憶は**符号化**，**貯蔵**，**検索**という3段階から構成されるという．符号化とは外界の情報を脳に入力することである．貯蔵とは入力された情報を保存しておくことである．検索とは，保存された情報を探し出すことである．つまり，符号化と記銘，保持と貯蔵，想起と検索はそれぞれ対応関係にある．

(2) 記憶の二重貯蔵モデル

リチャード・アトキンソンとリチャード・シフリン（Atkinson & Shiffrin, 1968）は，記憶をその情報の保持時間によって3段階に分類した．第1段階は**感覚記**

憶である．外的環境が発した刺激は感覚器官を通じて情報が取得される．感覚器官が取得した情報の全てが感覚記憶に含まれる．つまり，感覚記憶は感覚そのものであり，一瞬にして消失してしまう．感覚記憶のうち，注意が向けられた一部の情報だけが第2段階である**短期記憶**に転送される．短期記憶は保存できる情報の数が7つ前後，情報の保存時間が20秒程度という量的および時間的制約がある．しかし，感覚記憶よりも保存時間が長いので，保存した情報を呼び出すことができ，思考する際の手助けになる．保存された情報を何度も意識する，改めて入力するといったリハーサルを行うと，短期記憶の消失を防ぐことができる．短期記憶で消失されなかった情報は第3段階である**長期記憶**に転送される．長期記憶は保存できる情報量や保存時間に制約はない．長期記憶の中にある情報は普段は意識に上がっていないので，検索して情報を呼び出し，短期記憶内に送ることで初めて思考に役立つ．したがって，短期記憶と長期記憶はお互いに情報のやり取りをしている．アトキンソンとシフリンのこの考え方を**二重貯蔵モデル**という．

(2) 短期記憶の容量

上述のように短期記憶の容量は7つ前後であるといわれる．つまり，「ぬ―て―か―れ―お―し―ご……」という具合に，ランダムに読み上げられた仮名を聞いた場合，覚えることができるのは大体5個から9個である．しかし，多くの人は「良い国つくろう鎌倉幕府」と「なんと綺麗な平城京」の両方を一時的に覚えておくことができるだろう．片方だけで9文字を超えるにも関わらず覚えることができるのである．ここで短期記憶の範囲である7つという情報の数をどう数えるかが問題になる．ジョージ・ミラー (Miller, 1956) によれば，情報の数え方はその意味のまとまりで数えることができ，その単位は**チャンク**といわれる．例えば，「いのしし」という4文字の仮名があるが，これを猪という動物だと理解できる人にとっては1チャンクとなる．しかし，猪を知らない人にとっては「い，の，し，し」という4つの仮名であり，4チャンクとなる．このように情報の意味的なまとまりによって情報の数は数えられ，短期記憶の情報量の範囲は 7 ± 2 であることから，ミラーは短期記憶の容量を**マジカルナンバー 7 ± 2** と呼んだ．

(4) 長期記憶の分類

私たちは様々な知識や技術などを記憶している．それらの中には普段意識することがほとんどないこともあるが，忘れ去られることなく情報が保持されている．そのような記憶を長期記憶という．長期記憶にはいくつかの分類方法が

あり，種類ごとに異なる記憶として位置づけられている．

まず，長期記憶は言語化できるかどうかという基準で分類できる．言語化できるものは**宣言的記憶**，言語化できないものは**手続き的記憶**と呼ばれ区別されている．家からコンビニまで自転車で買い物に行くとしよう．家からコンビニまでの道のりを考え，他者にコンビニに行く道のりを説明するならどう説明するかを想像してみてもらいたい．家の前の道をまっすぐ進み，突き当りを右に曲がる．そしてしばらく直進し，信号がある交差点を左に曲がる．さらに直進すると左手にお店があるというように，何らかの説明を思い浮かべることだろう．宣言的記憶とは，このように言語化することができる記憶である．他には，学校教育で習った知識，計算式なども宣言的記憶に含まれる．

今度は，家からコンビニに行くまでに乗る自転車について考えてほしい．自転車の乗り方を他者にどう説明するだろうか．自転車に乗りバランスを保つときに，頭はどこを向いているか，両手はそれぞれどう使っているか，両足はそれぞれどう動いているか，胴体の姿勢はどうなっているか，これらの説明は極めて難しいと感じるのではないだろうか．自転車の乗り方を身につけた人は，感覚的な記憶を頼りに，ほとんど意識せずに自転車を操作している．いわゆる体で覚える技術など，言語で表現することができない記憶が手続き的記憶である．

宣言的記憶はさらに2つに分類されることがある．1つは**エピソード記憶**であり，もう1つは**意味記憶**である．エピソード記憶とは個人的な経験に関する記憶であり，いわゆる「思い出」のような記憶である．小学校の遠足ではあの山に行った．初めてもらったお小遣いで買い物に行った．先週の月曜日の午後はアルバイトでこんなことがあった．これら個人的な経験がエピソード記憶である．一方，意味記憶とは概念や言語に関する一般的知識であり，いわゆる「知識」のような記憶である．例えば，米はイネ科の植物である．パンは小麦粉が原料である．パンダは目の周りが黒い動物であるなどが意味記憶である．

(5) 絵本から学ぶ，記憶や学習

本章で紹介した記憶や学習に関連する内容を表していると考えられる絵本がある．『こねこ 9 ひき　ぐーぐーぐー』である．この絵本は数を学ぶことができる絵本であると謳っている．

タイトルの通り，最初は子猫が9匹眠っている．すると，1匹が目を覚ましどこかへ行ってしまう．さらに，2匹が目を覚ましどこかへ行ってしまう．こうして次々と子猫がいなくなる．そのプロセスの中で引き算のように数が減っていくことを学ぶことができるのである．こうした引き算のような思考を行う

際には記憶の働きが不可欠である．もともと何匹いたのかを覚えていることができなければ，何匹減ったのかを計算することはできない．したがって，この本からは学習を行う際の記憶の重要性を読み取ることができる．

また，この絵本の中で子猫たちは最終的に皆，目を覚ましてどこかに行ってしまう．どこに行ったかというと母猫の元に行き，おっぱいを飲んでいるのである．こうした親子の関わりからも学習について読み取ることができる．母親の元に行くとおっぱいを飲むことができ，母親に

『こねこ9ひき ぐーぐーぐー』マイケル・グレイニエツ・作・絵 ポプラ社 2009

構ってもらえるなど，子猫にとって都合の良い結果が起こると，次からも母親の元に行く行動は増える．強化の原理が働いているからである．逆に，母猫の元に行ってもいつもおっぱいをもらえない，いつも怒られるなど都合の悪い結果が起きるならば，子猫は母猫のもとには近寄らなくなるだろう．このように，親子の関わりの中から条件づけについて興味深い示唆を得ることができる．

参考文献

Atkinson, R. L., Atkinson, R. C., Smith, E. E., Bem, D. J., and Nolen-Hoeksema, S. (1999). *Hilliard's introduction to psychology*. 13th ed. Orland: Harcourt brace college publisher.（アトキンソン，R. L.，アトキンソン，R. C.，スミス，E. E.，ベム，D. J.，ノーレン-ホーセクマ，S.（著）内田一成（監訳）（2002）．ヒルガードの心理学　ブレーン出版）

Atkinson, R. C. & Shiffrin, R. M.（1968）. Human memory: A proposed system and its control processes. K. W. Spence & J. T. Spence（Ed）*The Psychology of Learning and Motivation: Advances in Research and Theory, 2*. New York: Academic Press.

Köhler, W.（1917）. *The mentality of apes*. Berlin: Royal Academy of Sciences.（ケーラー，W.（著）宮　孝一（訳）（1967）．類人猿の知恵試験　岩波書店）

Miller, G. A.（1956）. The magical number seven, plus or minus two: Some limits on our capacity for processing information. *Psychological Review*, 63, 81-97.

無藤　隆・森　敏明・遠藤由美・玉瀬耕治（2004）．心理学　有斐閣．

西本武彦・大藪　泰・福澤一吉・越川房子（編著）（2009）．現代心理学入門——進化と文化のクロスロード——　川島書店．

島宗　理（2000）．パフォーマンス・マネジメント——問題解決のための行動分析学——　米田出版．

上田礼子（2005）．生涯人間発達学　改訂第2版　三輪書店．

コラムⅡ-1　Good experiences should lead to good learning

「未知を既知に変える．それは人間の営みそのものだ」．誰が言ったか定かではないが，私の好きな言葉である．人間が新たなる発見をするとき，そこには必ず未知への関心がある．つまり未知への関心こそ，人間の生活を彩るものになっている．

ここで言う学習は勉強と同義ではない．一般的に学習＝勉強の図式が成り立つが，実際はそうでないことのほうが多い．では，学習とはなんなのか，絵本『もう・こわくない』を紹介しながら見ていこう．

弱虫で1人では何もできない子ウサギ．しかし，大好きなおばあちゃんのお見舞いに不思議なお守りを携えて独りで出かけることに．案の定困難に直面する．困難に立ち向かうか，逃げるかの選択肢の中，お守りの使い方をひょんなことから知る．何の気なしに気づくこともあるが，いろいろ試そうとすること（**試行錯誤学習**）もある．その結果，自分のとった行動とそれに付随する結果の結びつきを知る．この行動をすれば，こんな結果が得られる．この知識こそ，行動を生起する鍵になる．お守りを使うと自分にとってプラスの結果が得られたことにより，その行動が**強化**される（**効果の法則**）．お守りの力を借りたが，独力でおばあちゃんのもとにたどり着いたことにより，おばあちゃんに褒められたり感謝されたりする．自分の行動に社会的な価値を見出し，さらに行動を強化する（**社会的強化**）．その結果，自信につながり次の行動の契機となる．

『もう・こわくない』　園部
真・え・ぶん　新風舎　2002

一連の流れが学習の過程である．机に齧り付くことだけが学習なのではない．周りとの相互作用・自律的な行動も行動を生起する，学習をする鍵になる．しかし，行動と結果のつながりがなくなる（**消去**）や，自分の行動に対し応答性のない環境

では学習が起こりにくい．短い物語の中に生物の学習過程が見事に描かれていた．

　人間の営みの根幹をなす「学習」．このようなことを言うのはおこがましいが，人生は一生学習である．学校だけが学習の場ではない．「学校で習ってないからわかんない」．このような発言をしない子どもが育つような社会であってほしい．

　　　　　　　　　　　立命館大学大学院文学研究科博士前期課程修了生　髙城雅裕

第2章 やる気を育てる教育

1. 動機づけ

　人は子どもの頃から，学校では英語や算数を学び，また家に帰ってピアノや水泳などの習い事に通い，多くの知識や技術を習得しようとしている．学ぶ意欲を育てたいという願いは，子どもを持つ親，教師だけでなく，学ぶ本人が持つものであろう．

　そもそも，学校の教科学習や習い事などが長続きするかどうか，また目覚しい成果が得られるかどうかを左右する重要なことは何であろうか．多くの人にこの問いを投げかけた場合には，おそらく「子どもの学習意欲・やる気」と答えるであろう．

　このように，意欲ややる気など人間の内部に仮定されている力で，行動の原因となって行動をスタートさせ，人間を目標へ向かわせる力のことを心理学では動機と呼んでいる．また，動機へ向かわせることを**動機づけ**と呼ぶ．

　動機は，「〇〇したい」という何かを欲している心理状態である．例えば，ゲームをしたい，ラーメンを食べたい，勉強をしたい，人気者になりたいなど様々なものがある．こうした動機は大きく2つに分類される．1つは人間やサルなどの動物が生きていくために満たされなければならない動機で，生まれつき持っている基本的動機，もう1つは基本的動機から派生する派生的動機である．

　動機とは，人間などの動物の生体に行動を開始させ，行動を続けさせ，あるいは止め，向かわせる方向を決定する働きのある「力」のようなものである．このような動機そのものは目に見えるものではないため，行動を観察することによって動機を判断しようとする．動機には種類が多く，非常に原始的なものから社会的なものにまで及ぶ．

　子どもの学習に対する「動機づけ」を高めるにはどうすればいいのか，というのが教育心理学における「やる気」の研究ということができる．

　動機づけ，やる気がいかに周りの環境の影響を受けるものであるのかということを教えてくれる絵本がある．それは，『エドワルド　せかいでいちばんお

ぞましいおとこのこ』である．ここに登場するエドワルド少年は，周りの大人に言われたことで，らんぼうになったり，やかましくなったり，いじわるになったり，やばんになったり，だらしくなったり，きたなくなったりして周囲を困らせ，その果てには「おぞましい」とまで言われるようになってしまった．しかし，ある日あるきっかけで，それがたまたま良い偶然が起こり，ほめられたことから「すてきなおとこのこ」と評価されるようになる．これは子どもの動機づけを高めるには，外的な他者の評価と本人がやりたいから行動するという内的な力が強いことを示していると言える．

『エドワルド　せかいでいちばんおぞましいおとこのこ』ジョン・バーニンガム・作　千葉茂樹・訳
ほるぷ出版　2006

2．外発的動機づけと内発的動機づけ

　心理学では，動機づけを大きく**外発的動機づけ**と**内発的動機づけ**の2種類に分けている（図2-1）．外発的動機づけとは，外部から刺激を与えることで，学習行動を促進しようとするものである．これは，外部から報酬（ごほうび）を与えるというところに特徴がある．一方，内発的動機づけとは，学習すること自体に興味を持って取り組む状態や，対象そのものに興味を持っている状態である．

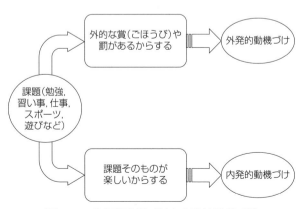

図2-1　外発的動機づけと内発的動機づけ

3. 外発的動機づけ

　教室でよく利用される外発的動機づけには，次のようなものがある．教師からの賞賛・叱責，賞状，試験の成績である．子どもが親から「次の定期試験で前回よりも順位が上がったらゲームソフトを買ってあげる」などは，なじみがあるかもしれない．

(1) 賞（ご褒美）や罰の効果
　ハーロック（Hurlock, 1925）は，賞賛や叱責といった働きかけが児童の学習成績にどのような影響を及ぼすかを実験した．ハーロックは，小学生を4グループに分け，4日間計算問題のテストをさせて，5日後に彼らの成績の変化を比較した．
　Aグループ（賞賛群）の児童には，4日間とも全員の前で各児童の名前を呼び，前日のテスト結果が優れていて成績が上がったと褒めた．Bグループ（叱責群）の児童には，Aグループの子どもが褒められた後，全員の前で前日のテスト結果が悪いと厳しく叱責した．Cグループ（放任群）の児童には，AグループやCグループの児童を同じ部屋で学習し，他の児童が褒められたり叱責されたりしているのをその場で見て耳にしているが，何ひとつ直接声をかけられなかった．Dグループ（統制群）の児童は，他の3グループの児童と別の部屋で学習した．
　結果として，Aグループ（賞賛群）は，日を追うにつれて学習成績が向上し，5日目にはきわめて優れた成績を残した．外発的動機づけとしての賞賛や褒め言葉は，それが与えられているうちは作業量を増大させ，学習を促進する上で効果的であることが分かる．Bグループ（叱責群）は，2日目の成績は優れていたものの，3日目からは成績が次第に低下する傾向にあった．叱責の場合には，最初の段階では効果が認められるものの，長期的な効果は持続しないことが分かる．Cグループ（放任群）は，2日目にわずかに成績が向上する傾向を示したが，その後は目立った成績の向上は見られなかった．Dグループ（統制群）は，成績向上の変化はほとんど見られなかった．以上のように，この研究は，言語報酬としての賞賛に教育的効果があることを実験的に証明し，言語報酬が成績（パフォーマンス）を向上させることを明らかにした点で意義がある．

(2) 賞はやる気を育てるのか
　レッパーら（Leppe et al., 1973）は，保育園児に自由に絵を描く場面を設定し，次の3つのグループを作り，調査を行った時点と，その2週間後の園児の様子

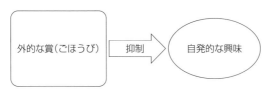

図 2-2　外部からの賞が自発的な興味を抑える

を観察によって比較した．1つめは，絵をよく描くことができたら，ご褒美をあげると前もって伝えたグループ，2つめは，絵を見たいので描いてもらい，描いた後にご褒美を与えたグループ，3つめは，ご褒美は何もないグループであった．レッパーの研究の結果は，調査を行った時点では，1つめの，事前に賞を与えると予告したグループが一番たくさん絵を描いた．しかし，調査の2週間後，保育場面で自由遊びをしている時の絵の枚数は，逆に賞を予告した1つめのグループが最も少なかった．つまり，褒美である賞を期待して絵を描くことは，自発的な興味を低下させてしまうという可能性が示唆されたのである（図 2-2）．

　一方，デシ（Deci, 1971）は，大学生を対象として2群に分け，その当時流行していた立体パズルを解かせる課題を与え，金銭的な報酬が内発的動機づけにどのような影響を及ぼすかを検討した．

　実験は全3日間で行われ，1日あたり数問のパズルの課題が与えられ，課題と課題の間には自由時間が設けられた．1日目には，全課題終了後に，実験群に対して2日目にパズルを解けると金銭的な報酬が与えられると予告したが，統制群に対してそのような予告はなかった．2日目には，実験群には課題を解いた際に実際に金銭的な報酬が与えられ，統制群には何の報酬も与えられなかった．また，実験群には，3日目にパズルを解いても金銭的な報酬は与えられないことを予告した．3日目には，実験群にも統制群にもパズルの課題を解いても金銭的な報酬が与えられなかった．

　以上の手続きにより，3日間の自由時間の中で自発的にパズルに取り組んだ時間が比較された．その結果，実験群は2日目の自由時間にパズルを解くのに熱心になっていたが，3日目はパズルに費やす時間が大幅に減った．一方，統制群は，3日間とも自由時間にパズルを解く時間に大差はなかった．このことから，外部からの賞（金銭的な報酬）が，課題に対する自発的な興味（内発的動機づけ）を抑制させることが示された．

(3) 外発的動機づけの問題点

　外発的な賞や罰を利用した外発的動機づけは，幼児や低学年の子どもの教育，

あるいは子どもがほとんど興味を示さない課題では，有効であると思われる．しかしながら，子ども自らが学習しようという意欲をもって，色々な視点から問題を吟味していくという能動的な行動を抑制しかねないという問題が挙げられる．それ自体を好きでやっている場合のほうが，成績や成果が出ることが多いと言われている．まさに「好きこそものの上手なれ」である．いったん外的な賞・罰が与えられなくなると，元々持っていた内発的動機づけを抑制しかねないのである．このことは，**アンダーマイニング効果**と呼ばれている．前述のデシの研究においても，この効果が現れている．

(4) 効果的なごほうびの与え方

教師の中には「なるべく物で子どもをつるような指導はしたくない」と考える人も少なくないだろう．これまで述べてきたような実験においても，外発的動機づけ，つまり，ごほうびは内発的動機づけにとって良い影響をもたらさないと捉えられていた．しかし，これは，きわめて限定された実験状況下でしか生じないと指摘されている（大河内ら，2006）．これまで行動分析学によって培われてきた理論によれば，日々の家庭教育や学校教育の場面においては，良い行動そのものが生じていることを伸ばしていくという発想で関わることが大変有効である．教師や保護者が望む行動が生じていない状態であれば，子どもに対して外から何らかの働きかけを行い，まずはその活動を経験するように促すことが必要である．それによって，内発的動機づけに支えられた活動を強めることができるのである．

つまり，ごほうび無しでその行動を短期的に増やすことは難しいが，ごほうびがあることによって，もともと頻度の低い行動を短期的に増やすことができるのである．まずは，子どもの活動への参加を求めることを目的とすることが重要なのである．そのためには，やはりごほうびを子どもに与えないことは上手い方針とは言えないであろう．さらに，大人が望ましいと思っている行動を子どもが継続して続けるためには，最初のうちはごほうびの回数や量を多めにして，その行動を定着させる必要がある．そして，これを一定期間続けていった後，少しずつごほうびの頻度を減らして間引いたり，ごほうびの機会をランダムにしたり，ごほうび以外で活動の結果に関することで強化していくことができれば効果的である．

実際の指導場面において，「ごほうび・報酬＝タブー」という認識を持つのではなく，子どもへの「ごほうび」は与え方（使い方）が重要であると心得て，子どもの望ましい行動がどのような時に生じるのか，どうしたら生じるのかという視点を持って関わっていくことが，ごほうびの害を考えるよりもはるかに

重要なのである．

4．内発的動機づけ

　内発的動機づけとは，外部からの賞や罰による動機づけではなく，学習すること自体に興味を持って取り組む状態のことである．内発的動機づけとはどのようにして生ずるものなのだろうか．内発的動機づけの源は，**知的好奇心**と**有能さ（コンピテンス）**と**自己決定への欲求**と**自己効力感**であると言われている（竹綱，1996）（図 2-3）．

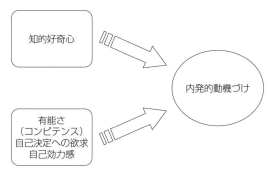

図 2-3　内発的動機づけに影響を与えるもの

(1) 知的好奇心

　ブルーナー（Bruner, 1966）によれば，内発的動機づけの原型は，知的好奇心である．井上（1997）は「知的好奇心は知らないことや珍しいことに対して関心を持ったり，関心を持っていることを深く調べて理解しようとすること」と述べている．人間は元々，活動的で好奇心の強い存在であり，絶えず環境と相互作用を行い，そこから様々な情報を収集し，自分の知識構造の中に取り込んでいる．つまり，人間は「本来的に」知的好奇心を持つ＝内発的動機を持つ．これは「自然な」状態であるとも言えるのである．

　では，人間が環境との相互作用を遮断された場合には，どのようなことになるだろうか．ヘロン（Heron, 1957）は，実験参加者に対して，室温，湿度などを適度に保った部屋のベッドで寝てもらい，目には目隠しをして視覚を制限し，耳にはヘッドホンをして聴覚を制限し，手にはスポンジのようなものを巻いて触覚を制限する感覚遮断実験を行った（図 2-4）．

　高額な謝礼が支払われたにも関わらず，参加者は幻聴や幻視などのおかしな

図 2-4 感覚遮断実験の図

意識状態となり，数日で実験を打ち切らざるを得なかったという．人間などの生体にとって，感覚器官の一部あるいは全体に対し，外部からの情報を遮断あるいは低減させられることは大変な苦痛であり，常に何らかの刺激情報に接していることが必要であることを示した実験となった．

　バーライン（Berlyne, 1965）によれば，知的好奇心を促すのは，不確定情報に基づく概念的葛藤であるという．人が既に持っている知識と新しく得た知識との間にズレがあると，この不調和や不一致を解消しようとして知的好奇心が生じるのである．「あれ，どうしてだろう？」という気持ちを引き起こさせることが重要だと言える．

　知的好奇心を引き起こすような教材の出し方について検討した研究を紹介しよう．稲垣・波多野（1968）は，小学3年生を3つのグループに分け，「形を変えたり，姿勢を変えたりすることで，重さが変わるか」という「重さの保存」に関する課題を解いてもらい，情報提示や討論を行わせる前後でどの程度成績が上がるかを調べた．また，自分自身でも実験を行ってみたいか尋ねた（図2-5）．

　グループAは，他校の3年生が予想した結果だと言って，子どもたちの予想と矛盾しそうな情報（実は研究者が作ったもの）を提示した「矛盾情報提示グループ」，グループBは，クラス内の子どもに討論させて異なる意見の子どもが討論するのを推奨した「討論グループ」，グループCは，問題を解かせるだけの「統制グループ」であった．

　結果は，粘土の問題では各グループ間に成績の違いはあまり見られなかったが，体重の問題では，グループAやグループBのほうが，グループCより成績が高かった．これは，矛盾情報を提示したり討論を行わせたりすると，テストの成績が大幅に向上したことを意味する．また同様に，自分自身でも実験を行ってみたいという気持ちも，グループAやグループBのほうが，グループCよ

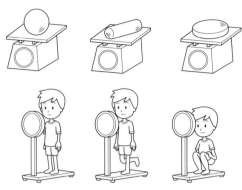
図2-5 重さの保存の課題

り強かった．このことから，矛盾したり対立するような意見を巡って討論を行うことが，知的好奇心を生じさせ，その結果，学習が促進されたことが示唆された．

　教師は，子どもたちにとって「当たり前だ」と思われるような形でしか授業を展開できなければ，知的好奇心を刺激することはできない．子どもたちがすでに持っている知識と適合しない情報の提示が大切である．子どもたちの中に矛盾や驚きを生じさせようとするのである．また，複数の対立的な見解を示す討論や論争などの場面で，対立する考えがある時に生じると言える．以上のことから，児童・生徒の知的好奇心を引き起こすには，子どもが持っている知識と食い違うような形で情報を提示したり（例：誤概念の利用），複数の異なる見方を出したり，ディスカッションを行わせたりすると良い．

(2) 有能さ（コンピテンス）と自己決定への欲求，自己効力感

　知的好奇心以外に内発的動機づけをもたらす源泉として，有能さ（コンピテンス）と自己決定への欲求，自己効力感が挙げられている．また，有能さ（コンピテンス）と自己決定への欲求とは，環境とうまく関わり合っていくという意味での自分の有能さを認知したいという欲求，自分で決定を下したいという欲求である（井上，1997）．

　環境に何らかの形で自分の影響を及ぼしたいという欲求を，人は持っていると言われている．行動により望ましい結果が得られそうで，且つそれが自分に実行可能であると判断される時に，我々はその行動を実行しようと動機づけられるのである．自分はやれば何とかできる，今の状況を好ましい方向に変えることができるという見通しを持っていれば，困難な場面にも積極的に取り組む

ことができるのである．

バンデューラ（Bandura, 1977）は，行動して結果に至る過程において，自分が目標の結果を得るための行動をとることが可能である，という行動に対する予測を「効力期待」と呼び，行動すれば必ず結果がついてくるという予測を「結果期待」があると考えた．また，自分自身が効力期待を持っていると意識した時に生じる自信のようなものは，自己効力感（セルフエフィカシー）と呼ばれている．バンデューラによれば，自己効力感は，行動や場面の選択に影響するだけでなく，努力にも影響を及ぼすものであり，自己効力感が高いほど動機づけが高まるとされている．逆に，うまく成し遂げることができそうにないという見通しを持つと，いくらその行動の結果が明らかであっても，その行動を遂行しようと試みることはないであろう．

ホワイト（White, 1959）は，環境と効果的に相互交渉する有機体に備わった生物学的な意味での能力のことをコンピテンスと呼んでいる．行動は動因低減によって生じるだけではなく，生体の内発的要求によっても生じると考え，その環境に積極的に対処しようとする内発的な要求を満たすような動機づけをコンピテンス動機づけとした．コンピテンス動機づけは，単に動因や本能から派生するものではなく，その目的は空腹を満たすこと，活動することへの要求を満たすこと，知識を獲得すること，環境を統制することである．また，このコンピテンス動機づけを特に**エフェクタンス**と呼び，エフェクタンスが満たされる時の感情を効力感とした．

(3) 自己効力感と無力感

効力感とは反対の，動機づけをなくした状態は「無力感」という．いくら努力しても，自分の状態を変化させることができないということを学習した状態と言える．効力感を持つ者は，困難な状況に置かれても諦めずに積極的に努力を続けるが，無力感を持つ者は，困難な状況が続くとすぐに諦めて，自分はどうせダメだと課題を放棄してしまう．

セリグマンとメイヤー（Seligman & Maier, 1972）が行った実験によると，自分の力ではどうにも避けられない電気ショックを与えられ続けたイヌが，別の自分の力で回避できる状況において，自ら電気ショックから逃れようとしないでその場にうずくまったままであったという（図2-6）．これは電気ショックから逃げられず，自分の行動が無力であることを学習したとして，**学習性無力感**と呼んだ．また，セリグマンら（Seligman et al., 1979）は人間のある種の抑うつの形成にも学習性無力感と同様のメカニズムが働くことを指摘している．

教育の領域に学習性無力感の問題を適用しようとした研究報告として，いく

学習性無力感

図2-6 セリグマンの学習性無力感実験の様子

つか例をあげよう．ヒロト（Hiroto, 1974）の研究によれば，騒音をどうしても止められない実験状況に置かれた被験者は，止めることが可能になっても，学習成績が著しく悪いという結果が出ている．鎌原（1985）によれば，解決不可能な問題を与え続けることによって，不安が高まったり，実験者に敵意を抱いたり，普通なら解決できそうな問題でも解こうとしなくなるという．また，鎌原ら（1983）は，自分の行動と関わりなく報酬を与えられる状況では，無気力になることを報告している．逆に言えば，度重なる失敗によってやる気を失うとは限らないと述べている．例えば，日常生活では勉強しなくても点の取れるテスト，仕事をしなくてももらえる給料などがこれに当たる．

(4) 自己効力感を育てる

そもそも，自己効力感を持つには，自分が努力すれば何とか状態を変化させることができるという認知をすることが大切であり，具体的には**原因帰属**，個人内評価，仲間との相互作用という3つの方法がある．

① 原因帰属

ある事態が起こった時，人間はその原因を何かに求める．この原因を求めるという活動を「原因帰属」という．例えば，試験の成績が悪かった場合，勉強量が足らなかった，試験が難し過ぎた，運が悪かった（山が外れた），自分は勉強に向いていない（能力がない）といった原因に帰属するのである．

原因は一体何なのか，なぜそうなったのか，その原因は何に帰属できるのかが問題となってくる．ワイナー（Weiner, 1974）によれば，この原因帰属の仕方が効力感に影響を与えるようである．原因帰属のやり方はいくつかのタイプに分かれることが知られており，ワイナー（Weiner, 1979）は，成功・失敗の原因帰属が統制の位置（原因の所在が個人の内的なものか外的なものか），安定性，統制可

能性の3次元に基づいて行われるという考え方を提案した.

ⅰ. 統制の位置

ある結果が,外部の環境や他者によって起こる場合,その結果は,外的に統制されているという.逆に,自分の努力や意志など,自己によって生じた結果は,内的に統制されているという.このことは,統制の位置(locus of control)とよばれている.

成功を収めた時,その原因を個人の内的なものに求めれば,次に挑戦しようという期待が高まるが,外部に求めれば,次回以降の期待には影響を与えず,期待への変化はほとんどみられない.一方,失敗した時,その原因を個人の内的なものに求めれば,次に挑戦しようという期待は低下するが,外部に求めれば,次回以降の期待には影響を与えない(図2-7).

ⅱ. 安定性—学習と原因帰属

統制の位置に加え,「安定性」(その原因が容易に変化しうるものであるか否か)も学習の原因帰属では,重要な次元である.統制の位置と安定性を併せると次のようになる.統制の位置が内的か外的か,安定なのか不安定なのか,によって学習の成否を何に原因帰属するかが決まる.試験の例では,結果の原因は安定してまた同じように起こりそうなものか(能力次第),不安定で次回は違う可能性が高いものか(運次第)となる(表2-1).

ⅲ. 統制可能性,効力感

学習意欲が湧くためには,環境をコントロールできるという信念が必要とな

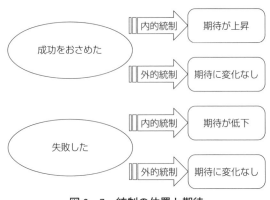

図2-7　統制の位置と期待

表2-1　原因帰属理論における成功と
失敗の認知された原因

	統制の位置	
安定性	内的	外的
安定	能力	課題の困難度
不安定	努力	運

ってくる．自分でコントロールできるものは，努力などの統制の位置が内的で安定性が不安定なものであり，自分でコントロールできないものは，課題の難しさや運などの統制の位置が外的なものである．自己効力感の高い人は，成功や失敗をした場合には，努力に原因を帰属させる傾向があり，効力感の低い人は，成功は外的，失敗を能力不足に帰属させやすい．

　iv．原因帰属の影響の過程
　原因帰属の影響の過程を，テストの成否を例にして4つのパターンで示す．
　テストの成功を能力に帰属した場合：行動の結果は成功，帰属因は能力，統制の位置は内的であることから，誇りの感情が生じる．また，安定性は安定であり，期待は次も同じような結果だろう，ということになる．これら誇りと次も同じ結果だろうという期待から，次回の行動は，「次もそこそこ同じようにやっておけば大丈夫」となるだろう．
○テストの成功を努力に帰属した場合：行動の結果は成功，帰属因は努力，統制の位置は内的であることから，誇りの感情が生じる．また，安定性は不安定であり，期待は次はどうなるか分からない，ということになる．これら誇りと次はどうなるか分からないという心配から，次回の行動は，「今度も前と同じように努力しよう」となるだろう．
○テストの失敗を能力に帰属した場合：行動の結果は失敗，帰属因は能力，統制の位置は内的であることから，恥の感情が生じる．また，安定性は安定であり，期待は次も同じような結果だろう，ということになる．これら恥と次も同じような結果だろうという期待から，次回の行動は「もう勉強しても意味がない，もう勉強するのはやめた」となるだろう．
○テストの失敗を努力に帰属した場合：行動の結果は失敗，帰属因は努力，統制の位置は内的であることから，恥の感情が生じる．また，安定性は不安定であり，期待は次はどうなるか分からない，ということになる．これら恥と次はどうなるか分からないという心配から，次回の行動は，「次こそ名誉挽回するために頑張ろう」となるだろう．

v. 原因帰属と学業成績

速水（1981）は，中学3年生のオーバーアチーバー（知能に見合う成績群）とアンダーアチーバー（知能に見合わない成績群，いわゆる学業不振児）を比較した．5教科について，例えば，連立方程式の問題が出きそうかどうかを，ア．努力，イ．能力，ウ．先生，エ．両親，オ．友人，カ．運のうち，どのためかを尋ねた．結果は，教科科目による違いはほとんどなく，オーバーアチーバーのほうが，努力に帰属していた．

vi. 自己効力感を取り戻す

無力感に陥り，自己効力感を失っている生徒に対しては，どのようにしたらいいのだろうか．一般には，自分は能力が低いと自信を失っている生徒に，自信をつけさせるために容易な課題を与えて，成功したという体験を持たせればいいと言われている．しかし，成功経験がいつも子どもの自信を回復させ，困難な課題に立ち向かう気力を作り出すわけではない．例えば，実際の能力に比較して極端に簡単な課題が与えられた場合に，「自分自身の能力が低いと見積られたため」と解釈し，自己効力感や動機づけが下がり，その結果成績が低下することがあるだろう．

vii. 適度に難しい課題

成功経験ことが重要だといわれているが，成功経験を与えるといっても，上でみたように簡単な問題を与えればよいという単純な話ではないようである．実際にはどの程度の難易度の問題が良いのであろうか．ハーター（Harter, 1978）は，適度な難しい問題に取り組んだ時のほうが，容易な課題に取り組んだ時よりも，生徒の満足は大きいことを明らかにした．つまり，個々の子どもの実力を測り，その能力に応じた困難度の課題を提示するという学習目標の設定が重要なのである．

viii. 原因帰属は変えられるか

ドウェック（Dweck, 1975）は，学校心理学者・校長・担任が極度に無気力と判断した生徒（8～13歳）を次の2つのグループに分け，難しい問題を解いた後の成績の低下を比較した．まず，成功経験群は，算数問題をやや少なく，いつも成功できるようにし，目標の数まで解くとランプが点灯するように設定された（実際には常にランプが点灯する設定になっていた）．一方の帰属訓練グループは，15回中3分の2回はランプが点灯せず，その後で，どれだけ問題を解けばいいかを告げ，努力を強調した．結果は，成功経験グループは，失敗すると能力に

原因帰属し，やる気を失ってしまった．しかし，帰属訓練グループは，根気よく学習を続け，結果的に良い成績を取った．

② 個人内評価

他者との競争でなく，自分自身に対する挑戦をすることが重要である．他者と比較して自分がどれだけできるかでなく，自分がどれだけ進歩したかを評価すること（個人内評価）である．言い換えれば，自分の進歩した跡が，自分で分かることが重要となる．自分の努力によって，事態が変化したことを容易に理解できる状況があると，もっと上達したいという意欲も高まる（＝内発的動機づけが高まる）．

③ 仲間との相互作用

自分は他の仲間からの応答を受けており，仲間に対して何らかの貢献ができたと思えることは，効力感を生じさせることが多い．自分の言ったことや行ったことが仲間の興味や関心を引いたという経験が，子どもに自己の存在意義を自覚させ，大きな喜びとなる．例えば，教育現場では，自分がよく知っている得意な教科や趣味を他の仲間に教えさせるなど，子ども同士で教え合うことによって自己効力感も高まり，クラス全体の相乗効果を生むことになる．

(5) 自己効力感に対する疑問

自己効力感の理論では，成功・失敗ともに「努力」に帰属することが重要と言われている．では，成功は「努力」に帰属するのだが，失敗を「外的な原因」に帰属するとどうなるのだろうか．成功は「努力」に，失敗は「外的原因（運など）」に帰属するというパターンもあり得る．この原因帰属パターンの人は，失敗を能力のような内的でコントロール不可能なものには帰属していないので，成功体験があれば，自己効力感を維持することは可能である．しかし，失敗を外的に帰属するということは，言い換えれば，「失敗から学ばない」ということにもなる．「失敗は成功の母」というように，成長していくためには，失敗を経験し，それを努力などに帰属することも必要であろう．

自己効力感は良いものとして捉えられているが，自己効力感を維持できていればそれで良いのであろうか．自己効力感を落とさないためには，「失敗しそうな状況を避ける」という方略もある．実際には行動に移さないのに「やればできる」という考え方は，青年期によく見られる．これを**セルフ・ハンディキャッピング**という．自己効力感はあくまで主観的な「信念」なので，何もしなければ確かに自己効力感を落とさずに済む．ところが，自己効力感を維持しよ

うとして,「自分をいつまでもスタートさせようとしない」ということに陥ってしまうこともあるだろう．これはモラトリアムに相当すると思われ，青年期の課題の1つとしてとらえることも可能である．

参考文献

Bandura, A.（1977）. Self-efficacy: Toward a unifying theory of behavior change. *Psychological Review*, 84, 191-215.

Berlyne, D. E.（1965）. *Structure and direction in thinking*. New York: John Wiley & Sons, Inc.（バーライン（著）橋本七重・小杉洋子（訳）（1970）. 思考の構造と方向　明治図書出版）

Bruner, J. S.（1966）. *Toward a thory instruction*. Cambridge, Mass. Harvard University Press.

Burninghmam, J.（2006）. *Edwardo the Horriblest Boy in the Whole Wide World: U. K.* Jonathan Cape.（バーニンガム，J.（著）千葉茂樹（訳）（2006）. エドワルドせかいでいちばんおぞましいおとこ　ほるぷ出版）

Deci, E. L.（1971）. Effects of externally mediated rewards on intrinsic motivation. *Journal of Personality and Social Psychology*, 18, 105-115.

Dweck, C. S.（1975）. The role of expectations and attributions in the alleviation of learned helplessness. *Journal of Personality and Social Psychology*, 31, 674-685.

Harter, S.（1978）. Effective motivation reconsidered. *Human Development*, 21, 34-64.

速水敏彦（1981）. 学業成績の原因帰属　オーバーアチーバーとアンダーアチーバーに関連して　教育心理学研究, 29, 80-83.

Heron, W.（1957）. The pathology of boredom. *Scientific American*, 196, 52-56.

Hiroto, D. S.（1974）. Locus of control and learned helplessness. *Journal of Experimental Psychology*, 102, 187-193.

Hurlock, E. B.（1925）. An evaluation of certain incentives used in school work. *Journal of Educational Psychology*, 16, 145-159.

稲垣佳世子・波多野誼余夫（1968）. 認知的かんさつにおける内発的動機づけ　教育心理学研究, 16, 191-202.

井上　毅（1997）. 感情・動機づけ　北尾倫彦・中島　実・井上　毅・石王敦子（編）グラフィック心理学　サイエンス社　pp. 113-134.

鎌原雅彦（1985）. 学習性無力感の形成と原因帰属および期待変動について東京大学教育学部紀要, 25, 41-49.

鎌原雅彦・亀谷秀樹・樋口一辰（1983）. 人間の学習性無力感（Learned Helplessness）に関する研究　教育心理学研究, 31, 80-92.

Lepper, M. R., Green, D., & Nisbett, R. E.（1973）. Understanding children's intrinsic interest with extrinsic rewards: A test of the overjustification hypothesis. *Journal of*

Personality and Social Psychology, 28, 129-137.

大河内浩人・松本明生・桑原正修・柴崎全弘・高橋美保（2006）．報酬は内発的動機づけを低めるのか　大阪教育大学紀要第4部門, 54, 115-123.

Seligman, M. E. P., & Maier, S. F.（1967）．Failure to escape traumatic shock. *Journal of Experimental Psychology*, 74, 1-9.

Seligman, M. E. P.（1972）．Learned helplessness. *Annunal Review of Medicine*, 23, 407-412.

Seligman, M. E. P.（1975）．*Helplessness: On Depression, Development, and Death*. San Francisco: W. H. Free-man.（セリグマン M. E. P.　平井久・木村駿（監訳）（1985）．うつ病の行動学——学習性絶望感とは何か——　誠信書房）

Seligman, M. E. P., Abramson, L. Y., Semme1, A., & von Baeyer, C.（1979）．Depressive attributional style. *Journal of Abnormal Psychology*, 88, 242-247.

竹綱誠一郎（1996）．動機づけ　大村彰道（編）教育心理学 I ——発達と学習指導の心理学　東京大学出版会　pp. 149-167）．

Weiner, B.（1974）．*Achievement motivation and attribution theory*. Morristown, New Jersey: General Learning Press.

Weiner, B.（1979）．A Theory of Motivation for Some Classroom Experiences. *Journal of Educational Psychology*, 71, 3-25.

White, R. W.（1959）．Motivation reconsidered: The concept of competence. *Psychological Review*, 66, 297-333.

コラムⅡ-2　あかちゃんバンザイ！

　お腹の中に赤ちゃんが宿り，生まれてくるまでのプロセスは，未だ解明されていないことが多く，神秘的なものである．医学が現代のような発展を遂げる前は，出産まで赤ちゃんの性別の判別ができなかった．恐らく出産の直前までドキドキしていたことだろう．また，陣痛の過程や出産，授乳のどれも未だその真相はベールに包まれている．この世に新しい命が芽生えるということは，今も昔も神秘的で神聖なものだと思う．

　2冊の絵本は，新しい家族を迎え入れる準備をする2組の家族の物語である．どちらの絵本もこれからお兄さんになる「ぼく」の目線で描かれている．この2冊の絵本に共通することは，「ぼく」の想像力が実に豊かで新しい赤ちゃんに興味深々であること，そして，時には「赤ちゃんなんて要らない」と赤ちゃんに嫉妬してしまうことである．

　1冊目の『赤ちゃんがやってくる』は，赤ちゃんがお母さんのお腹にいる間「ぼく」とお母さんが色々な場所へ行く．そして「生まれてくる赤ちゃんはおとなになったら何になるんだろう」と想像をする物語である．「ぼく」の想像の中に登場す

るシェフや銀行員になった赤ちゃんは，どれも赤ちゃんの姿のままであるため「そんなのあかちゃんにはできっこないよ，めちゃくちゃになるだけさ」と思ってしまう．

　２冊目の『赤ちゃんがやってきた』に登場する「ぼく」は，活発で元気．赤ちゃんのために用意された手袋をムリヤリはめて破いたり，赤ちゃん用のベッドで騒いだりする．また，大きなお母さんのお腹を見て「きっとお腹にいるのは恐竜の赤ちゃんだと」思い込み「きょうりゅう」の本を読みながら必死で勉強する．ほほえましいお兄ちゃんである．

『あかちゃんがやってくる』　ジョン・バーニンガム・作　ヘレン・オクセンバリー・絵　谷川俊太郎・訳　イースト・プレス　2010　絶版

『あかちゃんがやってきた』　角野栄子・作　はたこうしろう・絵　福音館書店　1998

　どちらの「ぼく」も，赤ちゃんを大事に思うお母さんを見て不安を感じる．「ぼくよりもかわいいのかな」，「この家に赤ちゃんは要らないんじゃないの」と思ってしまう．「ぼく」のヤキモチは，発達段階において自然なものであり，読み手を思わず笑顔にさせるほど愛くるしい．

　これらの絵本以外にも「出産」をテーマとする絵本は数多く存在するが，そのどれもが温かく大きな「愛」を描いている．絵本は子どもに限らず，大人にとっても優しい気持ちにさせる力を持つものであろう．

立命館大学大学院応用人間科学研究科修士課程修了生　金　多姸

第3章 子どもを取り巻く人々との関わり

1. 家族との関わり

(1) 環境としての母親

　母親は赤ちゃんが生まれてくる前から赤ちゃんとの強い同一化を発展させ，赤ちゃんに関心を寄せて様々なイメージを作り上げていく．次第に母親の意識は生まれてくる赤ちゃんに集中するようになる．このような母親の態度を**母親の原初的没頭**（Primary maternal preoccupation）という．こうして，出産から数ヶ月は，母親は赤ちゃんの泣き声や身振りなどの非言語的な行動からそのニーズを読み取り，世話をすることに没頭するのである．このような発達促進的な環境を，ウイニコットは**環境としての母親**（Environmental mother）と呼び，赤ちゃんが自分の居場所を得て存在するための平均的基盤を提供する環境として想定した．文字通り，母親が赤ちゃんを抱っこする腕の役割も指しており，**抱えること**をうまく表現している．こうして，赤ちゃんは存在し続けることが保証され，自己の生成と心身の統合を進めていくことができる．ウイニコットの「（独立した）赤ちゃんというものはいない．いるのは母親と赤ちゃんの一対である」という説明は，生まれたばかりの赤ちゃんの様子を実にうまく表している．

　生後5～7ヶ月頃になると，赤ちゃんは母親を見て笑いかけたり，母親が見えなくなると泣いたりするようになる．このことから，赤ちゃんと母親との間に**愛着**が形成されたことが分かる．ボウルビィは，愛情深い母親の接触を失った赤ちゃんが，この打撃によって人格発達の阻止や永続的障害を被る可能性に着目し，母子の愛着関係を人格形成の核になるものと考えた．その重要性から，単なる依存と区別して愛着と呼んだのである．その後，愛着の研究が多くの研究者によって進められる中で，「愛着」は必ずしも発達促進的な基盤となるとは限らない束縛のイメージをも含む包括的な概念として捉え直されてきた．

　愛着形成の過程で，母子間の感情交流が生まれ，赤ちゃんも養育者に能動的に関わり，自分に対する他者の反応を予期する感覚を発達させていく．次第に乳児が言葉を獲得し，自他の区別が明確になっていくにつれ，他者と同じ感情を体験する**共感**の能力が発達してくる．このように，赤ちゃんを抱える環境が

ある程度機能していれば，赤ちゃんは安全にその環境の中で発達していくことができる．決して持って生まれた赤ちゃんの能力によって発達が約束されているわけではない．もし，抱える環境が機能しないならば，赤ちゃんの発達は滞り，取り返しのつかない状態に陥ってしまう．養育者は必ずしも実母である必要はないが，赤ちゃんの生存と発達のための空間を提供し，赤ちゃんを世話してその成長を促進させる者の存在は，赤ちゃんの成長に不可欠なものである．

(2) 母子分離

　母親の献身的な世話を受け，愛着も形成されてくると，幼児は人に対する基本的な信頼感を獲得する．そして，安心感に包まれて成長する過程で，少しずつ外の世界にも関心が向けられるようになっていく．母子の関係にも変化が現れてくる．母親が自分自身や外界への関心を取り戻しだすと，母親の原初的没頭も赤ちゃんの要求に100％は答えられなくなっていく．一方で，赤ちゃんの要求も少しずつ複雑になっていくので，両方の要因があいまって，母親は赤ちゃんの要求に対して少しずつ失敗していくようになる．このことは，実は重要な意味を持っている．このずれの発生によって，赤ちゃんは母親と自分が別の人であることに気づき，母子分離の準備が整っていくのである．ただし，この母親の失敗は緩やかに進められなければならないし，適切な時期を待たなければならない．文章にするとなかなか難しいと感じるかもしれないが，多くの母親は「ふつうにみられる献身的な母親」として十分に赤ちゃんの存在を抱え，発達を促進している．ウイニコットはこのような母親を**ほどよい母親**と呼び，その重要性を明確にした．

　また，ウイニコットは，母親とのほどよい関係を基盤に発達が進む過程で，ぬいぐるみや布きれなどを幼児が肌身離さず持ち歩くようになる現象に注目し，幼児が持ち歩くものを**移行対象**と呼んで，その意味についても論じた．移行対象の発現時期に関しては，その後の研究において，一次性移行対象（おもに1歳前後までに現れる毛布やタオル等の布類）と二次性移行対象（おもに2歳以降に現れるぬいぐるみ等のお気に入りの玩具類）という移行対象の内容や発現時期からの分類もなされている．また，移行対象の意味合いや機能という視点からの研究からは，移行対象は正常な情緒発達における自立と**自我自立性**への第一歩を示すものとも考えられている．小さな環境の変化に伴う恐れや不安を慰める機能としての移行対象は，かなり早期から認められるものである．また，母親の不在を認識できるようになってからは，母親不在の時や寝る時など，その分離不安に何とか耐えようとする際に利用されることもある．井原（2006）は，移行対象と発達という観点からの研究で「移行対象は感覚的なものからシンボルに発達してい

く」と述べている．一般的に移行対象として布団や布切れという感覚的なものから始まり，ぬいぐるみなどの対人的次元のものへと進み，これらの実在性を持ったイメージに助けられて絵本などの象徴性を持った移行対象へと発展していくのである．移行対象はいらなくなると捨てられる運命にあるが，それらは芸術の領域へと繋がっていくと考えられている．また，日記と移行対象との関連性も指摘されており，日記を慰めの存在として活用している人の半数は，明確な移行対象を持っていたとも言われている．自立した1人の人間として生きていく上では，多くの工夫がなされるが，移行対象の活用もその1つであると言えよう．

　子どもと母親の関係性には，子どもが1歳を過ぎてヨチヨチ歩きを始めた頃に変化が訪れる．母親が近所の公園に子どもを連れ出して，そこに集まってくる他の母子連れの仲間入りを果たすのである．このことを1990年代中頃に，主にマスコミが**公園デビュー**という言葉で取り扱った．子どもにとっては同じ年頃の子どもとの関係性を築く場であり世界が広がることにもつながるが，見慣れぬ不安な世界でもある．母親にとっても情報交換など有益な面と，母子それぞれにとって公園に集う人たちの中に入れるかという不安が伴う一面がある．子どもにとっても母親にとっても，時にストレスフルなことと捉えられることもあった．

　2000年代中頃からは「公園デビュー」という言葉は以前ほど聞かれなくなったようだ．現在では，インターネット環境が整備されたことに伴って，Web上の掲示板やブログなどのソーシャルメディアが普及し，これを利用したネットワークの形成によって，親たちが情報を発信したり共有したりすることが増えている．哺乳瓶や替えのオムツ，それに母親の化粧などの準備をしてわざわざ外の公園に出向いて行かなくても，子育てに奮闘する同じような境遇の母子と交流を持てる社会になった意義は大きい．しかし，どのようなつながりであれ，そこには人間関係があり，有益性と多少の煩わしさの両面がある．母子分離の過程で，母子以外の世界に開かれていくことは母子ともに必要なことである．

(3) 反抗期

　2歳頃にみられる，「自分でやりたい！」，「これは私のもの！」という自己表現が反抗期と呼ばれていることは，第Ⅰ部第4章に書いた通りである．ここでは，人生の2回目の反抗期について述べていくが，その前に**思春期**と**青年期**という言葉についてまとめてみたい．発達心理学事典によると，「子ども時代からおとな時代への過渡期にあたるのが思春期であり，青年期である．——中略——身体の変化によって始まり，情緒的にも激しい揺れが連動しておこる思

春期と，その不安定な思春期を包み込みつつも，おとなとして心理社会的に安定するまでの"変化と成長の過渡期"を青年期と捉えることができよう」と記されている．すなわち，思春期は「性ホルモンの分泌で始まる身体の変化と，それに伴う情緒面の揺れが激しい時期」，青年期は「思春期に続く心理社会的な変化を含む時期」と捉えられる．

　思春期には，親子関係も大きく変化する．親に対して反抗的な言動が見られたり，時には抑えきれずに暴力的になってしまったりする．ここでの対応がうまくいかなかった場合や，様々な問題が複雑に絡み合っている場合には，家庭内暴力に発展して親子双方が苦しむことにもなる．**第二次反抗期**は，単なる**自我の目覚め**に留まらず，親（時には教師なども含む）の影響を受けて作り上げてきた児童期までの人格を作り直して，自分自身の価値観に根差した自己を形成する重要な成長過程である．この時，子どもは**親の胸を借りて**この発達課題を成し遂げていくのであるが，親の方もかなりのエネルギーを割かなければならない．コラムにもあるように，親はこの過程において，ボロボロになっても生き残らなければならない．親にとっての「踏ん張りどころ」である．

　子どもは，反抗の過程で，親に対する期待や甘えを小さくしていくと同時に，親の期待に応える自分，つまり「親にとってのいい子」という自分も捨てていくことになる．親も，この過程において，自分が子どもに抱いていた期待を諦め，子どもが自ら見つけた道を進むことを受け入れて見守るように変化するのである．第二次反抗期は，子どもにとっても親にとっても，成長の最終段階という大きな仕事を達成する時期であるが，同時に**親離れ・子離れ**という寂しさも伴うものである．

　親との間に繰り広げられる反抗期だけでも大仕事であるが，子どもたちはこの時期には複雑な友人関係や受験といったたくさんのストレス要因に囲まれており，思春期の通過には大人たちの温かい見守りと信頼が必要不可欠である．子どもに多少の揺れが続いても，親がその不安を抱えながら「この子は大丈夫」と信じて見守り待つ姿勢は，子どもの成長にとっての何よりの支えとなる．親が子どもを早く突き放すよりも，親が子どもに捨てられていく形を受け入れるほうが自然であり，子どもが反抗期から次のステップへと安全に着地することを容易にするのである．

2．関係性の拡がり

(1) 子どもの居場所

　昨今，子どもが外で事故や事件に巻き込まれる危険性が高くなっている印象

はぬぐえない．また，インターネットや携帯電話の普及によるゲーム遊びの増加も影響して，子どもが外で遊ぶ姿は激減している．しかし，これまでの発達の研究で示されてきた**仲間関係**の発達が見られなくなったということではない．空き地や公園から児童館や家の中へと居場所は変化したが，子どもたちはやはり仲間との関わりを通して発達していくのである．ここで，仲間関係における発達について振り返ってみよう．

児童期後半には**ギャンググループ**が形成されることが知られている．かつてはギャングエイジと呼ばれていた集団で，保護者からの自立に際して出現する仲間関係（徒党集団）である．このような集団においては，同一行動による一体感が重んじられ，集団規範に合致した行動（**同調行動**）は承認され，逸脱した行動に対しては同調の圧力が加えられる．大人に禁止されていることを一緒にやる，つまり**ルール破り**が行われることから，ギャングと呼ばれる．同一行動がとれずに集団から外されることは精神面も含めて居場所をなくしてしまうことにもなる．1人ではなかなか大人の価値観に反抗しきれない子どもたちは，こうして仲間を作って自分たちの価値観を作り出し，自立への歩みを進めることになる．精神的な居場所という意味合いにおいても，仲間を形成できるか，仲間に入れるかということは重要なのである．

思春期前半には**チャムグループ**が形成される．チャムとは親友の意味で，同じ趣味や関心事やクラブ活動などを通して親しい友人となる．時には，集団の中だけで通じる言葉を用いたりして，言葉による一体感の確認から強い仲間意識が形成される．精神科医のサリバンはチャムとの関係を重視し，それによって児童期までの人格形成の歪みが修正される機会が与えられると指摘した．ギャンググループもチャムグループも同性の同輩集団であるが，ギャンググループが男の子に多くみられるのに対して，チャムグループは女の子に多く見られる．

思春期後半には，上述の2つのグループに加えて，**ピアグループ**が生じてくる．ピアグループは，互いの価値観や理想などを語り合う関係でもある．これまでの2つのグループの段階とは異なり，共通点だけを重視するのではなく，互いの違いをぶつけ合うことによって，他者との違いを明らかにしながら自分というものを成長させ確認していくことができる．こうして，1人ひとり個性を持った者として，互いに尊重し合う関係性を築いていくのである．

豊田（2013）は，対人関係における経験と居場所は双方向に関連があると述べている．さらに，「心の居場所」という空間的に規定されない居場所について，「児童・生徒にとって，居場所となる人を持っているか，それが誰であるかが学校適応を規定することになる」とも述べている．まずは「心の居場所」とな

『ウィリーとともだち』アンソニー・ブラウン・作　あきのしょういちろう・訳　童話館出版　1994

る人との深い安心感を体験していることが，現実的・空間的な居場所を見つけていく上で重要なのである．絵本『ウィリーとともだち』のウィリーとヒューの関係も一緒にいて安心できる関係という意味でお互いがお互いの「心の居場所」であると考えられる．そして，2人で座っているベンチや2人で居る図書館は，文字通りの意味でも「居場所」となるのである．さらに，この時それらの場所は，1人で居るベンチや図書館とは違って，心が満たされ安心した状態で居られる「仲間といる居場所」になっているのである．

(2) 学校での関わり

　児童期・思春期における仲間関係の変化を見てきたが，子どもたちにとっての最も大きな意味を持つ居場所は何と言っても学校である．学校は，勉強をするためだけの場所ではなく，人間関係を学び社会で生きていくための技術を身につけるところである．

『あのときすきになったよ』薫くみこ・作　飯野和好・絵　教育画劇　1998

　絵本『あのときすきになったよ』は実に感動的である．わたし（ゆいこ）はしっこさん（まりか）を好きではなかったし，時にブランコを巡ってけんかもした．しかし，自分の粗相をまりかが隠してくれたことに対して，悪かったという気持ちや揺るぎない信頼が湧き起こってきたのである．そこには，教師の理解が入り込む余地もないほどのまりかの必死さがあり，教師の目にはいけないことであっても，まりかとゆいこにとっては表に見えたことの裏に隠された友情ストーリーに，心の成長という意味があったのである．こうして，揺るぎない「友だちとのつながり」を獲得したのである．

　小学校後半から中学校にかけては，ちょうどギャンググループやチャムグループが形成される時期である．仲間集団が同一であることを絶対的な条件とするこのような関係性においては，仲間集団の各々に対して皆と同じであるよう

にという同調圧力がかかる．この状況下では，同一であることを確認するための仲間外しや，短期間に順繰りに仲間から外されていくローテーション型のいじめが起きやすくなる（堀田，2000）．こうして不登校になっていく子どもたちもいるが，このようなトラブルも含めて人間関係を学ぶことは重要である．このような危険性も孕んだ成長のための学びについては，学校という場において大人たちの見守りと手助けが適宜与えられることが期待される．特定の子どもに対して長期的に行われる陰湿ないじめ行為に関しては，学校という居場所を守るためにも教師や保護者の適切な対応が必要である．

　子どもたちが自主的に仲間作りをすることが，様々な環境の変化もあって難しくなっている時代性を考えると，学校で仲間作りや関係性のルールを学ぶことがこれまで以上に大切になるであろう．岸田（2013）は，学校での適応を促進するために対人関係ゲームの導入などの重要性を述べている．具体的には，子どもたちが，自分たちでゲームのルールや実施方法を検討する話し合いを行うように促す．この体験によって，他の友だちと関わることが難しかった児童に関わり方を習得させ，関わりを持てるようにするというものである．これは，ギャンググループなどで行われてきたことであるが，社会変化を考えるならば，学校でも似たような効果をもたらす活動を行うことがこれまで以上に期待されるところであろう．

　冨永（2009）は，「『怒りの感情』と人を傷つける『暴力』を区別できずに，『怒ってはダメ』と子どもに言ってしまう教師もいる．怒りの感情は悪いものではなく，自然な心の反応であり，怒りをどのように表出したり，表現するかが重要なのである」と述べ，ストレスマネジメント教育の重要性を提唱している．ストレスとは何かを知る授業から始めるが，小学校3年生までは「ストレ

図3-1　怒りの表情絵（冨永，2009）

ス」という言葉を使わないことを勧めている．その時には，「怒りの表情絵」（図3-1）を使いながら，子どもたち自身が挙げたストレス状況や対処法を分類させて，望ましい対処法を考えていくことになる．情緒をコントロールする力も発達途上にある子どもたちにとっての居場所を守る試みとして，ストレスマネジメント教育も1つの対処法といえよう．しかし，これだけでは十分とは言い難く，このような対処法に加えて，保護者や教師の日常場面における見守りがあってこそ大きな安心感を生みだすことができるのである．

これまでは，同性の仲間集団という観点から論を進めてきたが，この時期**異性への関心**も無視できない成長要因である．佐藤（2008）は，2005年の調査結果から，「小学生の友人関係においては，男女を意識せずに友だち付き合いをする時代から，異性であることを意識して距離が生じていく時代へと変化する発達的な過程が見出される．したがって，小学校高学年においては"学年が上の小学生は異性とは遊ばないものだ"という認識があることが考えられ，異性と親しく話せる児童が周囲から妬まれたり疎んじられたりする事態も起こりうる」と述べている．小学校高学年では，異性への興味や関心が高まり，親しくなりたいという気持ちがある一方で，行動としては異性間で批判し合ったり気持ちとは別の行動をとったりするが，この異性への反発も発達的な現象の一つである．このあと，中学へと進むと，「異性のことで頭が一杯」という時期が訪れることになる．

(3) 教師との関係

小学校に入学してから，家以外の場所で過ごす時間が格段に増える．幼稚園や保育園においても，親以外の大人との時間を長くもつ子どもはいるが，1人で家を出て登校するということと全ての子どもが通うということを考えると，小学校入学は大きな節目である．活動時間という視点からみると学校は家以上に長い時間を過ごす場所となり，友達との関係もさることながら教師との関係においても様々な影響を受ける．特に，小学校時代は担任の**先生との信頼関係**が深く，大きな影響を受ける．

多くの子どもにとって，担任教師は親に次ぐ重要な大人の1人となる．そして，大人に守られた環境の中で，横の繋がりである仲間の関係を構築していくのである．親との関係において信頼関係を体得している子どもは教師とも安定した関係性を早期に持つことができる．しかし，家庭が問題を抱えているなど親との関係から信頼を得られていない子どもにとっては，教師は大人との信頼関係を作り上げる最初の他者となるかもしれない．これは相当に重要な役割であり，子どもにとっては，まだ間に合う**大人との信頼関係**構築の大切なチャン

スである．教師は，複数の児童の担任として関わるのであるが，このような濃厚な関わりが必要な子どももいる．教師は，クラス全体としての運営や把握という関わりと，個々の児童との関わりという二重性を求められる．このような関係性の多重性が存在するクラスの中で，同胞葛藤に似た感情の体験や疑似家族のような感覚を体験できる子どももいる．例えば，兄弟姉妹のいない一人っ子の場合でも，クラスの中での教師との様々な関係性を体験することで，親以外の重要な大人からの影響を受けたり，教師の愛情を巡ってクラスメートの存在に嫉妬したりといった情緒的な発達も進むことになる．

　小学校では担任教師との関係が密接であるが，保健の先生という存在がもう1つ別次元の安心な関係を提供する．クラスという大勢の人間関係の中で疲れた時，保健の先生は子どもと個別的な関わりをしてくれる．そして，保健室に行くということで，担任の関心を一時的に引き付けることができる点も子どもにとっては心が満たされる一因となる．保健室へ担任が様子を見に来てくれることは，かつて熱を出して母親を独占した時の感覚に近い喜びと満足感があるのではないだろうか．

　親との関係性をしっかりと構築できている子どもにとっては，教師との関係は親以外の信頼できる大人との関係性を構築して世界を拡げることへと繋がっていく．また，親との間で信頼関係をあまり築くことができていない子どもにとっては，教師との関係は基本的信頼関係構築のやり直しというチャンスを得ることになる．中学校以降の教科担任制とは異なる濃い関係性がそこにはある．それだけに，小学校の担任教師とうまくいかない子どもにとっては，辛い毎日になる可能性も大きいといえる．

　大人への信頼を持つことに関しては，親や教師だけがその役割を果たすとは限られておらず，「親，教師，その他の大人たち」というふうに，子どもたち1人ひとりの人生において何重にも大人との良い関係を築くチャンスが張り巡らされている．それでも，子どもにとって，教師との関係性が多くの意味や可能性を秘めていることを忘れてはいけない．

3．子どもを取り巻く人々の関わり

(1) 拡大家族の支え

　日本社会で核家族化が進んで半世紀以上の年月が流れた．近頃では，家族の間の関係性の希薄化も一層進んでいる．平均的な家族像からはかなり遠い，1人ひとりが別々に食事を摂るという家族も，それほど驚かれなくなりつつあるようだ．それでも，祖父母世代をターゲットにした孫世代用品の販路拡大とい

う戦略が残っている現状をみると，拡大家族という繋がりは生活の中で機能していると考えられる．親より少し距離をとって子どもをみることができる祖父母たちは，関係性の奥行を与える存在として重要である．また，おじ・おばという**斜めの関係性**を持つ大人たちの存在は，多様な価値観の情報源となるだけでなく，親の価値観を壊していく反抗期にとっては，自分の価値観を作り上げる際に親より緩やかに見守ってくれる安全な他者である．しかし，現代では，おじ・おばは遠くに住んでいて普段の付き合いも少ないことが多く，それぞれの生活の忙しさに圧倒されて関係性も薄くなりがちである．おじ・おばとの関係性は，意識して維持していなければ，その活用は難しいかもしれない．

拡大家族と離れて暮らさなければならない人が少なくない現代は，同時に**地域の人々**との繋がりも希薄になりがちである．特に都市部では，知らない大人にも挨拶をするようにと子どもに教えることは皆無であろう．このような中で，幼稚園児や小学生に老人ホームを訪問させるなど，祖父母世代あるいは曾祖父母世代の人との繋がりを体験させる試みが各地で行われており，高齢者，子どもの双方にとって，情緒的によい影響を与えている．

しかし，前原・長浜（2010）は，「今日の社会においても，『高齢者との直接的な関わり』を持ち『親密な関係』を得るだけでは，敬老精神は身につくものではないと考えられることから，肯定的な高齢者観は教育が必要である」と述べ，拡大家族，さらには地域社会の中で子どもが様々な影響を得るためには，子どもが他の世代への尊敬を含めた理解を持つことができる教育の必要性を提唱している．子どもと子どもを取り巻く人々の関わりは，子どもが一方的に何かを与えられるだけではない，より相互的なものであるべきだとする視点は重要である．

(2) 親と教師

親も教師も，子どもに健康に成長してもらいたいという願いは同じである．両者は，家庭での様子と学校での様子の情報を共有しながら，子どもに必要な手助けをしていく上で，良きパートナーという関係でいることが望ましい．しかし，実際には良い関係が保てない事例も散見される．親と教師の関係がしっくりいかない場合，そのしわ寄せは子どもに及んでしまう．

最近は，モンスターペアレントと呼ばれる現象が取り沙汰され，親と教師の間に緊張関係が生み出されることにもなった．モンスターペアレントに関しては，2006年の終わり頃，教育者の向山洋一氏が教育誌や新聞などでこの問題を訴えたことがきっかけといわれている．この他にも，学校現場は，学級崩壊やいじめ，さらには教師のバーンアウトといった様々な問題を抱えている．この

ような中で，**スクールカウンセラー**が配置され始め，子どもたちへのメンタルサポートは少しずつ整えられてきた．スクールカウンセラーは，子どもたちをサポートするだけでなく，時には保護者と面談し，時には教師へのコンサルテーションを行うなど，学校に関係する全ての人を対象に活動を行っている．しかし，現在でもまだ，小学校のスクールカウンセラーは全校配置にはとどかず，配置されていたとしても週1日という勤務日程である．このような現状を踏まえると，スクールカウンセラーの活用は最大限に行いながらも，普段は教師と保護者が連携して子どもをサポートする必要性が痛感される．

瀬戸（2013）は，**教師と保護者の連携**における課題をいくつか挙げているが，その中で最も重要な指摘は，教師と保護者の間には子どもの問題状況に関する課題意識のズレや，必要としている情報のズレが存在しているというものである．これは，保護者・教師双方に感じられているもので，ズレが大きくなると，お互いに連絡を取ること自体が大きなストレスとなるようだ．この結果，認識のズレはさらに大きくなり，**教師と保護者の信頼関係**は大きく傷ついてしまう．このことからも分かるように，教師と保護者の間に状況理解のズレが生じてくると，コミュニケーション不全やコミュニケーション障害が起こってくる．お互いが疑心暗鬼となったところに出現するのがモンスターペアレントであり，モンスターティチャーなのである．

大人が，お互いのズレの解消を試みる姿を子どもたちに見せることは，子どもの対人関係能力の発達にも有益なことである．ズレがあることやズレをすこしでも小さくしようと何度もコミュニケーションをとること，そして，それでもズレをなかなか解消できない現実をみせることは，子どもにとって害にはならない．むしろ，疑心暗鬼からくる相手への不信感を子どもに漏らしてしまうことの方が問題であり，子どもの健全な発達を阻害してしまうことにもなる．

保護者と教師が適度に情報を共有しながら円滑に連携を保てている時，子どもはそのような対人関係の持ち方をモデルにするだけではなく，大人たちの信頼と連携に支えられて反抗などを含めた情緒的発達を進めていくことができるのである．

参考文献

ボウルヴィ（著）二木　武（監訳）（1993）．母と子のアタッチメント　心の安全基地　医歯薬出版株式会社．
エイブラム，J.（著）舘　直彦（監訳）（2006）．ウイニコット用語辞典　誠信書房．
堀田香織（2000）．回想の中の「いじめ体験」の諸相　学校臨床研究　東京大学　1，7-16.
井原成男（編著）（2006）．移行対象の臨床的展開　岩崎学術出版社．

岸田幸弘 (2013). 学校適応を促進する「遊び」の集団体験　学苑・初等教育学科紀要　昭和女子大学　872, 7-39.
前原なおみ・長浜明子 (2010). 小学校の高齢者観の育成に関する現状報告　大阪教育大学紀要　第Ⅴ部門　58, 91-101.
小此木啓吾 (2003). 精神分析のなかのウィニコット　現代のエスプリ別冊　至文堂.
佐藤有耕 (2008). 異性への関心と恋心の発達　児童心理　金子書房　62, 50-57.
瀬戸美奈子 (2013). 子どもの援助に関する教師と保護者との連携における課題　三重大学教育学部研究紀要　三重大学教育学部　64, 233-237.
サリヴァン, H. S. (著) 中井久夫・宮崎隆吉・高木敬三・鑪幹八郎 (訳) (1990).　精神医学は対人関係論である　みすず書房.
冨永良喜 (2009). 学校でのストレスマネジメント教育と心の健康教育　子どもの心と学校臨床　遠見書房　1, 50-59.
豊田弘司 (2013). 小学生と大学生における居場所 (「安心できる人」) と情動知能の関係　教育実践開発研究センター紀要　奈良教育大学教育実践開発研究センター　22, 19-25.
ウィニコット, D. W. (著) 牛島定信 (訳) (1977). 情緒発達の精神分析理論　岩崎学術出版社.
ウィニコット, D. W. (著) 牛島定信 (監訳) (1984). 子どもと家庭.

コラムⅡ-3　「きのあうともだち」に必要なこと

　子どもを取り巻く環境は，成長とともに変化していく．母親，父親といった家族からはじまり**人間関係**は次第に外へと広がっていく．近所の人々や，公園などで出会う人々，保育所，小学校中学校と，さまざまな**集団**に所属すればするほど，子どもは新しい人間関係を形成していく．集団に所属し体験を重ねることで，子どもは他の子どもたちとの繋がりを深め，**仲間**関係を築きながら，親から**自立**していくのである．仲間とより親しくなると，**友達**関係が形成される．友達になる・仲良くなる，とはどのようなことを指すのであろう？　集団の中で人と関わりながら生きていくためには，何が必要で，何が作用するのであろうか．

　『ねずみちゃんとりすちゃん』から友達関係について見ていく．ねずみちゃんとりすちゃんは，「とてもきのあうともだちどうし」．お庭のすいせんがきれいに咲くと，ねずみちゃんはりすちゃんに，「ちょっと　きいて　きいて」と嬉しい気持ちを伝える．「ふたりでみると　すいせんはもっときれいに」見える．このように，友達の気持ちに**共感**して，時には**同調行動**をとり，嬉しさを分け合うのだ．もちろん日常には嬉しいことばかりではない．りすちゃんがブランコから落ちてしまい，痛かったという気持ちを手紙に書くと，ねずみちゃんが「こんどきのみをもっておみ

まいにいくね」とお返事をくれる．すると，「いたいのもすこしなおった」気がするのだ．痛い，というりすちゃんの気持ちを**イメージ**して，困っている友達を励ましてあげたい，と考えることこそが，**道徳性**の発達である．子どもは**自己中心的思考**から脱却し，友達のことを考えられるようになっていく．ある日，りすちゃんはおいしいりんごをもらう．そのとき，思いだすのは「ねずみちゃんもりんごがだいすき」ということ．そこでりすちゃんはりんごをケーキにして，ねずみちゃんに食べてもらう．"ねずみちゃんがここにいない"という状況の中，"おいしいりんごを食べたいだろう"，と想像し，はじめて"ケーキにしよう"という行動へと結びつく．

『ねずみちゃんとりすちゃん　なかよしの巻』　どいかや・作　学習研究社
2006

"友達と一緒にケーキを食べる"という体験の中には，たくさんの**思いやり**の気持ちが詰まっている．このような，ほほえましい友達関係形成のプロセスには，**共感**，**道徳性**，**思いやり**といった，子どもの心の発達が多いに関係しているのである．

立命館大学大学院応用人間科学研究科修士課程修了生　二上佳奈

コラムⅡ-4　親はぼろ雑巾

　私が「親」と聞いて思い出されるのは小学校の遠足にまつわるエピソードです．特に，遠足のお昼に食べた弁当の事は今でも忘れられない思い出の1つです．遠足の前日はわくわくするものです．弁当に入れてほしいおかずを母親にリクエストし，布団の中では明日起こるであろう事に思いを巡らせながら眠りについていきます．夜が明け，楽しみを抑えられずいつもより早く起きる朝．鞄の中には母親が早起きをし，時間をかけて作った弁当と前日に煮出したであろう冷たい麦茶が入った水筒

がもう既に入っている．母親が用意してくれたその鞄を持ち，意気揚々と遠足へ出かけていく．目的地に着いたお昼の時間，鞄の中から弁当を取り出し，何が入っているのだろうとワクワクしながら，まるで宝箱のような弁当を開けます．宝箱の中に昨晩リクエストしていたおかずが入っていた時，何とも言われないうれしさが込み上げてきた事を今でも思い出します．

親は子どもが知らない所で手間と時間をかけているのだと思います．遠足に行く子どもに親は弁当や水筒などを用意しなければなりません．遠足の当日，もしギラギラと日差しが強ければ日よけの帽子を用意したり，もしパラパラと雨が降るようならば雨除けの合羽を準備したりするでしょう．子どもが遠足を楽しむため，親は子に想いを巡らせ様々な手間をかけています．親が子に手間をかけるとき，親は子の見えない所でたくさんの時間を使っているのです．私のエピソードを例に出すのであれば，前日の夜にリクエストされたおかずを用意するため，母は多くの手間と時間をかけていたのだろうと思います．子の思いを叶えるため，時に親はその身を粉にし，時にボロボロになろうとも子のために尽くしてくれていたのではないでしょうか．子は親のそんな苦労も知らずに成長していくのです．

親はぼろ雑巾です．子にボロボロになるまでこき使われようとも，子の成長を願い，雑巾であり続けているように思います．汚くなってボロボロになろうとも雑巾が雑巾であるように，子にとっては親がどんな状況になろうとも，最後の最後まで親は親なのです．親にかけてもらった手間や時間に気が付かずに子どもは成長していくのだと思います．そのあげく，子どもはかなり辛辣な反抗期を親の胸を借りて通り抜けることがあります．その時も，親はボロボロになりながら，胸を貸してくれるのです．

親が子に費やす手間や時間は，親が子どもに捧げる愛なのではないでしょうか．子どもがその愛に気付くのは，その子自身がぼろ雑巾になった時なのかもしれません．

東京都北区教育委員会事務局　教育相談所　篠村健人

コラムⅡ-5　モンスターペアレントの背景

近年，「モンスターペアレント」という言葉は，マスコミなどを通じて世の中に浸透し，日常でも使われるようになった．教育現場におけるモンスターは，理不尽な要求を学校に求めてくる親を指す．最近，筆者が聞いた話で，同級生に怪我をさせ，教師に叱られた子が「先生が怖くて学校に行きたくない」と言い，鵜呑みにした親が担任を変えてほしいと学校に訴えるといったことがあったという．教師や学校にしてみれば，戸惑うほどの理不尽な要求をしてくる親たちはまさにモンスター

のように見えているのかもしれない．

　親が「モンスター」と呼ばれる背景には，何が隠されているのだろうか．小野田正利は，教師側が親をモンスター，怪物と呼び，レッテル貼りすることで対立する立場を取る事になり，親はこの教師の感情を感じ取り，余計に攻撃性が高まる，こうして親と教師の関係性が悪化していく悪循環が生まれると述べている．親と教師は本来，子どもを間におき，互いに間接的に結ばれた関係性である．私たちは問題が起こった場合，普段から親しい間柄では話し合うことで和解しようと試みる．しかし，赤の他人や関係性の薄い人では，自然と怒りを表出してしまうことが多い．親を「モンスター」と呼ぶことで，お互いの関係性の遠さを感じさせ，親の理不尽な怒りを招いている恐れがある．日頃からお互いの関係性を知り，信頼関係を築いていくことが，悪循環を断ち切ることにつながっていくのではないだろうか．

　冒頭でも紹介したような，親をモンスター化までさせてしまうほどの怒りの裏には何があるのだろうか．怒りには必ず原因がある．なぜ怒っているのか，その訴えや背景を考えることで，親の真意が見えてくる．怒りを表出させる背景には，社会の中で生きる個人の心の中の弱さや怖さがある．社会の中でコミュニケーションを取る能力の弱さが不安を呼び，怒りという形でしか表現できなくなっていると考えられる．人は日常の中で，夫や妻，父や母，上司，友人など様々な役割をこなしている．これらの役割から解かれるとき，本来の自分が見えてくる．しかし，社会での関係性を上手く築くことが出来なければ，この本来の自己も次第に行き場が失われていくだろう．北山修はこれを「裏の喪失」と呼び，「裏としての心」の置き場がなくなり困っていると述べている．裏を無くした私たちは，行き場のない怒りを表に置かざるを得なくなっているのかもしれない．

東京都北区教育委員会事務局　就学相談室　篠村恭子

コラムⅡ-6　い じ め

　いじめと聞いて思い出すのは，私が小学校5，6年生の頃です．
　私が通った小学校では，人が背負っているランドセルを背後から力いっぱい下ろす遊び（？）が流行っていました．仕掛け人の力が弱いと，やられた方は姿勢が少し後ろに傾くだけで，腹筋を使って「えいっ」と前屈すれば仕掛け人を払いのけることが出来ます．ところが，その力に負けてしまうと，固い地面に尻もちをつく羽目になります．やられる方もだんだんと馴れて来て，背後から聞こえてくる足音で気づいて避けたり，ランドセルに触れられた瞬間にさっと下ろして，ランドセルを置き去りにして逃げたりと攻略法を生みだします．しかし，抗生物質に対してウイルスがどんどん進化していくように，仕掛け人もいかにばれずに近づけるかという

技術を磨きあげます．毎日のように私にランドセル下ろしを仕掛けてくる男の子がいました．他の仕掛け人には対抗してやり返す私でしたが，その男の子だけには勝てませんでした．どちらかというと私はやんちゃな女の子でしたが，相撲とバスケットボールをやっていて身体の大きかったその男の子にはよく泣かされたものでした．

　大人になってから SNS で彼とやり取りをする機会がたまたまあり，私は懐かしい気持ちでランドセル下ろしの思い出話をしました．ところが驚いたことに彼は，「そんなことあったっけ？　ごめん，全然覚えてないや」と言ったのです．「あれだけ私を泣かせておきながら覚えてないですって！」と呆れ，そして少し悲しい気持ちになりました．自分でも悲しい気持ちになったことは滑稽で，思い出を共有できなかった悲しさというものだろうと思いました．

　やんちゃな女の子というキャラクターを演じていた私（もちろん当時はそんなつもりはないですが，今考えるとそうだったのではないかと思います）は，彼のお陰でみんなに泣き顔を見られ，とても恥ずかしくて悔しかったのだと思います．当時も今も，この出来事がいじめだったとはもちろん思わないのですが，攻撃を受けた方はいつまでも心の片隅に記憶しているものだなと感じました．

札幌学院大学大学院修了生　比嘉菜実子

コラムⅡ-7　環境の失敗

　お母さん達は何もできない赤ちゃんのためにあれこれ世話を焼きます．赤ちゃんは，この初期の段階でお母さんから生命の安全だけでなく，欲求を満たしてもらい健康な万能感を持てるようになります．このような日々を積み重ねるうちに，生後数ヶ月間で赤ちゃんの心の中に「愛着」という心の絆が形成されます．「愛着」とは，例えるならば，特定の人（お母さんであることが多い）に対して，自分を愛し，守ってくれる存在であると信じ愛する気持ちとでも言いましょうか．

　親戚の集まりで，あるいはショッピングセンターで，迷子というわけではなく，お母さんがちょっとでも離れると大泣きするお子さん達を見たことがあるのではないでしょうか．このようなお子さんは，お母さんがいなくなると不安でたまらないのです．言うまでもないことですが，小さな子どもは大人の庇護がなければ生きていけません．見捨てられたら生きていけないので，子どもにとっては死活問題です．また，大好きなお母さんに見捨てられるかもしれないなんて，物凄い恐怖と悲しみの体験なのです．そういう状態から成長し，お母さんから離れてもそれが見捨てられることではないと思え，1人でいられるようになるために「愛着」は大切な役割を担っています．「愛着」が健全に形成されていれば，お母さんが自分の側にいな

くても，自分は愛され，大事にされているし，守られていると信じることが出来るようになるでしょう．母子分離へと進んでいくことができる，健全な成長の姿です．

　ほとんどのお母さんは，赤ちゃんの欲求にうまい具合に応えて，赤ちゃんの健全な発達を支え促進させることができますが，ときに環境側の失敗ということから取り返しのつかない発達上の問題を引き起こしてしまうことがあります．お母さんがあまりに赤ちゃんに関心を持てない場合には，赤ちゃんの欲求をキャッチすることができなくなります．また，お母さんが病気である場合にも，赤ちゃんの世話に没頭することができなくなります．このような場合には，赤ちゃんは発達の初期に必要な安心感を得られない可能性が高くなります．あるいは，せっかく赤ちゃんに初期の万能感を形成できるような世話をすることができたとしても，お母さんが赤ちゃんの複雑になる欲求に対して対応を間違えていく過程が急激すぎるときにも赤ちゃんのこころは壊れてしまう可能性があります．

　子どもが発達の過程で問題を抱えている場合に，子どものもともとの特性に由来するだけでなく，上記のような環境の失敗という可能性も考慮に入れなければなりません．

　もちろん，赤ちゃんの環境の大切な一部となるお母さんを守る環境を強固にすることも間接的には重要なことです．

医療法人白百合会いすみこころのクリニック　大野裕美

第4章 子どものコミュニケーション

1. コミュニケーション能力の発達

　人間にとっての言語は，自分の意図を他者に伝え，コミュニケーションを図るために重要なものである．人間のコミュニケーションは話し言葉によって行われるが，音声を使ったコミュニケーションを行う動物は人間の他にいるのだろうか．鳥やサルの一部は，鳴き声や叫び声によってコミュニケーションしていることが知られている．しかし，人間の話し言葉は音の組合せの種類が多く，表現された内容も細かく，他の動物の音声によるコミュニケーション手段とは比べものにならないほど高度なものである．驚いたことにどのような国や文化の子どもでも，5歳になるとこれらのほとんどを達成してしまうのである．
　言語は大変複雑であり，子どもが大人のような言語を獲得し，音声コミュニケーションを可能にするためには，その道のりで多くの困難に出会うことになる．ちょうど良い発声の仕方を体得するところから始まり，その1つひとつの音を組み合わせて単語を作ることが可能になり，やがてその単語をいくつも組み合わせて思考，欲求，感情，状態などに対応した文を作る方法を身に付けていく．人間は誕生以来，音そのものに興味を持ち，複数種類の音を聞き分けるだけでなく，まとまった続きの音（単語）の意味内容を理解し，聞いた音を真似て発声したりすることを覚え，その場に合った状況で使っていくのである．
　ここでは，まず人間のコミュニケーションの中で最も人間たらしめている言語発達に注目してみよう．発達の過程で「どのようなものを身に付けていくのか」を説明し，それらが「どのようにできるようになるのか」を考えてみよう．

2. 言語の発達

(1) 発話の発達，言語の獲得

　人間の子どもには，大人から見たら驚くべき能力がある．一般的に日本の成人の大半は，英語のl（エル）とr（アール）の区別が苦手だと言われており，ある程度成長してからの外国語学習には大きな苦労を伴うものである．しかし，

1歳未満の乳児は，大人が苦手とするlとrの音の区別ができることが最近の研究結果から明らかになってきた．生後半年の乳児は，世界中のどの国の言語についても，異なる音素に対応した音を区別できるようになっていく可能性があるというのである．ただし，1歳半ばに達する頃には，もうこの区別ができなくなってしまう．生後1年の間に，日本人の乳児であれば，日本人にとっての母語である日本語を理解したり，自分から話したりするために必要のないような能力を失ってしまうと考えられている．つまり，乳児は母語の言語体系（日本国内で，日本語を話す両親から生まれた，日本語の環境が大半を占める場合の，日本語のこと）で，どの音素が重要なのかを身をもって学習し，同じ音素に対応する異なる音を区別する能力が失われてしまうのである．このようにして，学齢期になると，生まれつき話している言葉について単音を区別することは音素が異なっていれば簡単にできるが，同じ音素に対応した単音を区別することができにくくなってしまう．

　新生児では，不快な時に泣くという反射的行動が中心であるが，生後1～2ヶ月頃から，機嫌の良い時の喉の音である**クーイング**がみられ，2，3ヶ月頃になると，「bababab」などの子音と母音から構成された泣き声とは異なった発声を反復するようになる．これは語音の基になる音声である**喃語**（なんご）と呼ばれている．喃語は6ヶ月頃から，「パパ」，「ママ」といった反復喃語がみられるようになり，生後7～8ヶ月にピークとなる．この喃語は意図を伝達するためのコミュニケーションではなく，声を発するための構音のトレーニングという役割を持っていると言われている．9ヶ月頃から反復喃語が減少して，単純な音声による呼びかけや応答が発達し，大人の「〜ちゃん」や「ダメ」といった言葉の理解もみられるようになる．こうして10ヶ月頃には，大人の音声を模倣しようとする傾向が強くなる．

　1歳前後になると，初めて意味のある言葉を発する．これを**初語**という．初語は，構音が容易で他と区別しやすい．ただし，幼児が言葉を理解するようになるのは，初語よりも約3ヶ月早いことが知られている．初語は一般的には，養育者（マンマ），動物（ワンワン），乗り物（ブーブー），食べ物（マンマ）などを指す語が多いようである．

　次に，このような単語1語の言葉が増えていく**一語文**の時期に入る．この一語発話の時期は情緒的な言語も出始める．形体的には単語のみの一語文の発声であっても，呼びかけ，欲しいというお願い，挨拶などその場や相手に応じた様々な子どもの意図を表したものである．例えば，「ママ」という1語が，時と場合により「ママ好き」，「ママどこ？」，「ママにあげる」，「ママ抱っこして」，「ママわかった」などという子どもの意図があり，様々な機能を表している．

しばらくして，一語文であっても，身振り，表情，言葉が一体になったコミュニケーション的機能を持つようになる．これが言語機能の基盤となり，1歳半頃から，音声の体制化が進むとともに象徴的機能が発達し，また，意志の発達とともに「イヤ」が多くなり，語彙が飛躍的に増えていく．

　次に，1歳後半から2歳ぐらいになると，「ナニ？」を連発するようになり，知的関心が広がるとともに，一語文から「ママ　ワンワン」，「モット　マンマ」というような**二語文**を使うことができるようになる．二語文でも初めのうちは，助詞（〜が，〜を，〜に，〜へ，〜の）や助動詞（〜れる，〜られる，〜そうだ，〜ようだ，〜らしい）が省略されたものであり，単純に名詞や動詞のみの必要不可欠な単語だけが使われたものであり，昔の電報のような文である．このことから，電文体発話とも呼ばれる．また，この2歳を過ぎた頃の時期は，語彙が爆発的に増加することが知られており，3語や4語を組み合わせた文章を作ることができるようになっていく．

『じゃあじゃあ　びりびり』まついのりこ・作・絵　偕成社　1983

　この頃の言語の様子を分かりやすく示した絵本が『じゃあじゃあ　びりびり』である．この絵本を最初にめくると，自動車の絵に「じどうしゃ　ぶーぶーぶーぶー」という文字だけが見開きに書かれている．その後も，日常生活の中でよく目にするもの，子どもにとって興味を引きそうなものなどが続き，その泣き声や音が取り上げられている．子どもはこのように，目にしたものとそこから出ている音をセットにして，物の名前と泣き声などその特徴を覚えていく．この過程が身近にある色々なものに対して行われ，形，色，音，その特性などを区別できるように発達していくのである．

　5歳以降になると，単語だけの羅列で意図を表すことばから，次第に大人が使う文法に近い文を使って話すことができるようになる．

　以上のように言語は，まず，音素，次いで語や形態素，最後に文単位（統語）という順番で発達し，獲得されていく．

(2) コミュニケーションと言語発達の意味

　言語はコミュニケーションの大切な方法であり，相手に自分の意図を伝達することを助ける働きがある．

　幼児期の言語は大人の言語とは異なり，公園や保育園などでの自由な遊びの

場面でのひとりごと，言葉の反復などのように，他者に伝えることを意図していないという特徴があることを見出した．スイスの心理学者ピアジェ（1936）によれば，幼児期においては自他未分化であるため，コミュニケーションを目的とするより，反復，独語，集団内でのひとりごとである**集団的独語**といった非社会的な**自己中心言語**が支配的である．そして，ピアジェは，1つの立場からしか物事を見られなかった状態（中心化）から，自分の位置や見方を考慮に入れ，多くの側面に注意を分配し，そこから得られた情報を合わせながら，より適切な推論ができるようになる（**脱中心化**）への変化，すなわち，自己中心的言語から徐々に他者への伝達意思を持つ社会的言語へと移行すると考えた．

一方，このピアジェの自己中心的言語という考え方に反論を唱えた人物がいる．ロシアの心理学者のヴィゴツキー（Vygotsky, 1934/1986）である．集団的独言は，外国人など意思の伝達が不可能な子どもと一緒の時は発せられないことから，周囲の人が聞いていることを考慮に入れているのではないかというのである．

また，言語は**内言**と**外言**という2種類に分けられる．内言とは，音声を伴わない自分自身のための内的言語であり，主として思考の道具としての機能を果たすものである．一方，外言とは，他人に向かって用いられる音声言語で，主として意図伝達の道具としての機能を果たすものである．ヴィゴツキーは，問題解決場面で難しい問題などで解決が滞った時に幼児はひとりごとが増えるが，成人は発話せずに思考することに注目した．彼は，成人が内言を用いて課題を解決しているように，幼児の自己中心語は思考の道具としての内言の機能を持っているのではないかと考えた．

ヴィゴツキーは，言葉はそもそも外言として発生し，これに対して内言とは幼児期に分化して生じるものと考えている．つまり，ピアジェのいう自己中心的発話は非社会的なものではなく，社会的言語である外言から内言へ分化する過渡期の不十分な状態のもので，形は外言であるが，その機能は思考の手段としての内言，いわば，不完全な内言であると考えたのである．

これまで言語のコミュニケーションという側面について説明してきたが，言語にはコミュニケーション以外の大切な働きもある．ルリヤ（Luria, 1961）は，子どもを対象に，赤ランプ（スタート信号）が点灯したら「オセ」，緑ランプ（抑制信号）がついたら「オスナ」という自分自身の言語命令に従ってバルブ（ゴムでできた大きなボタン）を押すことを求める実験を行った．その結果，2歳児はランプの色に関わらず，バルブを押した．3，4歳の幼児は赤ランプに伴った「オセ」という自分の言語命令では，正しくバルブを押す反応ができたのに対して，緑ランプに伴った「オスナ」という自分の言語命令では，運動を抑制さ

せることができずに衝動的にバルブを押してしまった．このバルブの押し分けを黙って行った実験では，抑制信号に対して42%の運動反応を示したのに対して，「オスナ」という自分自身の言語命令によって運動反応を示した反応の数は70%であった．そして，5～6歳になると，この課題で正しい反応ができるようになった．ルリヤは，5～6歳を過ぎると，内言が発達し，**言語の自己調整機能**が獲得され，外部からの命令がなくても，内的な自己調整を通じ，意図的に行動をコントロールできるようになると考察した．

3．関係性の発達

(1) 遊びと対人関係の発達

子どもにとって遊びとは，自分と同年齢の仲間とコミュニケーションを成立させるために欠かせないものである．仲間と遊ぶ経験を通して，対等な関係，対立，競争，協働という関係性を学んでいき，子どもは人との付き合い方や社会のルールを学んでいく．また，自分のことを知るためには，仲間との付き合いを通して能力や性格を比較する必要がある．自分ひとりでは自分のことが見えにくい．近年注目されているような，思いやりの気持ち，共感性，助けあい，絆などは，多くの仲間との関わりや，親子との関係など様々な対人関係を経験することで育まれるものである．以下に対人関係の発達についてみてみよう．

まず，生まれてから最初の人間関係は，養育者との間に結ばれる．この基本的な養育者と子どもの関係を中心に人間関係が展開していくということができる．養育者，特に母親との対人関係は，その後のきょうだい祖父母などの家族，友人，教師，社会など全ての基本的な信頼感や愛着の形成の基盤となり，その後の人間関係の発達に大きな影響を与えることになる．

次に，幼児期には幼稚園や保育園に入園し，家庭内では接することがほとんどなかった同年齢の子どもや，血縁関係のない大人である幼稚園教諭や保育士と接するようになる．同年齢の子どもと対等にけんかをしたり，話したり，遊んだり，親以外の大人から怒られたり，褒められたり，様々な交流を通じて対人関係を深めていく．

パーテン（Parten, 1932）は幼児の**社会的遊びの発達**について，その形態から6種類に分類して説明した．

 i．「何もやっていない行動」は，2，3歳以前に見られ，特に何かで遊ぶということはなく，その時々で興味の惹かれるものに注意を向け，周囲のことに興味・関心を示さず，ぼーっと見ていたり，自分自身の身体を使った単純な遊びだけをする．

ii.「ひとり遊び段階」は，2，3歳頃に見られ，他の子どもが近くにいても相互に関心を持たず，自分ひとりで遊んでいる．
iii.「傍観遊び」は，2，3歳頃見られ，他の子どもが遊ぶのを近くで見ているだけで，たまに話しかけたり質問したりする程度の関わりで，基本的には自分ひとりで好きなことをして遊んでいる．
iv.「並行遊び」は，2，3歳頃に見られ，他の子どもの近くにいて，同じようなおもちゃを使って遊んでいる．しかし，おもちゃの貸し借りや会話は少しするけれども，基本的にはやり取りは少なく，他の子どもが帰ってしまっても興味を示すことは少ない．
v.「連合遊び」は，3，4歳頃に見られるようになり，他の子どもと一緒に遊び，そこでおもちゃの貸し借りがあったり，その遊びに関係のある会話をしたりする．しかし，自分の遊びを優先させるため，役割分担がなく，まとまりがない．
vi.「協同遊び」は，4，5歳以降に見られ，指示を出すリーダー役の子どもとそれに従う子どもといった，役割分担のある統制の取れた数名の集団を作り，各メンバーが所属意識を持ち，お互いに助け合いながら共通の目標を達成しようとする．

小学生になり児童期に入ると，学校生活が始まり，パーテンの社会的遊びの分類にある「相補的組織遊びまたは協同遊び」のように気の合う友人との関係が中心になり，2，3名から始まった遊び仲間が，次第に10名前後にまで広がり，あたかも子どもの「ギャング集団」を作るようになる．このことから，この時期を**ギャングエイジ**と呼んでいる．ギャング集団では，閉鎖的で親や教師などの大人の参加を認めず，同性，同年代の子どもだけでのグループを作り，仲間意識や結束力が強く，リーダーを中心に組織のみに通用する規則や秘密を持つという特徴がある．こうしたギャング集団は，排他的であるものの，子ども自身が集団内の役割を果たすことや，仲間を受け入れたり受け入れられたりする人間関係の体験や，コミュニケーション技術を学ぶ場であり，社会性の発達や人格形成における意義がある．

(2) 友人選択の発達

友だちと遊ぶことは，コミュニケーションの発達に大きな役割を果たしており，友だちを選ぶこと（すなわち，**友人選択**）に関しては，幼児期から成人期に至るまでかなり変化することが分かっている．田中（1975）が友だちの選び方の発達を調べたところ，幼稚園では，家や席が近いなどの物理的距離の近さ，何となく好き，かわいい，やさしいといった表面的な理由が主であるのに対して，

小学校に入り徐々にこれらの理由は減っていき，小学校高学年や中学生，高校生になると学業が優れているなどの相手への尊敬，気が合うという心理的近さという内面的な理由が増えていく．成人になると学業が優れているなどの尊敬，気が合うことに加え，助け合う態度，チームワークという人間関係の互恵性が理由に挙げられるのも特徴と言える．

4．けんかによるコミュニケーション

(1) 同世代との衝突

　幼児期になった子どもが，幼稚園や保育園という世界に入ると，同世代の子どもとの間で遊ぶ約束や，ルール決め，おもちゃの貸し借りなどをするようになる．これまで主であった養育者との関係とは異なった対等な関係の中で，他の子どもと頻繁に**けんか**をするようになる．自分の意見，ルールや所有物への主張などをきっかけとして生じるこのような衝突は，成人のように公平な立場や相手の考えを想像してその場全体の人間関係を円滑にしようとすることができれば，あらかじめ防ぐことができる．また，たとえ衝突が生じたとしてもそれほど大きなものとならずに済むであろう．しかし，幼児は自分を中心にした考え方に支配されがちであり，大人のように他者の立場を想像して譲ることが難しい．

　実際には，子どもは友だちとのけんかや仲直りを重ねていく中で，相手の立場を考えたり，自分中心の考え方を別の視点から見つめ直すことができるようになっていく．こうして，自分の意見を適切に相手に伝えられるようになったり，我慢することができるようになる．

(2) けんかのポジティブな側面と発達

　一般的に，けんかはポジティブな行為として捉えられることはないであろう．しかし，心理学ではコミュニケーションの発達の過程において，子どもの社会性やパーソナリティの発達に重要な意義があると捉えられている．例えば，子どもはけんかを通じて，他の子どもと自分とは考え方や感じ方，受け止め方などが違っているということに気づく．そして，一方的に自分の考えを主張するだけでなく，相手の話している内容を聞き，相手の立場で物事を考えたり，お互いの意見を調整したりすることを学んでいく（**脱自己中心化**）．

　相手の気持ちや感じ方が異なることが分かったとしても，今度は相手に自分の考えや意見を伝えていかなくては，コミュニケーションは成立しない．うまく伝えられず，理解されずにけんかになることもあるだろう．自分の考えを相

手に伝えたり，友人との関係をうまく構成したりするためには，コミュニケーション能力を洗練させる必要がある．時には，友人の心情を汲み取って自分の要求を我慢したり，順番やおもちゃを譲ったりするなどの対応を取ることで，自己制御能力も発達していくと考えられる．また，けんかを通じて，相手への謝り方や仲直りの方法といったコミュニケーションに欠かせない技能を身に付け，洗練させていくのである．

(3) 思いやりの発達

けんかや遊びはコミュニケーションの発達において相手の気持ちを理解するきっかけとなることから，重要な役割を果たしている．それだけでなく，子どもは同世代の友だちとのけんかや遊びから，同じ気持ちを経験することによって，他者を思いやる気持ちが育っていく．心理学では，**思いやり**行動は「他者に利益となるようなことを意図してなされる自発的な行動」として定義され，アイゼンバーグ（Eisenberg, 1992）はこれを**向社会的行動**と呼んだ．

向社会的行動は，1歳前後で現れ，年齢とともに変化すると言われており，他人がけがしたり泣いたりしている様子を見て，近づいていってなぐさめることが知られている．また，1歳半には手伝いをする行動が見られるようになり，その後3, 4歳になると友だち同士の中で思いやり行動が生じるようになる．

(4) 思春期以降の人間関係

小学校高学年になると，同年代の仲間集団で悪ふざけや窃盗などの反社会的な行動をしたり，友人と交換日記をしたり，同じデザインの服装を身に付けたりする行動が見られる．この時期は，前思春期と呼ばれており，同性集団の結束力が高まり，グループ内だけで通じるルールを作ったり，秘密を共有する，同じ遊びをするといった同質性を重視した関係が見られるようになる．また，同性，同年代のグループでの閉鎖的な関係が，大人から離れた子どもだけの世界を作り上げ，社会化発達やパーソナリティ形成に重要な役割を持つと言われている．こうした，同性の友人との親密な関係（**チャムシップ**）を持つことの重要性を指摘したサリヴァン（Sullivan, 1953）は，親友の目を通して自分自身を見つめることが自己像の形成に重要であり，前思春期から思春期にかけて，親からの心理的な自立が始まると同時に，友人との関係が重みを増やしていくと述べている．

思春期は，心身の変化とともに，自己意識，親子関係，友人関係も質的に変化する．また，この時期の子どもの自尊心は傷つきやすく，親からの心理的な自立による葛藤を感じたり，仲間集団から嫌われることを恐れて同調すること

に気を使うなど，心理的には大きく揺れ動く時期である．

　この時期に，学校の仲間集団から排除されることは子どもによって強い挫折感と孤独感をもたらすことにもなり，このことが不登校などその後の問題へと繋がることがある．しかしながら，前思春期から思春期にかけて親密な友人関係を持つことは，心理的な安定をもたらし，その後の学校適応を良くすることが明らかとなっている（酒井ら，2002）．

　思春期後半から青年期になると，思春期前半に見られた友人関係への過剰なほどの没頭や同調は徐々に減っていき，友人との間に相互に自立した**心理的距離**の取り方ができるように変化していく．

参考文献

Eisenberg, N.（1992）．*The Caring Child*．Harvard University Press．（アイゼンバーグ，N.（著）二宮克美・首藤敏元・宗方比佐子（訳）（1995）．思いやりのある子どもたち——向社会的行動の発達心理　北大路書房）

Luria, A. R.（1961）．*The role of speech in the regulation of normal and abnormal behavior*．New York: Liveright．

Parten, M. B.（1932）．Social participation among pre-school children．*Journal of Abnormal and Social Psychology*, 27, 243-269．

Piaget, J.（1936）．*La naissance de l'intelligence chez l'enfant*．Delachaux et Niestlé．（谷村　覚・浜田寿美男（訳）（1978）．知能の誕生　ミネルヴァ書房）

Piaget, J.（1937）．*La construction du réel chez l'enfant*．Delachaux et.

酒井　厚・菅原ますみ・眞榮城和美・菅原健介・北村俊則（2002）．中学生の親および親友との信頼関係と学校適応　教育心理学研究．50．12-22．

Sullivan, H. S.（1953）．*The International Theory of Psychiatry*．W. W. Norton．（サリヴァン，H. S.（著）中井久夫・宮崎隆吉・高木敬三・鑪幹八郎（訳）（1990）．精神医学は対人関係論である　みすず書房）

田中熊次郎（1975）．児童集団心理学　明治図書出版．

Vygotsky, L. S.（1986）．*Thought and language*（A. Kozulin, Trans.）．Cambridge, MA: MIT Press.（originally published 1934）．（ヴィゴツキー，L. S.（著）柴田義松（訳）（2001）．思考と言語　新読書社）

コラムⅡ-8 「おこだでませんように」

　言語は、使用方法と機能によって**内言**と**外言**の2つに大きく分けられる。内言とは、音声を伴わない思考のための言語で、外言とは、声や文字で表現される伝達のための言語だ。幼児期には内言が発達しておらず、**自己中心的発話**と呼ばれるひとりごとがよく見られるが、5～6歳になると内言を用いて頭の中で考えられるようになり、ひとりごとが減り始める。『おこだでませんように』は、内言が発達し始めた小学校一年生の彼が主人公だからこそ生まれる物語である。

　ふくれっ面をしてそっぽを向く少年の横顔、その目を見ると、涙が今にもこぼれ落ちそうだ。『おこだでませんように』の題と、そんな絵が描かれた表紙。少年の泣き顔から推察するに、泣き声のために、「おこられませんように」が濁ったのだろうか。

　主人公は小学校一年生。七夕の短冊にお願いを書くときに、字を間違えて「おこだでませんように」、こう書いたのである。

　しかし、「おこだでませんように」の言葉は見事に彼の気持ちを表している。

　彼は、どこにいっても怒られてばかり。妹のためを思って行動したのに泣かせてしまった時も、クラスメートの冷たい言葉に反応して暴力をふるってしまった時も、大人たちは理由を聞かずに彼を怒る。彼は、心の中で理由を説明（内言）しながらも、それがお母さんや先生に伝えられる（外言）ことはない。彼は悩む。「ぼくはどないしたら　おこられへんのやろ。ぼくは　どないしたら　ほめてもらえるのやろ。ぼくは……『わるいこ』なんやろか……。せっかく　しょうがっこうに　にゅうがくしたのに。せっかく　1ねんせいに　なったのに。」夜、布団にもぐって悩む。悩む。

　そして、彼は願う。泣きそうになりながら願うのだ。

　「おこだでませんように」。

『おこだでませんように』　くすのきしげのり・作　石井聖岳・絵　小学館　2008

これは，彼の心の中の願いがそのままストレートに表現された，言葉なのだ．

　大人は，ごちゃごちゃと考えて言葉を発することが多い．絵本『おこだでませんように』は，内言が発達し始めたばかりの少年だからこそ出せたささやかだが確かな外言を生んだ感動の物語である．

　内言が発達していくと，様々に思考を巡らすことができるようになる．小賢しい言い訳も，回りくどい表現もできるようになる．それが，プラスに働くこともちろんある．しかし，内言が発達するにつれて人は，内言抜きに真っ直ぐに気持ちを表現することが時に大きな力を持つことを忘れてしまうのだ．「おこだでませんように」は，そんなことを思い出させてくれる絵本である．

立命館大学大学院応用人間科学研究科修士課程修了生　矢口健太郎

第5章 子どもの遊び

1．描画と創造

(1) お絵かき遊び

　人間は赤ちゃんの頃から把握反射を持っているので，成長過程においてクレヨンや鉛筆を手にすることは自然の成り行きである．描画道具をしっかり握ることはそれほど難しくはない．そして，たいていの子どもは 15 ヶ月頃，偶然の腕の動きから形作られる**なぐりがき**（運動性の描画）という行為をとても喜ぶ（図5-1）．ただ，描かれた作品を残すことにはほとんど関心がないので，どんどんなぐりがきが重ねられていくことが多い．子どもは，自分の腕の動きと画用紙に現れる線の形に驚き，興味を示す．画用紙に現れる線の形を意図的に作り出せるようになっていく中で，腕全体の動きから手の動き，指の動きというふうに身体機能の面でのコントロール力も向上していく．このように，運動発達と描画には大きな関連がある．

　コックス（Cox, 1992）は，「繰り返し生ずる意図的ななぐりがきは，子どもが一定の形を修得する過程にあること，子どもの活動に決して水を差してはならないことを示している」と述べている．最近の研究では，表象的描画を描く前になぐりがきの時期が必ずしも先行する必要はないという報告もあるが，それでも，なぐりがきは多くの子どもに見られ，その中の線に偶然知っているもの

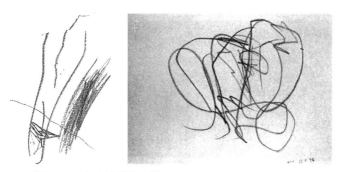

図5-1　**なぐりがきの例**（左・Cox, 1992：右・津守，1987）

の形を見つけるという場面では，楽しさを感じている様子が観察される．
　リュケ（Luquet, 1927）は，子どもの絵が本質的に写実性を求めているという前提を立て，以下のような5つの描画に見られる発達の段階を想定した．
　i．なぐり描きの段階（0歳から3～4歳）
　ii．偶然の写実性（0歳から3～4歳）
　iii．出来損ないの写実性（0歳から3～4歳）
　iv．知的写実性（5歳ぐらいから）
　v．視覚的写実性（8歳ぐらいから）

　3歳頃に描かれる初期の人物画は，顔のパーツである目，鼻，口を含むほぼ円形の領域を囲む1本の線があり，そこに手足が直接つなげられているもので，「頭足人」と呼ばれてきた．そして，この時期を通過するスピードも個人差がある．5歳頃には頭と胴を区別して描くようになり，8歳頃からは胴に肩を描きいれるようになる．

　たいていの子どもにとって，絵を描くことは楽しく自発的に行われる．保育園や幼稚園の先生は，芸術的活動が子どもたちの発達の重要な部分と信じて，子どもの描画への自発性を大切にしている．そして，子どもは自由に描きながらも，描いたものが周りの大人たちによって識別されることを期待しており，描かれたものを大人が言い当てると大変喜ぶのである．

　こうして自発的に始まったお絵かき遊びではあるが，子どもにとって絵を描くことは徐々に魅力的なものではなくなっていき，児童期の後半から青年期の初め頃までには，たいていの子どもは絵を描くことを楽しいと思わなくなってしまう．そして，大人になる頃には，たいていの人は絵を描かなくなる．これはどうしてなのだろうか．津守（1987）は，子どもの描画に現れる「垂直の表現」について，「赤ん坊は，最初は大地に横たわった姿勢で生活しているが，あるとき，そこから立ち上がるようになる．――中略――人間を描き始めた子どもには，立ち上がって歩いたときの記憶がまだ体の中に残っているのかもしれない．人間を描こうとするときに，人間の本質として垂直の線を思い浮かべても不思議ではない．直立して歩くようになったとき，大地のひろがりは，その上をそれに沿って歩いてゆく方向として，あらためて自覚される．この最初の

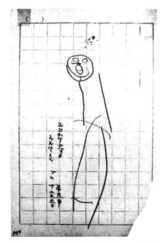

図5-2　垂直線が描かれた絵の例 (津守, 1987)

人物画の垂直線を横切る水平線は，人間が立って歩く大地の線として見てよいだろう」と記している（図5-2）．もちろん，津守も，子どもが人物画を描き始める時に，渦巻き状の描画から顔が出現するなど，垂直表現のみが特徴的ではないことに言及しているが，自立から自律への関連で垂直線を考察している点は興味深い．大人になると自立の記憶が薄れて絵を描かなくなるというのは頷ける見方である．言語表現を手に入れることも大人になると絵を描かなくなる大きな要因の1つであろう．

(2) 最初のシンボル

　子どもが空に浮かぶ雲に初めて気づく時，それはどのような状況なのだろうか．お母さんに抱かれて，お母さんと一緒に眺めているのかもしれない．共同注意という形である．その時，お母さんは「くもよ」と言うのだろうか，それとも「おさかなさんね」とか「おふねね」と言うのだろうか．

　表象やシンボルを使えるようになった子どもは，「何にみえる？」という遊びに夢中になっていく．心理検査の1つであるロールシャッハテストの研究に，1950年代の子どもの検査結果と現在の子どもの検査結果を比較したものがある．その中で，雲のような偶然の形を見て何に見みえるかという問いに対して，子どもがその答えを言うまでの時間が半分以下に短縮されているという結果が示されている．1950年代の子どもたちは，雲を見て遊ぶ時もゆっくりと創造して楽しめていたということになる．今の社会は，大人も子どもも，色々な場面で待てなくなっているようだ．それでも，多くの子どもは，雲やシミをみて何に見えるかという連想をして楽しむことができる．時代や社会のスピードが変わっても，人間としての発達の共通点は脈々と続いているのである．

　描画に関して面白い研究がある．齋藤（2010）は，図5-3に示したような線画を用いて，1歳半～3歳2ヶ月のヒト27名と，6個体のチンパンジーを対象に描画補完課題を提示し，それに対する自由な描画行動の観察を行った．その結果，ヒトでは2歳6か月以降の子どもは「ない」部分を補って顔を完成させた．一方，チンパンジーは，顔全体に描きこむ，空白に描く，すでに描いて「ある」部位に重ねるなどの反応は見られたが，「ない」部位を補完して描くことはなかった（図5-4）．ヒトは，今ここにない物のイメージを生成し，補完するという心の機能を獲得し発達させてきているのである．言葉を持ったヒトは，見た物を頭の中でシンボルに置き換えて見るようになったことで，「何か」として見ようとした時にそこにあるべきものが「ない」という発想が生まれるようになったのである．

　松沢（2011）も，チンパンジーと人間の3歳2ヶ月の子どもにチンパンジー

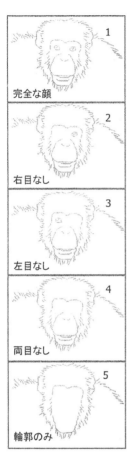

図 5-3 描画補完課題にて提示された線画 (齋藤, 2010)

顔全体へ描きこむ

ヒト：1歳9カ月　　チンパンジー：パル

顔の「ある」部位に重ねる

ヒト：2歳2カ月　　チンパンジー：ポポ

顔の「ない」部位を補って描く

ヒト：2歳5カ月

輪郭線に重ねる

ヒト：2歳8カ月　　チンパンジー：パン

図 5-4 ヒトとチンパンジーの描画行動の結果 (齋藤, 2010)

の似顔絵を与えて何を描くかという実験の結果から，「チンパンジーはそこにあるものを見ている．一方，人間はそこにないものを考える，と私は解釈した」と述べている．人間の子どもが目や鼻など顔のパーツを描き加えるのに対して，チンパンジーはなぐり描きをするか輪郭をなぞるかであった．このことから，人間を他者と区別する最も大きな特徴は創造する力ではないかと結論づけている．

また，齋藤 (2013) は，「ある程度の表象やシンボルを理解できるチンパンジ

ーが，みずから表象を描こうとしないのはなぜか」という問いから，筆記用具を持つ手の動きに関した運動調整能力，認知的な問題，動機の問題の3点から研究を行った．運動調整能力に関しては，「チンパンジーの描画調整能力は形を描き始めるころのヒトの幼児に劣らないことがあきらかになった」という結果を得た．そして，チンパンジーが，すでに描いて「ある」ものに重ねて描くことはしても，「ない」ものを補って描くことはないという結果を示しており，これは先に示した研究とも一致する．以上のことから，齋藤は「チンパンジーが表象を描かない要因には，描線のコントロールという運動調整能力の問題ではなく，『ない』ものを補って描くという認知的な問題の関わりが示唆された」と結論づけた．また，動機づけに関しては，チンパンジーに関しても食べ物による報酬の必要性はなく，ヒトにとってもチンパンジーにとっても，描くこと自体が報酬となる自己報酬的な行為であると述べている．

　子どもたちは，3～4歳頃には，表現しようとする意図をもって描画を行うようになる．表象的なアートはシンボルに富み，きわめて人間的である．ディ・レオ（Di Leo, 1977）が「運動性の描画は，何もなかったところに絵を描くという点でのみ，創造と呼べるでしょう」と述べているように，表象的描画が始まることで創造性は飛躍的に高まる．しかし，幼児が何かを描写する時，目の前にある対象物は単なる手掛かりにすぎず，幼児は何の戸惑いもなく，対象物の見えない部位も描いてしまう．人のお腹や家の中を透視するレントゲン画や上空から眺めたような鳥瞰的画法などが見られる．幼児のこの描画表現の特徴を，リュケ（Luquet, 1927）は，「知っていることや感じたことをかく**知的リアリズム**」と名づけた．それと比較して，大人のように自分の位置から見えるように描くことは，「対象を一定の視点から知覚的に見えたとおりにかく**視覚的リアリズム**」と呼ばれている．大人になると，外から家を描く時に家の中が見えないことがリアリティーなのである．チンパンジーとは一線を画す発達を遂げてもなお，リアリティーという視点から子どもの特徴は描画に残ることになる．

(3) 情緒発達と情動の発散

　幼児が描画に垂直の線を描くことを「自立」という視点から捉え，次第に表象的描画を行っていくという認知面をも含めた発達経過をみてきた．描画行為は，子どもにとっては1つの遊びであるが，成長に伴って以下に紹介する遊びの特徴以上の意味を持つようにもなる．遊びについての研究をいくつか紹介しよう．益川ら（2013）は，遊びが生活の中心的位置から学童期になって余暇活動という位置づけへと変化し，やがて余暇のレクリエーションという性格が強く

なると述べている．こうして，遊びは生活の本筋から外れたものとして位置づけられていくのである．また，子どもの遊びの特徴として，「自由で自発的な活動」，「おもしろさ・楽しさを追求する活動」，「その活動自体が目的である活動」などが挙げられている．中でも，日常生活で学習した内容が遊びの中に持ち込まれてリハーサルされることや，逆に遊びの中で学習した知識，スキル，情緒のコントロールが日常生活において機能することに注目している．

ロジェ・カイヨワ（カイヨワ，1990）は，「遊びの中に主として，能動因である喜び，能動因でありつづける喜びを認める」と記している．さらに，「遊び，しかも束縛されない遊びがなければ，また意識的につくられ，自発的に尊重される約束ごとがなければ，文明というものは存在しない．邪心がなく，勝利におごらず，負けても怨まず，つまり『立派な遊技者』としてフェアに勝負を行うこと，もしこういうことができず，望みもしなければ，文化というものはありえないのである」と人間世界のあり方や人間の情緒的な面にまで繋げて遊びの意味を考察している．このように，非日常的側面を持ちながらも日常と繋がりを持つことは，子どもの遊びにとってとても重要な視点である．

子どもは，遊びを通して様々な経験を重ね，知的発達，情緒的発達，社会的発達を進めていく．益川ら（2013）は，「遊びのなかでも，特に運動的な遊びは，日常生活の緊張やストレスを発散，解消し，開放感をもたらす．——中略——一方，絵本を見たり，音楽を聞いたり，紙芝居に見入ったりする経験は，心を和やかにし，情緒や情操の発達にかかわるものである」と述べている．

多くの遊びと同様に描画も子どもの成長とともに，生活の中心からは追いやられていく．言語表現が飛躍的に発達してくことと反比例するかのように，子どもたちは描画という表現手段を手放していくように見える．しかし，描画は人生初期に獲得した表現手段であり遊びであることから，やはり特別な位置を占めているのである．発達途上で言語では表現しきれない情緒の混乱を体験する場合には，人生の初期に手に入れた表現手段は多くの場合に有効であり，貴重な資源となる．これは，子どもに限ったことではなく，一生涯に渡って，情緒的困難を乗り越え情緒の深まりをもたらすことに寄与する．また，社会の中で最も困難な部類に入る攻撃性の表現に関しては，遊び全般が受け皿となるが，特に描画表現は攻撃性を表現する手段としては安全性が高いといえる．言葉を巧みに操れない頃から，つまり自分自身のこころの波立ちに言葉を与えられない時から，それらを表現してきた表現方法であるということに加えて，描画表現にはたいていの場合，画用紙などによって区切られ，描画空間が限定されている．このことは，良い意味でも悪い意味でも情緒的混乱や攻撃性の表現を可能にし，**カタルシス**という効果ももたらすことになる．描画は創造的であると

ともに，**安全な攻撃性の表現**をもたらすものでもある．情緒発達を促し，情緒をコントロールすることができる点も容易に頷けるであろう．この先に興味のある方は，絵画療法の本を紐解かれることをお勧めしたい．

2．ルールを学ぶ

(1) ギャングエイジ

　ギャングエイジとは，児童期の後半ぐらいに見られる現象で，自律意識の高まりによって親からの自立を進めていく過程で同年代の仲間関係を必要とする際に徒党集団を作ることがあり，これはギャンググループという呼び方もされる．このグループでは，同一行動や一体感が重視され，グループ内のルールに従うような圧力も強く，**関係性の強化**が図られる．したがって，ここには同時に強い**排他性**も存在することになる．仲間集団の力をもって，親世代の価値観やルールにささやかな反抗を行っていくことが，この時期の1つの成長過程でもある．ルール破りが行われることが多いので，ギャングの名が冠せられているが，同世代の仲間を作る重要な発達の一過程である．

　しかし昨今，これまで子どもたちが主体的に仲間を作り，その中でルールを学び，社会性を獲得してきた集団自体が，形成されにくい状況になってきている．明石（2012）は増え続ける小学生の荒れとの関連から，「今，小学生の荒れは無視できない状況に来ている．なぜこうした事態が生じたのであろうか．この背景には子どもたちの育ち方が変わってきていることがある．小学生の子どもたちに欠かせないギャングエイジを体験しなくなったのである」と報告している．そして，ギャングエイジの体験の必要性について，集団でのつきあい方を身に付けるという点を強調し，その体験の時期として児童期後半の重要性を挙げている．そして，それ以降にギャングエイジを体験すると，本当のギャングになってしまう可能性が高まると指摘している．規範とルールの学習がなされておらず，さらには我慢や感情のコントロール力も身についていない状況では社会適応に問題を抱えてしまうことは想像に難くない．

　ギャンググループの形成とは主体的に進められていくものであるが，今日のように子どもが集団を作りにくくなっていることを考慮するなら，何らかの対応を考えることは必要なのかもしれない．明石は，「子どもの集団力を育てるために，放課後における子どもの遊び集団」，とりわけ『ちょい悪文化』を含んだギャングエイジの体験を再生させるのは近道である」と結論づけている．

　地域の人間関係の再生を目指す活動は都市部でも行われている．あるいは，子どもたちが放課後に安心して遊ぶことができる居場所の提供として児童館や

図書館などの重要性は高まっている．安全で大人の目の届く所では「ちょい悪」はなかなか実行しづらいであろうが，多学年の子どもたちが一堂に会することができる場の確保は様々なバリエーションも持たせて工夫したいものである．

(2) ゲーム遊び

　先に述べた従来型のギャングエイジは，生活空間や遊びの変化などによって消失してきている．子どもたちが集まって遊べる空き地や原っぱといった空間はどんどん無くなっている．子どもたちの生活も大きく変わってきている．塾や習い事に通う時間が増えて，放課後の遊びの時間はどんどん少なくなっている．また，遊びもゲームの普及によって，1人で家の中で遊ぶ傾向が強まった．西方（2011）は，テレビゲームの好みと熱中の程度に関する研究で，男子は「戦う」ゲームを好み，女子は育成したりするゲームを好むという結果を報告している．さらに，男子の方が女子よりもゲーム好きであること，そして，女子は小学校高学年を境に急速にゲームをしなくなると述べている．ネットで繋いで友だちとゲームをする場合でも，お互いは自分の家の自室のパソコンの前に座っていることになる．これは，集団を形成するということとは違う次元の繋がりで，ルールを学ぶということよりも時間を束縛されるという弊害の方が大きいかもしれない．インターネットは今の生活には必要不可欠なものになっており，子どもたちにとっても，人との関わりが広がるという一面は確かにある．しかし，直接的な対人関係や集団形成の体験が乏しいならば，情緒的発達に大きな問題を残すことになりかねない．

　平井・葛西（2006）は，オンラインゲームの依存に没頭型依存と自覚的依存があると報告し，「中学校の3年間はちょうど思春期にあたり，自らをコントロールすることも難しく，親子関係が取りにくい時期でもある．また，時間的制約や社会的制約が少ないため，長時間オンラインゲームに没頭することができる．よって，親や周囲の関わりが上手くなされなかったときには没頭型依存となり意欲の減退が起こった末，不登校や学力低下に繋がるといった可能性があると考えられる」と述べている．中学生でもこのような危険性が指摘されているならば，小学生の場合にはさらに深刻な状況が考えられる．

　子どもたちは，現代社会の中でどのようにギンググループの体験をしているのであろうか．放課後に隠れ遊ぶ空間は減ってしまったが，それでも何とか，本来のギャンググループを体験している子どもたちもいるであろう．どんな環境に置かれようと，子どもたちは創造的であり，色々な隙間を見つけては本来の発達をこなしていく力を持っている．また，塾が放課後の居場所として機能することもある．塾の行き帰りが束の間の仲間たちとの活動時間となる．最近

は，ファーストフード店で，小学生の姿をみることもある．おそらく学校では子どもだけでの入店は禁止されているであろうが，そのルール破りという意味ではギャンググループの一面を垣間見ることができる．ただ，残念なことに，集団を形成するほどの人数ではないことが多い．

　オンラインゲームで繋がる関係も**現代的なギャンググループ**の一面を担っていると言える．これは，ファーストフード店で宿題やゲームをする小学生より関わる人数という点では大きな集団になりえる．そして，特定のゲームを進めるためのルールもあり，実際に声で会話もしているので関係性に関する学びもある．サイバースペースという共有時空間ではあるが，そこにはバーチャルリアリティーが存在するので仲間意識もそれなりには形成される．しかし，バーチャルリアリティーと**現実感覚**をどのように繋げ，あるいは区別していくかなどの課題は今後も社会全体で取り組む必要があると思う．

　オンラインゲームがオンラインで行わないゲームに比べて普及効果が大きい理由として，イー（Yee, 2006）は，「達成感要因」，「社会性要因」，「没入感要因」の3つの要因を抽出した．竹野・高田（2012）は，小中学生を対象にオンラインゲームの利用状況を調べたところ，ネットゲームの利用者は4割程度であると報告している．彼らの研究からも，戸田・野崎（2009）が，本名でチャットを行った場合には「他者意識」が前面に出るのに対して，匿名で行った場合には「自己防衛」の意識が全面に出ると示唆した結果が支持された．いずれの研究もオンラインゲームをネガティブな方向からのみ研究しているものではなく，ここまで普及しているものをトラブルを避けながら活用するという視点が盛り込まれている．

　学校の友だちとオンラインゲームで遊ぶという場合，他者意識を前面に出しながら社会性を獲得するという一面に着目するならば，現代的ギャンググループの体験と呼べるのかもしれない．そこには，ゲームをする時間を巡る親との対立もあり，反抗という発達課題も内包されている．しかし，従来型のギャンググループが成長とともに次の発達段階へと移行していくのに比べて，現代的なギャンググループは，ゲームへの没入や時にはひきこもりという大きな代償を払わなければならなくなる危険性も有している．社会が複雑になった分，ギャンググループにまつわる危険性も複雑になっているのである．戸田・野崎が提唱するネット社会を生きる力をどのように身に着けさせるかという視点が今後ますます重要になっていくものと考えられる．

3. 表現の変遷
　　——遊びから表現へ——

(1) ケータイ文化
　移動体メディアの日本における最初の実用サービスは，1953年の港湾船舶電話に始まる．その3年後には，列車と固定電話を結ぶ列車公衆電話の試験的サービスが始まった．1979年には自動車電話へと発展し，現在の携帯電話へと繋がっている．元々は，携帯電話も建設現場などの固定電話が引かれていない場所などで公共的な目的で使われていた．従って，今日のような1人1台という状況は，ケータイの「パーソナル化」と捉えることができる．ケータイの歴史的変容を捉えるもう1つの軸は，「マルチメディア化」である．1999年にiモードサービスが始まり，その普及によってケータイもマルチメディアとして認知されるようになった．

　ポケベルの全盛期には，数字の配列を語呂合わせで読む「ポケコトバ」が女子高校生などから広まった．「0840」は「オハヨウ」，「724106」は「ナニシテル」といったもので，遊び心と表現の工夫が感じられる．この後，携帯電話のデジタル化に伴いメール機能が加わったことで，携帯電話がポケベルにとってかわるパーソナルコミュニケーションの担い手となった．こうして，**ケータイ文化**において個人と個人とが直接繋がれるようになった．しかも，世界中から繋がれるということで場所という制限を受けず，いつでも繋がれるということで時間という制限も受けないものへと変貌した．

　しかし，ケータイ文化は繋がりを強める方向にだけ働いているわけではない．岡田・松田（2002）は，若者に多く見られる「番通選択」という関係性の選択にみられる対人関係の持ち方や，高齢者が何かあった時のためにと携帯電話を持たされる現象を捉えて，「ケータイが『そばにいる見知らぬ誰か』と関わりをもつ機会を減らしているのでは……」と別の一面を指摘している．ここに，利便性の陰にある選択的人間関係を可能にするという，社会性という側面からはネガティブとも捉えられる傾向が浮上してくる．ケータイ文化があろうとなかろうと，対人関係の広い人，狭い人という個人差は存在する．ただ，私たちがケータイ文化に生きるようになって，両者の差異がどんどん拡大されるようになったと言えよう．もともと対人関係の構築に積極的な人は，MixiやFacebookやLineなどのSNS（social networking service）を活用してさらに人間関係を拡げていく．一方，もともと対人関係の構築に消極的な人は，家の電話も携帯電話も，自分の知っている人，しかも今話してもいい人の場合以外は出な

いという方向に傾いていく．結果，自分の知らない人と繋がる可能性は著しく低くなる．

　手紙だから伝えられる，電話だから言えるということは誰もが経験していることであろう．表情や身振りという情報が消える電話にとっては，言葉と声の調子やスピードなどの限定された情報によってむしろ相手に伝えやすいということもある．携帯メールは手紙とは異なる即答性があり，そこには手紙以上のある種の表現の豊かさがある．形式に則らなくてもよい感覚，きつい内容を伝える際には柔らかな絵文字を添えることで中和する技もある．遊びの感覚でかつ簡単に使うことができる絵文字や顔文字は，遊びの発展した形でもあり，表現の多様性を生み出している．象形文字から今のような文字になり，そしてまた文章の中に絵文字が組み込まれていくという流れであろうか．子どもたちあるいは若者は，手紙を手書きする際にも抵抗なく絵文字を使用する．

　さて，このように**時空を超えた関係性**を維持することができるケータイ文化の中での心の発達との関連を見ていこう．現代社会では，大人も子どもも日常生活の中での移動距離が長くなっている．両親はそれぞれの仕事で家から離れた場所にいる．子どもも地元の学校に進むとは限らず，遠くの学校や塾へ通うことがある．このような生活環境で暮らす時，家族全員が携帯電話を持っていることは大きな安心となる．また，子ども同士の繋がっている感覚もお互いの安心感をもたらす．しかし，子どもの時から選択的関係性という状況にのみ身を置くことは，対人関係構築のトレーニングという視点からはマイナスになるであろう．また，限られた関係性に閉じてしまう場合には，その特定の対象と繋がれなかった時の不安が日常生活を脅かすほど大きくなる可能性もある．ケータイ文化は，このような「つながれる」，「つながれない」，「つながりたくない」などの**安心感と不安**とを浮き彫りにしたとも言えるであろう．

　ケータイ文化は大変便利なものであり，これからも機能の発展が続くと考えられる．子どもたちがこの新しいツールを使いこなせるようにするとともに，そのような環境の中で子どもたちが健全に発達できるよう配慮していかなければならない．子どもたちにとって欠かせないコミュニケーションツールとなるものなので，その表現の多様さの活用方法や，あくまでもツールとして使いこなすという感覚の獲得は，重要な発達課題と考えられる．「ケータイ文化教育」とでも言うべきものの確立が待たれる．

(2) おしゃれ

　細部ら (2007) は，小学校高学年の児童とその保護者および中学生を対象に行った服装に関するアンケート調査から，「児童生徒は成長に伴い，情報源を

『家族』や『お店』から『雑誌』と『インターネット』に移行して，主体的に衣服に関する情報を収集しようとしていることがうかがえる」と報告している．特に女子では，小学校5年生ですでに自分で衣服を選んでいるという回答が95％程と高くなっている．また，「衣服購入時の選択基準は，児童生徒は『似合うこと』『デザイン』『色』などの"見た目"を重視する傾向に対して，保護者は素材や手入れなど機能性を重視する傾向を示し，考え方の違いが見られる」と述べている．ここからも，子どもにとってのファッションは自己表現という意味合いが強いことが分かる．おしゃれは，アイドルへの同一化や友だちとの同一性の確認なども含みながら，自分らしさを模索していく大切な自己表現手段でもある．

　それぞれの子どもが好きな遊びを選択するように，自己表現の1つとしておしゃれに関心を持つ子どもにとっては，単に自己表現に留まらず，社会性の獲得にも寄与する．同年代のモデルを探すために社会と繋がろうとする姿勢は，健全な心の発達を促すことになる．遊びにはない要因として，おしゃれという自己表現には社会のルールとして学ばなければならないTPO（Time；時間，Place；場所，Occasion；場合）に沿う選択という視点も盛り込まれている．

　自分の服装について考えること，自分の服装を自分で決めることは，**自己表現の社会化**という側面から，また次世代の**文化の担い手**という意味からも大切な発達課題の1つだと考えられる．大人たちは，子どもたちの個性や好みを尊重しながら，TPOや素材や価格といった現実的な要素との折り合いについても学ぶ機会を提供していくことになる．

　最近は，子ども服の売り場にもたくさんのアクセサリーが揃えられている．子どもたちは，服装だけに留まらず，アクセサリーをも含めたおしゃれを楽しめる．そのような環境の中で，ピアスに関しては問題化することも少なくない．外国では赤ちゃんの時にピアスを開けることも報告されているが，日本文化の中では子どもがピアスを開けることについては，まだまだ抵抗感が強い．また，学校の校則で禁止されている場合も多いので，現実的な問題ともなり得る．自己表現には何らかの危険を伴うこともある点を明確にした上で，子どもと大人たちが話し合い模索していくことが大切であろう．

(3) 子どもの遊びの変遷

　木谷・柴田（2012）は，「もちろん現代においては，自然の減少が原因というより，テレビゲームの流行などにより外遊びそのものに興味を示さなくなる子どもも多いだろう．また外で遊ぶにしても，スポーツのようにルール化された（厳格なルールの存在する）遊びをする子どもが多くなっており，自然の中で遊ぶ

表 5-1　全国の幼稚園と保育所で行われている伝承遊びの種類と割合（種丸・丹羽・勅使，2012）

実施率 80％以上		実施率 80〜50％以上		実施率 50％以下	
遊び種目名	実施率(％)	遊び種目名	実施率(％)	遊び種目名	実施率(％)
折り紙	99.69	草相撲	79.88	猫とねずみ	45.27
ままごと遊び	99.07	お手玉	77.43	影絵遊び	43.65
カルタとり	98.91	渦巻きじゃんけん	73.80	おはじき	41.58
縄跳び	98.61	影踏み鬼	71.10	ビー玉	40.22
かごめかごめ	98.30	雪投げ合戦	70.50	そり・スケート	39.38
だるまさんが転んだ	96.91	草笛あそび	67.03	お月見	35.87
かくれんぼ	96.75	缶ぽっくり	66.00	ケンケン相撲	30.47
あやとり	96.45	羽根つき	65.07	子とろ子とろ	30.33
追いかけ鬼	96.44	砂取り遊び	64.86	メンコ	25.39
虫取り	96.28	着せ替え人形	64.71	缶蹴り	16.82
花いちもんめ	95.51	盆おどり	63.98	ぞうり隠し・靴隠し	16.56
お人形さんごっこ	95.05	ゴム跳び	61.61	田んぼの田	14.93
あぶくたった	93.65	とうりゃんせ	61.21	靴取り	13.84
こま回し	92.41	風ぐるま	61.05	目かくし鬼	12.87
すごろく遊び	89.95	どんじゃんゲーム	61.02	石蹴り	12.25
ハンカチ落し	89.91	剣玉	60.78	Sケン	11.47
まりつき	88.85	腕相撲	60.68	地面の陣取り	5.62
尻尾取り	87.79	ちゃんばらごっこ	58.67	字かくし遊び	4.94
たこ揚げ	85.91	竹馬	55.11	どこゆき（町内めぐり）	3.10
おしくらまんじゅう	83.67	ドロケイ	52.40		
相撲ごっこ	82.95				
もちつき	80.19				

ということは少なくなっているように感じられる」と述べている．そこには，都市型の地域社会の発生という**社会構造の変化**もあると指摘している．そして，子どもたちが自らルールや遊び方を創り出していく余地が狭められていることへの危惧も表明されており，そのことが大人になってからのモラルや対人関係能力に影響を与えるのではないかと記されている．

　種丸ら（2007）の調査によると，全国の幼稚園と保育所の 80％以上が**伝承遊び**を実施していることが分かった．**表5-1**に見られるように，「折り紙」，「ままごと遊び」，「カルタとり」，「縄跳び」，「かごめかごめ」，「だるまさんが転んだ」，「かくれんぼ」，「あやとり」，「追いかけ鬼」，「虫取り」，「花いちもんめ」，

「お人形さんごっこ」,「あぶくたった」,「こま回し」は実に90％以上である．子どもたちの反応としては,「日本においては,伝承遊びに対してほとんどの子どもが興味をもっているといえる」と述べられている．また,伝承遊びを取り入れる理由としては,「最も大きな理由は,伝承遊びが幼児の成長や発達に有効であるが約84％であった．ついで日本固有の文化に関心を持って,それを継承するためにと考えている者は78％であった」と記されている．

　文化の伝承は,国際化が進む時代においては,自国の文化を紹介するという意味で今後の重要性が増すと考えられる．伝承遊びに始まり,昔話や日本文学など,子どもたちが外国の人々と繋がっていく場面で自国の文化について造詣を深めていくことは,母語に根差した発達が基本となるように,子ども自身の根を安定させるために必要不可欠である．しかし,この論文の中で,保育者の年代の差によって選択する伝承遊びに変化がもたらされているという結果も出ており,今後,保育者への伝承・教育という視点も必要になると考えられる．

　遊びも表現方法の1つであることから,ルールや遊び方そのものに創造の余地がたくさん残されている遊びが子どもの発達という側面から見ても有効であろう．おそらく,いつの時代にも伝統的な遊びとその時々の遊びというものがあるのであろうが,現代は時代の変化が急なこともあって新しい遊びが洪水のように流れ込んでくるので,伝統的遊びと今の遊びをバランスよく取り入れていくという点では難しい時代なのかもしれない．遊びと子どもの発達という視点から,大人たちはこのバランスを保つ環境を守っていきたいものである．

参考文献

明石要一（2012）．今の子どもたちの「ギャング・エイジ」――小学校三,四年生が危ない　児童心理, 66, 43-48.

カイヨワ, R.（著）多田道太郎・塚崎幹夫（訳）（1990）．遊びと人間　講談社学術文庫.

Cox, M. V.（1992）. *Children's Drawings*. London: Penguin Books Ltd.（コックス, M. V.（著）子安増生（訳）（1999）．子どもの絵と心の発達　有斐閣）

Di Leo, J. H.（1977）. *CHILD DEVELOPMENT: ANALYSIS AND SYNTHESIS*. Brunner/Mazel, Inc.（ディレオ, J. H.（著）白川佳代子・石川　元（訳）（1999）．絵にみる子どもの発達――分析と統合――　誠信書房）

平井大介・葛西真記子（2006）．オンラインゲームへの依存傾向が引き起こす心理臨床的課題　心理臨床学研究, 24, 430-441.

細谷佳菜子・服部由美子・浅野尚美・拓殖泰子・森　透（2007）．児童生徒の服装に対する意識と着装行動　福井大学教育実践研究, 32, 158-165.

木谷　忍・柴田亮太（2012）．子ども字だの遊び経験と思考の形式化について　農業経済研究報告　東北大学大学院農業研究科資源生物科専攻資源環境経済学講座, 43, 37-

45.

Luquet G. H. (1927). Le Dessin Enfantin Delachaux & Niestle S. A., Lausanne.（リュケ, G. H.（著）須賀哲夫（監訳）(1979). 子どもの絵――児童画研究の源流―― 金子書房）

益川優子・益川浩一（2013）. 幼児期の心理的発達と遊び 岐阜大学総合情報メディアセンター生涯学習システム開発研究, 12, 55-63.

松沢哲郎（2011）. 想像するちから――チンパンジーが教えてくれた人間の心―― 岩波書店

西方 毅（2011）. テレビゲームにおける個人差の研究（1）――男女におけるゲームの好みの相違―― 目白大学人文学研究, 7, 201-213.

岡田朋之・松田美佐（編）（2002）. ケータイ学入門――メディア・コミュニケーションから読み解く現代社会 有斐閣

齋藤亜矢（2010）. 描画行動の発達と表象描画の起源――ヒトとチンパンジーの比較―― 心理学評論, 53, 367-382.

齋藤亜矢（2013）. チンパンジーの描画行動にみるヒトの描画の源流 臨床描画研究, 28, 9-23.

竹野真帆・高田明典（2012）. オンラインゲームにおける若年層利用者の実態 情報処理学会研究報告, 35, 1-5.

種丸武臣・丹羽 孝・勅使千鶴（2007）. 日本における伝承遊び実施状況と保育者の認識 人間文化研究 名古屋市立大学大学院人間文化研究科, 7, 57-78.

戸田和幸・野崎浩成（2009）. 学校教育におけるネット社会を生きる力の基礎を築く学習の追求――本名・匿名の二つの立場と情報モラル教育の関連―― 愛知教育大学教育実践総合センター紀要, 12, 125-130.

津守 真（1987）. 子どもの世界をどうみるか――行為とその意味―― NHK出版.

Yee, N.（2006）. Motivations for Play in Online Games. *Cyberpsychology & Behavior*, 9, 772-775.

コラムⅡ-9　おにいちゃんは　いま　びみょうな　ねんれい　なんだって.

思春期は子どもにより年齢差が見られるが，一般的には中学生から高校1，2年生の頃を指し，第二次性徴と重なると言われている．この頃，それまで子どもが持っていた子どもっぽい万能感にはひびが入り，劣等感や孤独感を経験し，心理的にも不安定な状態に陥る．しかし，その状態を無事通り抜けることなしに**自我同一性（アイデンティティー）の確立**はあり得ない．

思春期の子どもを描いた作品に『あたし　クラリス・ビーン』がある．思春期の

子どもを前に「いったい何を考えているのか？ あんたの頭の中が見てみたい」と思うのは，お母さんやお父さんに限らないかもしれない．クラリス・ビーンの「おにいちゃん」もお母さんによると「いま　びみょうな　ねんれい」なんだそうだ．そこまでは普通の家族だが，この家のお父さんはそれに対し「オレの 44 さいだって，かなり　びみょうだぜ」と返す．お父さんが「なんだってまた　あんなきみょうなうなりごえをあげるんだ？」と聞くと，お母さんは「あのこは，ししゅんきっていう　くらい　トンネルに　はいっているのよ」と返す．そのやりとりを思春期前のクラリス・ビーンが語るという，かなり言語化できている素晴らしい家族である．このように**関心**を持ちながらも見守ることは，**干渉**するより難しい．また，それは**無関心**とは違い，無関心よりも難しい．これは言い換えれば，「あんたの考えていることはさっぱりわからない」「それでも」あなたのことを愛してるからね，"I love you, anyway" という**愛着の強化**ではないだろうか？

『あたし　クラリス・ビーン』 ローレン・チャイルド・作　木坂涼・訳　フレーベル館　2002　重版未定

『あな』 谷川俊太郎・作　和田誠・画　福音館書店　1976

　この「**関心を持ちながらの不干渉**」と思春期を描いた作品に『あな』がある．ある日曜日，ひろしは「あな」を掘り始める．お母さんが来て，「なに　やってるの？」と尋ねる．すると，ひろしは「あな　ほってるのさ」と答える．妹も，友達も，お父さんも同じようにやってきでは去って行く．やがてその「穴」はひろしの背丈よりずっと深くなる．ひろしはその「穴」の中に座り，穴の壁にさわって言う．「ぼくの　あなだ」．そして上を見上げると，空は「いつもより　もっと　あおく　もっと　たかく　おもえた」のだ．ひろしは「穴」から這い出て掘った「穴」を埋め始める．彼の行為は一見無駄なように見える．しかし，「穴」を掘る前のひろしと「穴」を掘った後のひろしは同じではない．そしてひろしには**干渉せずに見守る**家族の存在があった．

立命館大学大学院応用人間科学研究科修士課程修了生　藤原佳世

コラムⅡ-10　遊び道具としてのゲーム機

　現代の子どもの遊びは，昔の子どもの遊びからずいぶん変わった．中でも大きく変わったのは遊びに使う道具であろう．

　1950年代，あるいは60年代の前半に子ども時代を過ごした男性にとって，親に買ってもらった遊び道具として記憶しているのは，バットやグローブやボールといった野球道具か，自転車くらいではないだろうか．もちろん，男の子向けの玩具は当時も色々あったが，外での遊びでは特別な道具などいらないことのほうが多かったのである．例えば，その辺りに落ちている棒切れがあればチャンバラごっこには十分だった．

　それと比べると，現代の子どもは遊びをするにも高価で複雑な機能を持つ道具を必要とするように見える．その典型がゲーム機である．誇張を承知で言えば，今どきの子どもは，ネットワークに接続する機能があるゲーム機を持っていないと，友達と遊ぶこともできないのではないか．

　ゲーム機を中心に据えた遊びは，昔からある遊びとはかなり様相を異にする．目や手だけを酷使しがちなことや，友達付き合いが苦手な子どもの逃避先になりかねないことは，大人にとって心配の種となっている．このような懸念は根拠のない杞憂とは言えないであろう．その一方，ゲーム機が推理力や記憶力を刺激する面があることや，子ども同士のコミュニケーションのツールとなっていることも認めなければならないであろう．

　筆者は，ゲーム機が子どもに与える影響を考える上で，見落としてはいけないことがもう1つあると考える．それはゲーム機が高度にプログラムされたマシンであるということである．

　子どもがゲーム機で遊んでいるとき，ゲーム機が子どもに与えるリアクションはすべて前もってプログラムされたものである．同じ場面で毎回リアクションが違うように見える場合でも，その後ろには，複数のリアクションの中から1つをランダムに選ぶというプログラムが存在する．要するに「筋書きのないゲーム機」は原理的にありえないのである．

　野山を駆け回るような遊びには，前もって与えられた筋書きはない．野球や将棋のような遊びでも，遊びのルールはあっても，前もって与えられた筋書きはない．それに対して，ゲーム機での遊びは，前もって与えられた筋書きの中での遊びである．筋書きのバリエーションが無数にあるので，見た目には筋書きがないように見えるだけなのだ．「対戦型ゲームなら筋書きがないはずだ」という反論に対しては，ゲーム機が許す範囲内でしか自分にも相手にも選択の自由がない点を指摘したい．

　遊びを創造につながるものとして捉える視点に立つと，ゲーム機を中心に据えた遊びは遊びの本道を行くものではない．ゲーム機だけで子どもを充足させるのは危

うい．親は「ゲーム機で遊んでばかりいないで勉強しなさい」ではなく，「ゲーム機で遊んでばかりいないで他の遊びもしなさい」と言わねばならないのである．

東京国際大学大学院修了生　米澤俊平

コラムⅡ-11　繋　が　る

　現代社会において，携帯電話は欠かせない存在となった．それは，情報化社会の中で，大人たちにとっても，そして，大人たちとは違った意味で子ども達にとっても，それぞれに携帯電話を通した世界・文化が多くの意味を与えている．

　携帯電話1台で何でもできる時代である．連絡を取りたい相手とメールや電話を利用しすぐにコンタクトを取ることもでき，インターネットを利用して必要な情報をその場で収集配信することもできる．また，顔と顔を合わせずとも，その場でコミュニケーションを取ることもでき，匿名性という名前を伏せることもできる．携帯電話の世界・文化は，特有の言語（言葉）や非言語（絵文字）もあり，生身の私たちが生きている世界・文化とは，異質である．

　携帯電話の世界には，時間的空間的縛りがなく，顔を合わせなくてもいいことによって身体的概念も存在しない．つまり，他者との関係においては，ある種の異空間的な関係のうちに両者が存在していると言える．そのため，昔に比べると，容易に他者との交流を図れるようにはなった．また，自分の意見や発言を1人に向けるだけではなく，多くの人に向けて呼び掛ける機会も増えた．携帯電話を持つ誰かと見えない糸で繋がり，常に応えてくれるだろうという期待と，傍にいる，繋がっているという安心感も得られやすくはなった．しかし，その一方で，携帯電話の世界は，人々に不安をも与えてしまった．視覚的には見ること（表示される）ができたとしても，触れることはできない世界が，容易に繋がる関係であるがゆえに，その関係に希薄さを生んでしまった．日々情報が溢れ，その度に更新されていく世界に，人との繋がりがまるで細い細い糸のよう，何かの拍子で切れてしまいそうになる糸になってしまった．そのため，なかには常に相手との繋がりを切らさないために見えない糸を紡いでおかなくてはならない人もいるだろう．それでも，携帯電話を手に取ると，時折，子どもの頃に遊んだ糸電話を思い出す．手作り感たっぷりの代物だったが，そこでの友人との繋がりは，顔が見える繋がりだった．紙コップに"こしょこしょ"と話をする．すると，相手が紙コップから少し顔を外して，自分に向かって"聞こえたよ"と微笑んでくれる．嬉しさと，少しの恥ずかしさが懐かしい．

　身近になった関係性，それを生んだ世界・文化は携帯電話以外にも溢れている．しかし，どんな世界・文化においても，もちろん携帯電話においても，私たちが求めているのは，いつも人との繋がりであり，そこから感じられる温もりのように思

う.そう思うと,電話の向こうの相手に対して,すぐには会えないからこそ,いつもは言えない"ありがとう"と伝えたくなる.

医療法人崇徳会　田宮病院　川嶋咲世

第6章 子どもの社会的認知と社会的行動

1. 社会的な視点で人の発達を考える

　人は社会的な存在である．この世に生を受けた瞬間から死ぬ瞬間まで，自分以外の他者と関わりを持ち続けて生きていかなくてはならない．他者を物理的に避けながら生活することはできても，この世の中にいる限り，社会のシステムの中に位置づけられる．大きな枠組みで見た場合には，人と社会との関係は多様で幅が広く果てしないものである．このような人と社会との関係を，ブロンフェンブレンナー（Bronfenbrenner, 1979）は，**生態学的環境**という視点から捉えただけでなく，人間の発達を環境との相互作用によるものとして考えた（詳しくは第Ⅰ部第1章を参照）．すなわち，人間の発達は，個人の生物的な発達だけでなく，人が生まれ育った文化的，歴史的，社会的な状況や文脈の中で捉えることが重要であると説いた．

　以上を踏まえて，本章では，発達初期の社会的な認知と社会的な行動に焦点を当て，次のようなテーマを概説していく．社会的発達，**愛着形成**，**認知発達**，**時間概念の発達**，**心の理論**，**メタ認知**，**道徳性**の発達である．

2. 社会的発達

(1) 生理的早産

　人間は，誕生後すぐに自分の足で立ち上がって走ることができる他の哺乳類に比べると，運動系の機能は未熟な状態で生まれてくるといえる．ポルトマン（Portmann, 1951）は，人間の身体構造上，身体や脳が出来上がった状態では生まれず，成熟には約1年早い時期に出産するとし，その特徴を**生理的早産**と名づけた．しかし，これにより置かれた社会的環境に脳が柔軟に適応していくことを可能にし，社会的動物となるのである．実際，人間は在胎期から死を迎えるまで，生涯を人間関係の中で過ごすことになる．言葉の学習を初めとして，感情やあらゆる認識も，この人間関係を維持するものとして，人間の本能的な行動に組み込まれているのである．

(2) 新生児の発達

　ブッシュネルら（Bushnell et al., 1989）やデ・カスパー&フィファー（DeCasper & Fifer, 1980）は，驚くべきことに生後数日の乳児であっても，母親という存在を視覚や聴覚を使って他の人とは違う存在であると認識することができると報告している．また，大人が舌を出したり引っ込めたりするところを生後間もない新生児に見せれば，新生児も大人の動作を真似して舌を動かす現象が見られる．これは新生児模倣の中でも特に舌出し模倣と呼ばれる現象である．周囲の養育者も，子どもの反応を生じさせるように，子どもが起こした行動からの反応に何とかうまく答えようと，気持ちを汲んだり，タイミングを計ったり，表情や動作を真似たりして，適切に応答を返すやり取りが見られる．このような情動を基礎としたやり取りを繰り返し行うことにより，その後の言葉の発達を促し，将来の子どもの社会に対するコミュニケーションの基盤を形成することに繋がる．

(3) 社会面，対人面の発達

　生まれた直後の新生児期には，規則的でない睡眠の際に生理的・自発的微笑が生じる．これは子どもや大人が一般的に他者に向ける笑顔や面白いから顔が緩むというものとは異なった初期の生物が発達する上で生じる，笑顔に見える筋肉運動といったものである．ただし，おそらくこれはその後の笑顔などの基盤にはなっていると思われる．3ヶ月を過ぎると，他者とのやりとりにおいて生じる社会的微笑になり，半年頃には，主な養育者である母親だけに見せる笑顔（選択的微笑）が出てくる．8ヶ月頃には，母親との愛着が深まり，母親から離れることに対する分離不安や知らない人に対する人見知りなどが見られるようになる．

　9ヶ月頃になると，これまで母親と子どもが微笑み合うという，自分と親との関係や，おもちゃを握って振るなどの自分と物との1対1の二者関係（二項関係）でやり取りをしていたものが，子どもと親が共同で注意を物にむけて1対1対1の関係，2対1の関係というような三者関係（三項関係）でのやり取りが成立する．さらに，人に物を手渡ししようとしたり，欲しい，取って，見せてなど要求の指差しが現れる．トマセロ（Tomasello, 1999）は三項関係の成立は社会的なコミュニケーションにおいて画期的であると評価し，「9ヶ月革命」と呼んでいる．

3. 愛着形成

(1) 母親への愛着を描いた絵本

上で述べたように，人間の対人関係は新生児の母親との関係がスタートになっている．出生後しばらくして母親の声をその他の声と区別することができるところからみても，母親は特別な存在であると言えるだろう．もし子どもにとって自分の母親が分からなければ，適切な養育が受けられず早期に死んでしまう可能性すらある．そういう意味でも生きていくために必要な能力，もしくは生きていくために残った能力といえるかもしれない．子どもにとって母親が特別であることは，成長していく過程で人間関係が広がってきても，それは変わることがない．

『だいすき，ママ』マーガレット・ワイルド・作 スティーブン・マイケル・キング・絵 三辺律子・訳 主婦の友社 2007 絶版

絵本『だいすき，ママ』には，農場で母親とはぐれてしまい，母親を探す旅に出る子豚の話が書かれている．ここには，母親を探すために色々な所を歩き回り，そこで出会った様々な動物が優しくしてくれる．面白そうな遊びに誘われても，子豚はどうしても母親の姿を探してしまう．そこには，子どもの母親を特別視する姿が描かれている．絵本の最後のページは，他の動物から誘ってもらったことがまとめられており，母親と一緒に行ってもらった子豚は満足し，幸せに包まれた親子の眠る姿が描かれている．そこには，母親への愛着のテーマが描かれていると言っても良いであろう．

(2) 愛着

① 愛着の発達

ボウルビィ（Bowlby, 1969）によれば，人間は他の生物と同じように生まれながらにして他の人間の近くに身を置ける関係を作り出そう，あるいは，続けようとする一時的な欲求が備わっているという．また，ボウルビィは，主な養育者である母親との間に形成される絆，すなわち，人が特定の他者との間に築く緊密な情緒的な結びつきを「愛着（アタッチメント）」と呼び，愛着の発達について4段階で示した．

第1段階は，誕生から生後3ヶ月頃までの，周囲の人を区別しないで誰にでも微笑したり，手を伸ばしたりする時期である．第2段階は，生後6ヶ月頃までの，日常生活の中でよく世話をしてくれる人に対する微笑や親密な行動をする時期である．第3段階は，生後2，3歳頃までの，母親を安全基地として母親から情緒的補給を受けながらハイハイや歩行などの探索行動を自由にする．こうした発信，移動による特定の人への接近を頻繁に行う一方で，見知らぬ人を怖がったり警戒したりして，人見知りや分離不安が生じる時期でもある．第四段階は，3歳以降の，愛着の対象との関係性が子どもの心の中に内在化し，その後の対人関係の雛形（**内的ワーキングモデル**）が成立する時期である．そのため，母親が近くにいなくても安心できるようになり，柔軟な行動ができるようになっていく．

② 1人ひとりの愛着の差

　愛着対象と自分の関係の発達には個人差があり，それを測るためにエインズワースら（Ainsworth et al., 1978）は「ストレンジ・シチュエーション法」を開発した．この方法では，初めての場所，同じ部屋に入ってきた見知らぬ人と2人だけになる，親から離される，1人で部屋に取り残されるといった場面を実験室で作り出し，子どもが様々な状況でどのように振舞うかを観察することで，愛着のタイプを判断する．

　ストレンジ・シチュエーション法の手続きを説明すると，まず，実験室に母親と子ども2人で入り，母親と子どもは離れて座る．そこに見知らぬ人が入室し，しばらくして母親が出て行く．そこで子どもは見知らぬ人と対面することになる．その後，母親が戻って子どもと遊ぶと同時に見知らぬ人は出て行き，しばらくして再び母親が部屋を出て行き，子どもは部屋に1人きりになる．さらに，見知らぬ人が再び部屋に入り，子どもが泣いているようであれば子どもと関わった後，再度母親が戻ってきて，見知らぬ人が部屋を出て行く．

　ストレンジ・シチュエーション法を基に，エインズワースは3つの愛着のタイプと親の養育態度を示した．その後，メインとソロモン（Main & Solomon, 1986）は，被虐待児の観察などから無秩序・無方向型を追加した．以下に4つのタイプを挙げる．

　ⅰ．「安定型」：見知らぬ場所でも親がいることで安心して親を安全基地として活発に探索することができる．親が離れようとすると後追いしたりとめようとしたりする．いなくなると泣く．親との再会時はすぐに機嫌が戻り，再び探索や遊びを始める．このタイプの親は，子どもの欲求や状態に適切に応答でき，変化にも敏感で，一貫性がある．

ii.「回避型」：親と離れても泣いたり混乱せず，不安のサインを見せず，見知らぬ人とも関わることもある．親と再会して嬉しそうな様子を見せず，目をそらしたり親を避ける．このタイプの親は，子どもの働きかけに対して拒絶的で一方的にコントロールしようとする傾向がある．

iii.「アンビバレント型」：見知らぬ場所では母親の元を離れない．母親が部屋を出ると，泣いたり強い不安を示したり，激しく怒って周囲を叩いたりする．親が戻ってくると，近づきたいという様子を見せる一方，怒りを向ける行動が見られる．このタイプの親は，子どもが示すサインに対して気分次第で反応し，応答が的外れであったり，反応がその場その場で異なっていて一貫性がなかったりする傾向がある．

iv.「無秩序・無方向型」：親が戻ってきた際，突然すくんだり，怯えたり，顔を背けたり，後ずさりしたりするなど，親に対して怯えや理解不可能な行動を見せる子どものタイプである．上の3つのタイプに分類不可能なものが，このタイプでもある．

このような愛着の個人差を決める要因として，気質などの生物学的な遺伝要因も考えられているが，近年の行動遺伝学による研究によれば，愛着は環境の影響がかなり強いということが明らかにされてきている（Bokhorst el al., 2003）．こうして乳幼児期に形成された愛着関係は，それ以降の対人関係に影響を与えていく（Bowlby, 1988）．

4．認知発達

(1) 認知発達理論

子どもの成長は日々目覚しく，身長や体重といった身体の機能面の発達は外から親が見ていても分かりやすい．それだけでなく，子どもは誕生以来，知的な面においても日々刻々と変化している．

知能の発達では，スイスの心理学者ピアジェの理論が有名である．ピアジェは，まず自分自身の子どもの様子を観察したり，他の子どもの面接を行ったりして，子どもが自然に成長する力と，子どもが周りの物事に対して関わろうとする相互作用の両方に興味を持った．ピアジェはもともと生物学に関心を持っており，生物の環境適応の一環として，人間の発達を捉え，知能の発生，知能の構造，認知発達に関する独自の理論を作り上げ，科学的知識や認識を歴史，社会発生を個人の心理的起源に求めていく発生的認識論を展開した．

ピアジェは，人間はどのようなメカニズムで環境を認知し，適応し，発達していくのかを解明しようと試み，知的な面の発達の理論について**シェマ**，同化，

調節という言葉を使って説明している.

　シェマとは，簡単に言えば考える際の枠組み，概念のことであり，ある種の行動レパートリーと考えられる機能的な行動の構造である．同化とは，外界の対象を自己の持っているシェマやイメージ，概念に当てはめる（取り入れる）ことである．調整とは，既存のシェマで外界の対象が同化できないときにシェマを変形させて対応することである．例えば，子どもが車の概念シェマ（硬い金属でできていて，窓があって，車輪が4つのもの）を持っていれば，シェマを使ってバスを車であると理解することができる（同化）．しかし，車輪が6つあるトラックを見たときには，自分ののシェマでは対応することが難しいため，硬い金属でできていて窓があって，車輪が6つ付いていても車であると自分の持つ車のシェマを変化させる必要がある（調節）．この同化と調節によって自分の持つシェマがより正確で高度なものに作り替えられていくのである．

(2) ピアジェの認知発達段階説

　ピアジェ（Piaget, 1950）は，実際の子どもの観察を基に，人間の認知は感覚運動段階，前操作段階，具体的操作段階，そして形式的操作段階を経て発達していくという認知発達理論を提案した．ピアジェによれば，これらの認知発達の段階は直線的に進むのではなく，個々の段階で認知的な能力が再構成されたり，より高等なレベルに再編成されていくという螺旋のような発達の進行を考えていたと言われている（山上，2006）．ピアジェは，青年期の形式的操作期を最終的な到達点と考えていたようである．そして，青年期以降は，経験を通して修正を加えて発達していくと考えていた．

(3) ピアジェ理論への批判

　ピアジェが体系化した認知発達理論は，子どもの認知発達の理解を進める上で重要なものであったことは確かであるが，その後，ピアジェの理論への反証，疑問や批判は数多く行われている．例えば，幼児が課題に上手く答えられないのは，問題の解決のために必要な能力が備わっていない可能性が考えられる一方で，例えば，対象物の永続性などは，刺激の出し方により，生後3ヶ月半の乳児でも見られる場合があることが明らかとなっている（Baillargeon & DeVos, 1991）．

　また，数の保存を扱った課題では，教示の言い回しの表現を変えることで，誤答が正答に変化することを確認した研究もある．このことから，それぞれの発達段階で取り上げられている各能力は，学校教育や特定の文化的な状況などの影響が大きいことを示唆している．また，同一個人においても課題によって

差が出てくるというように，各段階を特徴づける全体的構造というものの存在が不確かであるとも言える．さらには，認知的機能に集約して発達を説明するピアジェの考え方では，人間発達における人間関係，言語，情動など他の精神機能が副次的なものという指摘もある．

近年では，ピアジェの理論に代わる多様な理論が提唱されるようになってきている．

5．時間概念の発達

時間の概念を理解していることは，社会生活を営む上で，非常に大切な要素である．現代の社会では，その根底に時間という暗黙のルールが存在しており，それに基づいて人間関係が形成，発展していくと言っても過言ではないだろう．つまり，時間は，われわれにとって重要な概念なのである．しかし，時間には明確な刺激としての特徴が無く，人間には視覚や聴覚などの五感のようにその刺激に対応した感覚器官を持っていない．人間は子どもから大人にいたるまで，生活の中に時間が存在している．いったい人間は時間概念をどのように身につけていくのであろうか．ここでは，時間概念の発達について，いくつかの研究を紹介する．

(1) ピアジェの時間研究

時間概念の発達的研究はピアジェ（Piaget, 1946）によって始められたと言われている（竹内・丸山，2000）．ピアジェは論理的思考に焦点を当てた時間的概念の研究を行った．例えば，ビンの中に注がれた水のかさが時間の経過とともに変化することを題材にして，その時間的な系列や持続についての子どもの理解を検討している．ピアジェは他にもさまざまな時間概念の発達の研究を行ったと言われている．

(2) 時間概念，空間概念，速度概念の発達

時間と空間は時空間という言葉があるように，一緒に考えられたり，別のものとして考えられたり，常にセットの概念として取り上げられることが多い．人間にとって，時間と空間は発達的にみてどちらか先に理解が進むのであろうか．また，子どもにとって，時間の理解というものは，空間の理解とどちらが簡単なのであろうか．ピアジェ（Piaget, 1946）は，発達空間の理解の方が時間の理解よりも先に発達することを実験によって明らかにした．ピアジェは，幼児においては，時間的な継起や持続時間は空間的な順序や距離から未分化であり，

子どもははじめ距離の概念を発達させ，その後，成熟とともに空間概念から時間概念が分化していくと考えた．

その後，距離，速さ，時間（持続時間）という関係性の発達が盛んになり，距離と速さの判断は時間の判断よりも容易であるため，距離概念は時間概念よりも早く発達すると考えられていた．また，幼児は最終的に物体が到着した地点を判断の際に重視する傾向があると考えられるようになった．具体的には，より遠くにとまった物体の方が，かかった（必要となった）時間が長く，速度が速く，距離が長いと判断しやすく，同じ地点に物体がとまっていれば，時間も距離も早さも同じであると判断する傾向があるという．しかし，レヴィン（Levin, 1983）は，これらの研究結果は，実験の状況の影響が大きく課題依存性が高いという問題点を指摘し，それを受けて松田（1996）は，それぞれの問題点を調整した課題を用いて，時間と空間は発達的にみてどちらが先に理解が進むのかという疑問を詳細に検討した．その結果，松田は，空間概念は時間概念に先行するというピアジェ（Piaget, 1964）の理論は，実験方法の不備によって導き出された可能性が高いことを指摘し，時間と空間に関して等価な課題を用いた場合には，時間理解と空間理解は同じペースで発達していくことを示唆した．

距離，速さ，時間は互いに関係し合った概念として，その形成過程について調べた報告がある（松田，1996）．松田は子どもと大学生を対象にして，距離，速さ，時間に関して形式的に等価な課題を作り，それぞれの関係がどのように理解が進むかについて調べる実験を行った．その結果，時間と速さの反比例的関係の理解が，時間と距離，距離と速さの比例的関係の理解より遅れることが明らかとなった．このことから，まず時間と距離，距離と速さという比例的な二者関係が成立し，それから時間と速さの反比例的関係ができ，さらにその後，これら2つの比例的関係と1つの反比例的関係という3つの二者関係が，1つの三者関係へ統合されるという時間概念の発達の姿が浮かび上がってきた．

(3) 慣用的時間概念の発達

ピアジェは主に時間概念の論理的な思考能力の発達を研究対象としたが，時間概念には他にも，我々の日常生活に密着した1日，1週間，1か月，1年といった経過と周期を持った社会的，実用的な**慣用的時間**がある．

フリードマン（Friedman, 1977）によると，8歳になると日常生活のうち起床，朝食，夕食，就寝，季節，休日などの出来事の順序性に気が付くようになり，直線的に並んで時間が進むと理解できるようになる．そして，10歳になってようやく1日や1年といった期間の中で同じようなイベントが繰り返されているという循環性（円環性）を理解できるようになるという．この循環性の一例をあ

げると，朝食，昼食，夕食を食べ1日を終えるが，翌日また朝食，昼食，夕食を食べるというような日をまたいで出来事が繰り返すことである．

山崎（1985）は，子どもの慣用的時間概念の理解と操作について発達的変化を調べている．この研究では，小学生2年生，4年生，6年生，中学2年生，大学生，計50名を対象に，曜日概念の理解の発達について反応時間を指標として調べている．この結果，8歳までに曜日に対する言語リスト処理能力が生まれるが，イメージ処理能力はこの時点では認められず，10歳頃になってようやくイメージ処理能力が出現しはじめることが示唆された．そしてそれ以降，言語リスト処理能力とイメージ処理能力がともに発達し，14歳までには成人と同程度の理解に達することが分かった．一方，直線的な順序特性と繰り返し特性については，年齢差は見られなかった．

山崎やフリードマンの研究は，月や曜日という日常生活に身近な慣用的時間について，単なる観察ではなく実験的手法を導入し，反応時間という客観的な指標で認知的な発達の問題を検討した点が評価されている．

6．心の理論

我々は，言語によるやりとりを用いない状態においても他人の意図や，他人の欲求など，それぞれの心の状態を推測しながら，日常生活を送っている．この「物言わぬ心の予測理解」を行うことによって，他者とのコミュニケーションを成立させ，深めていくことができるのである．社会生活を円滑に送るためには必須の能力である．

プレマックとウッドラフ（Premack & Woodruff, 1978）は，チンパンジーが「あざむき行動」のように他の仲間の心の状態を推測しているかのような行動を取ることを解釈するのに「心の理論（theory of mind）」という枠組みを使った．その後，霊長類動物だけでなく，幼児や児童の心の理論の発達についても研究されるようになり，発達研究において自分と他者の意図の理解は重要なトピックとなった．

4歳頃になると，人は現実とは異なる信念（誤信念）を持つこと，人がその誤信念に基づいて行動することを理解するようになるが，それを調べるためによく用いられるのが「誤信念課題」である（Wimmer & Perner, 1983）．誤信念課題のうちよく使われているものが，**サリーとアンの課題**である（Baron-Cohen et al., 1985）．この課題の内容は，「サリーが出かけている間（見てない間）にアンがやってきて，サリーがかごの中にしまったビー玉を取り出して箱の中に移してしまう」という話に続いて，「戻ってきたサリーがビー玉をさがすのは，どちら

でしょう？」と質問するものである．4歳頃になると，「サリーはかごの中を探す」と正答できるが，3歳児では「サリーは箱の中を探す」と見たままの状況を答えてしまうとされている（Wellman et al., 2001）．この課題に正答できるかどうかは，個人差も大きく，兄弟の数や愛着の安定性，言語能力など様々な要因が関連していると考えられる．

心の理論の研究が進むにつれて，自閉症スペクトラム障害の子どもは精神年齢が4，5歳以上であっても誤信念課題の正答が難しいことが分かってきており，バロンコーエンら（Baron-Cohen et al., 1985）は，自閉症スペクトラム障害者の認知的特徴には「心の理論」の発達の遅れや障害があるということを主張している．自閉症スペクトラム障害の子どもは，誤信念課題に加えて，心の理論の前段階である，視線を合わせること，指差し，自発的なごっこ遊びの欠如などの特徴があり，様々な要因との関連性が，重要な検討課題となっている．

7．メタ認知の発達

心の理論は，他者の意図の理解という社会的な文脈の中で，重要な役割を果たすものである．その一方で，自分の認知についても年齢とともに変化，発達していくことが明らかとなっている．それがメタ認知の発達である．

メタ認知とは，思考についての思考といった，認知自体に関する知識や理解，認知過程を対象化した，より高次の認知のことである．例えば，学習する場面では，現時点で自分自身が持っている知識の量や質といった状態を評価した上で，今後どのような方法で学ぶことが効率的な学習であるか（方略）を自分で判断して学習計画を立て，学習過程をコントロールしていく，自己の認知過程全般に関わるものである．

メタ認知には，「メタ認知の知識」と「メタ認知の活動」という2つから構成されている．メタ認知の知識とは，課題についての知識，知能や年齢といった人の認知的特性についての知識，方略（課題の解決を促すやり方）に関する知識である．メタ認知の活動とは，自分の行動をあたかも高いところから見つめているようにモニターして評価し（モニタリング），達成する目標を設定し計画を立てたり，場合によっては修正するなどして認知の遂行・実行過程に影響を及ぼす（自己制御）といった2つの機能を持っている．

メタ認知の発達について見てみると，幼児期から児童期にかけてメタ認知的知識は増加していくといわれている（Kreutzer et al., 1975）．ピアジェの認知理論では，具体的操作期にあたる小学校中学年あたり（9～10歳頃）になると，メタ認知や二次的ことばとしての概念が発達すると言われている．つまり，この

時期になると，抽象能力や概念の学習が可能となっていくことから，メタ認知の力が発達するのである．また同時に，小学校に入ると教科教育が始まり，中学年になれば，実際の経験や生活上の文脈からかけ離れた，難しい言葉（脱文脈的言語）を使うように求められ，算数の文章題や文章の読み書きなどを繰り返し，メタ認知能力が一層高められていくと考えられる．学業成績との関係では，成績優秀な子どもは自己の学習に対するメタ認知を発達させていると考えられ，学習不振な子どもはメタ認知能力が弱いと考えられている．

8．道徳性の発達

(1) 道徳性

子どもは社会の中で生きている存在である．心の理論やメタ認知などの発達により，他者や自分の考えや感情の推測がより客観的になり，それに基づく対人関係の調整がより適切になるということが考えられる．また，心の理論やメタ認知といった機能が発達することで，自分が所属する社会から期待される生活習慣，価値規範，行動様式などを身に付けていくと考えられる．こういった社会的な視点，自分自身の置かれた状況の把握の発達に関連して，小学校高学年になると道徳性といった社会性の側面の発達が進んでいくようになる．

道徳性とは，二宮（1999）によれば「社会一般に受け入れられている規範や習慣を尊重する意識，あるいは道徳的な問題を解決する能力」と定義されている．道徳性には道徳的規範の知識を持っているかという認知的側面と，自己の行動を統制して思いやり行動ができるかという行動的側面がある．

(2) ピアジェによる道徳性の発達

ピアジェ（Piaget, 1932）は，道徳性の本質は規則（ルール）に対する尊敬にあると考え，子どもがゲームのルールをどのように理解して遊んでいるのかを調べることで道徳性の発達を理解しようとした．その結果，子どものルールに対する尊敬の発達（道徳性の発達）は，道徳が全く無い段階から始まり，大人という権威者から与えられたルールに一方的に従う「恐怖に基づく服従」から，仲間との共同による「自立的な相互的尊敬」へと変化することを明らかとした．またここでは，ルールが変更できないものである段階から，仲間との相互の同意で修正が可能なものと変化しており，拘束他律から自律への発達として捉えられる．

(3) その他の研究者による道徳性の発達

コールバーグ（Kohlberg, 1976）は，ピアジェの道徳性の概念を発展させ，10歳前後までの道徳性を3水準（前習慣的水準，習慣的水準，後習慣的水準），6段階に分けて考えた．まず，「前習慣的水準」では，道徳的価値は物理的な結果から判断される，罰と服従への志向（段階1），道具主義的な相対主義志向（段階2）である．次に，「習慣的水準」では，正しい役割を遂行することが道徳的価値であるとされ，良い子への志向（段階3），法の権威と社会的秩序維持への志向（段階4）に変化する．そして，「後習慣的水準」では，現実社会や規範を超えて妥当性と普遍性を志向し，社会契約的法への志向（段階5），普遍的な倫理原則への志向（段階6）へと発達すると考えた．

以上のように，コールバーグの道徳性の発達は，認知的葛藤の解決と，役割取得の機能を重視している．自分の認知構造では解決できないような葛藤場面では，不均衡を生じるため，より高い水準へと発達していく．また，自分以外の他者の視点から物事を見られるようになることで，認知的葛藤を解決できるようになっていく．つまり，道徳性の発達には，「心の理論」を基にした第三者（すなわち，社会）からの視点に立って見ることができる広くて柔軟な視野を持っていることに加え，その視野を育む経験を学校や家庭などで繰り返し重ねていることが重要になってくると考えられるのである．

コールバーグによれば，道徳性の発達段階の出現する順序は全ての人に共通しているものの，発達段階の進む速さや最終的にどの段階まで発達するかは人によって異なると考えられている．すなわち，全ての成人が最終的な段階6に達しているわけではないということになる．

ギリガン（Gilligan, 1982）は，コールバーグの理論が男性を中心とした視点に偏っていることを指摘し，道徳性の発達には性差が存在すると考えた．男性は，他者から独立した一個人になることを志向し，合理的，客観的に正しい解決をするという「正義・正しさ」を重視して道徳性を発達させていく．一方，女性は自己と他者との関係や繋がりといった人間関係を志向し，他者への共感に基づいて，現実的な解決方法を探る「配慮と責任」を重視して道徳性を発達させると述べた．ただし，道徳性の発達を考える上で，個人差・性差という観点からみたギリガンの理論は示唆に富んでいるが，性差による影響以外に文化差や地域差，宗教といった社会的・文化的文脈による要因も見過ごすことはできない．

また，アイゼンバーグとマッセン（Eisenberg & Mussen, 1989）は，ピアジェやコールバーグの示した道徳性理論は，法や規則，権威，責任，正義などに関する領域の判断のみを扱っていることを指摘し，人を助けたり援助したりするよ

うな行動や進んで他者に利益をもたらすような向社会的な行動や判断における道徳的推理の発達についても検討した．

参考文献

Ainsworth, M. D. S., Blehar, M. C., Waters, E., & Wall, S. (1978). *Patterns of attachment: A psychological study of the strange situation*. Hillsdale, NJ: Lawrence Erlbaum Associates.

Baillargeon, R. & DeVos, J. (1991). Object permanence in young infants: Further evidence. *Child Development*, 62, 1227-1246.

Baron-Cohen, S., Leslie, A. M., & Frith, U. (1985). Does the autistic child have a "theory of mind"? *Cognition*, 21, 37-46.

Bokhorst, C. L., Bakermans-Kranenburg, M. J., Fearon, R. M. P., van Ijzendoorn, M. H., Fonagy, P., & Schuengel, C. (2003). The importance of shared environment in mother-infant attachment security: A behavioral genetic study. *Child Development*, 74, 1769-1782.

Bowlby, J. (1969). *Attachment and loss (vol. 1), Attachment*. New York: Basic Books. (ボウルヴィ, J.（著）黒田実朗・大羽 蓁・岡田洋子・黒田聖一（訳）(1991). I 愛着行動 母子関係の理論（1） 新版 岩崎学術出版社）

Bowlby, J. (1988). *A secure base; Parent-child attachment and healthy human development*. New York: Basic Books.

Bronfenbrenner, U. (1979). *The ecology of human development: Experiments by nature and design*. Cambridge, MA: Harvard University Press.（ブロンフェンブレンナー, U.（著）磯貝芳郎・福富 護（訳）(1996). 人間発達の生態学 発達心理学への挑戦 川島書店）

Bushnell, I. W. R., Sai, F., & Mullin, J. T. (1989). Neonatal recognition of the mother's face. *British Journal of Developmental Psychology*, 7, 3-15.

DeCasper, A. J. & Fifer, W. P. (1980). Of human bonding: Newborns prefer their mother's voices. *Science*, 208, 1174-1176.

Eisenberg, N. & Mussen, P. H. (1989). *The roots of prosocial behavior in children*. Cambridge, U. K.: Cambridge University Press.（アイゼンバーグ, N., マッセン, P. H.（著）菊池章夫・二宮克美（訳）(1991). 思いやり行動の発達心理 金子書房）

Friedman, W. J. (1977). The development of the sense of time in the young child. *Journal of Genetic Psychology*, 68, 97-125.

Gilligan, C. (1982). *In a different voice: Psychological theory and woman's development*. Cambridge, MA: Harvard University Press.（ギリガン・キャロル（著）岩男寿美子（監訳）(1986). もうひとつの声——男女の道徳観の違いと女性のアイデンティティ 川島書店）

Kohlberg, L. (1976). Moral stages and moralization: The cognitive-developmental approach. In T. Lickong (Ed.), *Moral development and behavior*. New York: Holt, Rinehart & Winston.

Kreutzer, M., Leonard, C., & Flavell, J. H. (1975). An interview study of children's knowledge about memory. *Monographs of the Society for Research in Child Development*, 40 (Serial No. 159.).

Levin, I. (1983). The sequence in development of time, speed and distance concepts: Task analysis. *Cahiers de Psychologie Cognitive*, 3, 37-374.

Main, M. & Solomon, J. (1986). Discovery of an insecure-disorganized/ disoriented attachment pattern: Procedures, findings and implications for the classification of behavior. In T. B. Brazelton, & M. Yogman (Eds.), *Affective development in infancy* (pp. 95-124). Norwood, NJ: Ablex.

松田文子 (1996). 時間は空間よりも理解が難しいか　松田文子・甲村和三・山崎勝之・調枝孝治・神宮英夫・平　伸二 (編) 心理的時間——その深くて広いなぞ　北大路書房　pp. 348-360.

松田文子 (1996). 距離と速さで決まる時間　松田文子・甲村和三・山崎勝之・調枝孝治・神宮英夫・平　伸二 (編) 心理的時間——その深くて広いなぞ　北大路書房　pp. 360-373.

二宮克美 (1999). 道徳性　中嶋義明・安藤清志・子安増生・坂野雄二・繁桝算男・立花政夫・箱田祐司 (編) 心理学辞典　有斐閣　pp. 365.

Piaget, J. (1932). *The Moral Judgment of the Child*. New York. Free Press. (大友茂 (訳) (1957). 臨床児童心理学Ⅲ　児童道徳判断の発達　同文書院)

Piaget, J. (1946). *Le developmant de la notion de temps chez l'enfant*. Paris: Presses Universitaires de France. (Translated by A. J. Promerans. (1969). *The Child's conception of time*. London: Routledge & Kagan Paul)

Piaget, J. (1950). *The origins of intelligence in children*. New York: International University Press.

Portmann, A. (1951). *Biologische Fragmente zu einer Lehre vom Menschen*. Verlag Benno Schwabe & Co. (ポルトマン, A. (著) 高木正孝 (訳) (1961). 人間はどこまで動物か　岩波書店)

Premack, D. & Woodruff, G. (1978). Does the chimpanzee have a theory of mind? *Behavioral and Brain Sciences*, 4, 515-526.

竹内謙彰・丸山真名美 (2000). 慣用的時間概念理解の発達　愛知教育大学研究報告, 49, 103-107.

Tomasello, M. (1999). *The cultural origins of human cognition*. Cambridge, MA: Harvard University Press. (トマセロ, M. (著) 大堀壽夫・中澤恒子・西村義樹・本多　啓 (訳) (2006). 心とことばの起源を探る——文化と認知　勁草書房)

Wellman, H. M., Cross, D., & Watson, J. (2001). Meta-analysis of theory-of-mind

development: The truth about false belief. *Child Development*, 72, 655-684.
Wild, M. & King, S. M.（2005）. *Piglet and Mama*. New York. Abrams.（ワイルド, M. とキング, S. M.（著）三辺律子（訳）（2007）. だいすき, ママ！ 主婦の友社）
Wimmer, H. & Perner, J.（1983）. Beliefs about beliefs: Representation and constraining function of wrong beliefs in young children's understanding of deception. *Cognition*, 13, 103-128.（山上精次（2006）. 成熟と成長（発達心理学）. 金城辰夫（監修）・藤岡新治・山上精次（共編）図説現代心理学入門　培風館　pp. 65-94.
山崎勝之（1985）. 慣用的時間システムに関する発達研究　大阪青山短期大学研究紀要, 12, 323-335.

コラムⅡ-12　安全なもうふを手放して

漫画「ピーナッツ」をご存じだろうか．案外知らない人がいるかもしれないが，こういえばわかるのではないだろうか……「スヌーピー」．この漫画のキャラクターにライナスという少年がいる．この少年と似たような少年にまつわる話をしたい．
　ライナスやベンジーは，どこへ行くにしてもいつも毛布を引きずっている．何かにびっくりした時などに，この毛布に顔をうずめたりして，自分の気持ちを落ち着かせようとする．ライナスやベンジーが持っているのは，「**security blanket（移行対象）**」と言われる．この事象はボウルビィによって提唱された**愛着**と同義に捉えてもいいかもしれない．愛着は幼児が行動していくうえで，非常に重要な役割を担っている．しかし成長するにつれ，いつまでも愛着対象（親）と一緒というわけにはいかない．親から分化した状態への「移行」を促すものが移行対象にあたる．ベンジーは他者からわかってもらえなくても毛布を保持し続ける．幼稚園や歯医者に行く時も．他者の反応を意に介さない点は，**社会的参照**ができていないことの表れかもしれない．

『ベンジーのもうふ』　マイラ・ベリー・ブラウン・文　ドロシー・マリノ・絵　まさきるりこ・訳　あすなろ書房　2010

移行対象は大切であるが，対象からの脱却が成長には求められる．よく用いられる例は，毛布を少しずつ切って小さくしていくことである．子どもは気づかずに，徐々に移行対象からの脱却が可能になる．ベンジーの例では，少し異なる．子ネコがうるさく泣いているのに気づいたベンジーは，子ネコに自分の毛布をあげることにした．この描写は，ベンジーが子ネコの気持ちをいつの間にか読み取ってしまった．ベンジーは親からの分化に加え，他者（今回は動物であるが）の気持ちを読み取り，自分の毛布を子ネコにあげるという愛他行動に発展している．すなわちベンジーの「**社会性**」の発達まで描き切った作品になっている．

　親からの分化・社会性．ともに子どもの成長にとってとても重要なことである．ベンジーの毛布に関し，他者の反応は冷ややかであったが，母親は大いに共感し，父親はささやかな理解を示していた．愛着の安定性の影響を改めて納得できる作品になっている．

立命館大学大学院応用人間科学研究科修士課程修了生　有田有佳
立命館大学大学院文学研究科博士前期課程修了生　髙城雅裕

第7章　個人差の理解

　学校教育は集団教育を基本としており，クラスなどの集団に対して同一内容の教育を実施する．教育は全員に同一の内容を実施する一方で，当然のことであるが教育を受ける児童生徒には個性があり，1人ひとり異なる特徴を持つ．したがって，児童生徒の個人差を適切に把握しなければ，学級運営といった児童や生徒の適応を支えることが難しくなる．

1．正常と異常，適応と不適応

　個人差を理解する上で重要な事柄の1つに正常と異常の区別を挙げることができる．非常に難しいのはそもそも1人ひとり異なる存在であるにもかかわらず，何をもって正常あるいは異常と判断するのかということである．ここでは代表的な正常と異常の判断基準を4つ紹介する．

(1) 文化的基準からの乖離

　まず1つめは文化的基準からの乖離である．地球上には様々な国や地域があり，その地域に存在する人の集団，すなわち共同体には何らかの文化が存在する．その文化にはこの状況の時にはこの行動をするという暗黙のルールが存在し，その共同体で育った人は大人たちからそのルールに則った行動を学ぶ．その文化におけるルールから顕著に逸脱する行動をとった場合，それは異常とみなされる．そのため，正常や異常についての考えは，共同体によっても異なり，時代によっても異なるのである．

　例えば，日本という共同体においてアフリカの原住民の格好をした日本人の成人が，朝の通勤ラッシュの電車に乗るところを想像してみてもらいたい．周囲にはスーツを着た会社員や制服を着た学生がたくさんいる中で，1人だけアフリカの原住民の格好なのである．また，アフリカの原住民の格好のまま新宿の駅前で槍をもち，狩りをしようとしている姿を想像してもらいたい．どちらも非常に奇異な印象を与えるものである．しかし，アフリカの原住民が住む共同体において，その格好で狩りをしようとしても特に不自然ではない．このように，共同体によって正常とみなされる基準が異なるのである．

また，日本という同じ共同体においても時代によって正常とみなされる基準は異なる．例えば，先ほどと全く同じ状況，つまり現代社会の朝の通勤ラッシュを想像してもらいたい．その中で，1人だけ江戸時代のように刀を差し，ちょんまげを結った侍がいたらどうであろうか．あるいは平安時代の十二単を着た女性がいたらどうであろうか．やはりかなり奇異な印象を与えるものである．このように，同じ共同体においても時代によって正常とみなされる基準は異なるのである．以上のように，その時代のその文化に適合することが正常，逸脱することが異常とみなされることがある．その時に用いられる基準が文化的基準からの乖離である．

(2) 統計的基準からの乖離

2つめは統計的基準からの乖離である．ある集団において大多数の人から何らかのデータを集めた時，その中には必ず標準的な範囲から大きく外れる人がいる．身近な例として体重を取り上げて考えてみよう．健康のことを考えれば，過度な痩身も過度な肥満も望ましくない状態である．痩身や肥満を測る指標として **BMI**（**Body Math Index**）というものがある．BMI は次の式で求めることができる．なお，式における体重の単位はキログラム（kg），身長の単位はメートル（m）である．

$$\text{BMI} = 体重 \div 身長^2$$

一般的に，BMI の値が 18.5 未満の場合は痩身，25 以上の場合は「肥満」といわれる．したがって，BMI が 18.5 から 24.9 という標準の範囲から顕著に外れる場合は痩身であれ肥満であれ異常とみなされるだろう．

知能もまた標準の範囲に含まれたら正常，標準から顕著に外れたら異常とみなされることがある．正常の範囲よりも著しく低い場合は知的障害，その反対に著しく高い場合は天才といわれる．このような統計的データにおいて標準的範囲に含まれる場合を正常，標準的範囲からから顕著に逸脱する場合を異常と判断することがある．その時に用いられる基準が統計的基準からの乖離である．

(3) 行動の不適応性

3つめは行動の不適応性である．世の中には非常にたくさんの人が存在し，それぞれが毎日多様な行動をとっている．残念なことにその行動の中には銃を乱射して学校で多くの人の命を奪う痛ましいものや，自分の置かれている現状や将来を悲観し自ら命を絶つという悲しいものも含まれる．人がとる行動のう

ち，こうした他者や自己の命を奪う行動を正常ということができるだろうか．おそらくほとんど全ての人が正常ではないと考えるだろう．なぜなら，多くの人は個人や自分が所属する共同体に害を与えないように行動している．そのため，個人や共同体の幸福に害を与えるような行動は正常と一線を画すものと認識される．このように，その行動が個人や共同体の幸福に悪影響を与えるかどうかという基準が行動の不適応性である．この基準では個人や共同体の幸福に悪影響を与えない行動が正常，悪影響を与える行動が異常と判断される．

(4) 主観的苦痛

最後は主観的苦痛である．これはその名の通り，本人の主観的な気持ちに基づいて異常性を判断するものである．文化的基準からの乖離，統計的基準からの乖離，行動の不適応性の3つは客観的に捉えることができるものであった．そのため，主観的苦痛という基準は客観的に見えない問題を扱うことができるというメリットがある．主観的苦痛の代表例は精神的な問題である．医学的な検査を行ったところ身体に特別な問題はないが，本人は体が痛むと訴える．他にも気分が落ち込む，強い不安に襲われるなど，一見したところ正常に振舞っているように見えるが，客観的には見えない精神的な問題を抱えている場合がある．そのような問題を主観的苦痛に位置づけることができる．本人が主観的苦痛を感じていれば異常，主観的苦痛を感じていなければ正常とみなすのである．そのため，本人が苦痛を訴えるだけで異常とみなされてしまうデメリットもある．

正常と異常の判断基準を4つ紹介したが，あらゆる状況において絶対に正しいと断言できる基準は存在しない．そのため，異常か正常かという判断を行う際には，必要に応じて以上の4つの視点を組み合わせて判断を行うことが望まれる．

2. 知　　能

教育現場において子どもたちが学校にうまく適応しているかどうかを判断する際の視点を考慮すると，知的能力というものがいかに重要か理解できる．例えば，学業不振に陥っているかどうか，同年齢の子どもたちと同程度に他者と意思疎通を図ることができるか，知的発達が周囲の子どもたちと比較して遅れているかどうか，このように子どもたちの抱える問題は知的能力と関連が強い．したがって，知的能力は個人差や適応を考える上で非常に重要な概念である．

(1) 知能の概念

心理学では知的能力を知能と呼び，経験から学習する能力，具体的なものから抽象的なものまで様々な事柄を思考する能力，環境にうまく適応する能力など，様々な知的能力の表すものとして扱っている．適応的かどうかは知的能力が同年齢の集団において標準的かどうかという観点から検討されるということは上述の通りである．心理学では知能指数や知能偏差値という指標を用いてそれを判断する．知能指数とは心理検査で測定された精神年齢と暦年齢によって算出され，知能指数が年齢相応であれば100になる．知能偏差値は心理検査の得点から算出され，年齢相応であれば50になる．これらの知能指数や知能偏差値が高いか低いかによって日常生活における知的活動に困難があるかどうかを判断するのである．

$$知能指数 = 精神年齢 \div 暦年齢 \times 100$$

$$知能偏差値 = \left(\frac{個人の得点 - 平均点}{標準偏差} \right) \times 10 + 50$$

(2) 知能の構造

知能は人の様々な知的能力を総称しているため，知能の構造については様々な見解が存在する．チャールズ・スピアマンは知能には一般因子（g因子）と特殊因子（s因子）という2種類が存在するという二因子説を提唱した．一般因子はどのような知的活動にも共通している要素であり，特殊因子は特定の課題に固有の要素である．ルイス・サーストンは知能には言語理解，語の流暢性，空間，数，記憶，推理，知覚の7種類があるという多因子説を提唱した．レイモンド・キャッテルはサーストンの多因子説に賛同しながらも，それらは流動性知能，結晶性知能という2種類にまとめることができると主張し，二因子説を提唱した．流動性知能は新しい環境に適応することや問題解決に関する知能であり，加齢の影響を受けやすいとされる．一方，結晶性知能は知識など経験の蓄積に関する知能であり，加齢の影響を受けにくいとされる．フィリップ・ヴァーノンは知能には一般因子，大群因子，小群因子，特殊因子という4種類があり，それらが階層構造をなしていると考えた．

知能の構造については以上のように諸説があるが，主要な知能と特殊な知能の位置づけがそれぞれ異なるだけであり，階層的な構造を考慮すれば全て互換性のある仮説とみなすことができる．すなわち，分類の仕方がそれぞれ異なるだけであり，1つの説が他の説を否定するような関係性にはない．

(3) 知能の構造の統合

近年注目されている知能の構造の仮説として，鼎立理論（三本柱理論）を紹介する．ロバート・スターンバーグは知能を3つの柱から構成されるものとして捉え，鼎立理論を提唱した．その3つの柱とはコンポーネント理論，経験理論，文脈理論といわれる．コンポーネント理論は流動性知能と結晶性知能から構成される．経験理論は新奇な刺激に対応する能力と情報処理を自動的に行う能力から構成される．最後に文脈理論は実用的知能と社会的知能から構成される．鼎立理論はこれまでの知能の理論や問題解決の理論をマクロな視点から整理したものとして位置づけられている．

3．パーソナリティ

(1) パーソナリティの概念

ある人と別の人の特徴の違いについて話す時，人柄を取り上げることは多いのではないだろうか．あの人は思いやりがあって優しい，真面目であるなど，様々な特徴を指摘しながらその人の人柄について説明することだろう．個人差を理解する時に人柄は欠かすことのできない項目である．

そうした人柄のことを心理学ではパーソナリティと呼ぶ．パーソナリティとは個人を特徴づける行動様式のことである．例えば，優しいというパーソナリティを考えてみよう．優しい人とはどのような人のことをいうか，その答えを考えてもらいたい．電車の座席に座っており，目の前に杖を持った年配の人がいたら座席を譲る人．自分の前を歩いている人がハンカチを落としたことに気づかずにそのまま歩いていたら，ハンカチを拾って渡してあげる人．友人が悲しい目にあったことを話してくれた時に，その話を聞いて一緒に涙を流す人．このように様々な答えが存在するであろうが，きっとその答えの多くは優しいと感じさせるような具体的な行動を示したものではないだろうか．つまり，私たちはどのような状況においても比較的一貫して出現する行動の傾向をパーソナリティというその人の内部に存在する特徴として捉えているのである．

(2) 類型論と特性論

パーソナリティには様々な捉え方がある．その代表的なものが類型論と特性論である．類型論とは特定の理論や基準によって性格をいくつかの型に分類し，個人の性格をその方に当てはめて理解しようとする立場である．つまり，血液型のようにある型に該当するものとして捉える．そして，A型の人はB型ではないというように，1つの型に該当する人は他の型に該当しないのである．こ

こでは代表的な類型論を紹介する.

ドイツの精神科医であるエルンスト・クレッチマーは，精神病患者を治療する臨床経験に基づいて独自の類型論を提唱した（表7-1）．彼が注目したのは精神病患者の体型である．躁うつ病は肥満型の人が多く，統合失調症は細長型の人が多く，てんかんは闘士型の人が多いと考えた．そして，彼は人の性格を躁うつ気質，分裂気質（統合失調症はかつて精神分裂病と呼ばれていた），てんかん気質の3類型に分類した.

しかし，これらの性格類型は精神病と関係があるわけではないことから，躁うつ気質は循環気質，分裂気質はそのまま分裂気質，てんかん気質は粘着気質と呼ばれることがある．躁うつ気質は，社交的，融通が利く，物事にこだわらないという特徴を，分裂気質は非社交的，無口，敏感と鈍感の両面があるという特徴を，てんかん気質は頑固，几帳面，きれい好きという特徴を示すと考えられている.

表7-1 クレッチマーの類型（西本・大薮・福澤・越川，2009）

体　格	細長型	肥満型	闘士型
典型例			
親和的気質	分裂気質	循環気質	粘着気質
性格特性	内閉性，過敏性，上品，繊細，理想家，利己的，支配的，はにかみ，非社交性	同調性，饒舌，陽気，無口，情趣豊か，享楽的，行動的，実際的，社交的，善良，素朴	粘着性，爆発性，かたさ，几帳面，丁寧さ，保守的，道徳性，熱中性，秩序への選好性
精神感性気分素因	感性過敏と感性鈍麻の間	高揚と抑鬱の間	爆発性と粘着質との間
精神のテンポ	跳躍的な気質曲線　突飛さと頑なさの間	波動的な気質曲線　活発と緩慢の間	粘り強い気質曲線
作　家	激情の詩人・ロマン主義者・形式主義者	写実主義者・ユーモア作家	資料中心主義者
学　者	綿密な理論家・体系家・形而上学者	具象的，記述的な実証主義者	文献中心主義者
指導者	純粋な理想主義者・専制者と狂信家・冷たい打算家	猪突猛進型・派手な組織家・物分かりの良い妥協家	慎重派・粘り型

表7-2 シュプランガーの類型 (西本・大藪・福澤・越川, 2009)

理論型	客観性, 論理性, 知識を重要視し, ものごとを客観的に捉え, 筋道を立てて論理的に思考する.
経済型	実用性, 効率性など経済性を重要視し, ものごとを損得で捉え, 費用対効果を意識して行動する.
審美型	調和と美を重要視し, 繊細であり, 美を追求し, 物事を感情的に捉える.
権力型	権力を重要視するため, 上昇志向が強い. ものごとを管理, 支配することを好む.
宗教型	神など超自然的で聖なるものを重要視する. 宗教に関心をもち, 聖なるものを追求する.
社会型	博愛的な活動や福祉的な活動を重要視する. 他者に貢献することに喜びを感じる傾向があり, 慈善活動などに興味をもつ.

　エドゥアルド・シュプランガーは人の価値観に着目して独自の類型を提唱した（**表7-2**）．シュプランガーの類型論には理論型，経済型，権力型，審美型，宗教型，社会型という6類型がある．男性は理論型，経済型，権力型が多く，女性は審美型，宗教型，社会型が多いとされる．

　一方，特性論は，ある理論に基づき特性というパーソナリティの構成要素が複数存在すると仮定し，各特性の程度を示し，その組み合わせによって個人のパーソナリティを説明する立場である．つまり，人は皆同じ特性を持っているが，人それぞれ特性の強さが異なるというものである．特性論に関してこの30年近くの間に非常に多くの研究が行われてきたが，ロバート・マクレとポール・コスタ（McCrae & Costa, 1987）のビッグファイブが最も有名である（**表7-3**）．ビッグファイブでは，神経質傾向（Neuroticism；N），外向性（Extraversion；E），開放性（Openness；O），協調性（Agreeableness；A），そして誠実性（Conscientiousness；C）という5つの特性が存在すると仮定し，それぞれの特性がどの程度であるかを示すことでその人のパーソナリティの全体像を示すのである．人の性格特性を表す語を辞書から抽出し，それらを統計解析によって分析したところ，5つの次元でパーソナリティを説明できると考えるのがこの理論の特徴

表7-3 ビッグファイブにおける各特性の特徴 (Coon, 2009)

特性	神経質傾向	外向性	開放性	協調性	誠実性
強い場合	心配性 敏感 感情的	積極的 話し好き 活動的	想像力豊か 創造的 独創的	善良 寛大 思いやりがある	几帳面 勤勉 常識的
弱い場合	穏やか 冷静 リラックス	受動的 1人が好き 遠慮がち	保守的 現実的 好奇心乏しい	疑い深い 批判的 頑固	いい加減 無頓着 怠け者

である.

　類型論は個人を特定の型に当てはめるため, シンプルで個人の特徴を把握しやすいという長所がある. 一方で, 型に当てはめることで類型間の中間的特徴が無視され, 極端に分類されるという短所もある. それに対して特性論は, 無理に型に当てはめないので無理やり分類するということはないという長所がある. 一方で, 特性の組み合わせという表現により個人の特徴が理解しにくいという短所もある.

(3) 特性論と類型論の統合
アイゼンクの特性論

　ハンス・アイゼンクはパーソナリティに階層構造を仮定するという考え方を提唱した (図7-1). 彼は類型の下に特性を, 特性の下に習慣的反応を, 習慣的反応の下に個別的反応があるとし, パーソナリティを4層構造とみなした. まず, 最下層の個別的反応とは, 日常場面において出現する個々の反応や行動である. 次に習慣的反応とは様々な状況において常習的に現れる反応や行動のことである. そして, 特性とは多様な習慣的反応が相互に関係する時, その背後に存在し, 習慣的反応に影響を与えていると考えられる要因である. 最後に類型とは, 様々な特性が相互に関係する時, その背後に存在し, 特性に影響を与えていると考えられる要因である. 彼の理論によってそれまで別々に考えられていた類型論と特性論は統合され, 1つにまとめられた.

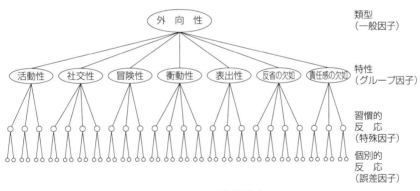

図7-1　パーソナリティの階層構造 (Digman, 1990)

4. 教育現場で出会う障害と教育現場での支援

　多くの人は標準的な発達プロセスを経て成長する. その一方で, 何らかの障

害があり標準的な発達プロセスよりも発達が遅れる人もいる．障害と一言でいっても，肢体不自由，視覚障害，聴覚障害，知的障害，発達障害など様々なものがあるが，いずれも教育上特別な配慮が必要とされるものである．ここではそのような障害として知的障害，自閉症，学習障害，注意欠陥／多動性障害を紹介する．そして，障害をもつ子どもの支援として特別支援教育を，障害の有無にかかわらず何らかのニーズをもつ子どもの支援として学校カウンセリングを紹介する．

(1) 知的障害

知的障害とは知能が同年齢の子どもと比べて著しく低く，社会生活上に明らかに制約があり，そのような問題が18歳未満に生じるものである．知能検査により測定される知能指数（IQ）では，69から50が軽度知的障害，49から35が中度知的障害，34から20が重度知的障害，19以下が最重度知的障害と分類される目安となる．軽度知的障害であれば日常生活を送るくらいの身辺自立は可能であるが，抽象的な物事や複雑な物事の処理は困難である．それが，重度の知的障害になると言語の理解が困難であり，自分の考えを表現し意思伝達を行うことも難しく，自力で生活を送ることはできない．このように，知的水準の低下に伴い，日常生活における支障が大きくなる．

知的障害の原因は様々なものがあるが，身体的要因の代表例としてダウン症を挙げることができる．人の体細胞には44本の常染色体と，2本の性染色体，合計46本の染色体がある．それらの染色体は基本的に2本で1つの対になっているのだが，ダウン症の場合は21番目の染色体が3本あり，21番トリソミーと呼ばれる異常が認められる．ダウン症は一般的に知的障害を伴うので，染色体異常という身体的要因が知的障害の原因の1つであると考えられている．

(2) 自閉症，アスペルガー症候群

自閉症とは，脳に何らかの機能不全があると考えられ主要な3つの特徴を示す．その特徴とは，(1)言葉以外のコミュニケーション行動の障害や感情を共有することなど他人との社会的関係の形成の困難，(2)言葉の発達の遅れや言葉の使用に関する困難，(3)興味の対象が狭く，特定の行動や活動にこだわるというものである．自閉症は3歳ぐらいまでに現れ，知的障害を伴うものと知的障害を伴わないものがあり，知的障害を伴わないものをアスペルガー症候群という．

英国の精神科医であるローナ・ウィングという自閉症の研究者は，社会性の障害，社会的コミュニケーションの障害，そして想像性の障害という主要な3

つの特徴を持つ点が自閉症とアスペルガー症候群に共通し，両者には明確な境界線がないと主張した．彼女の意見が多くの専門家に受け入れられ，自閉症などの発達障害を専門とする研究者の間でも，最近では自閉症スペクトラム障害という名称で両者を包括して扱う動向が強まってきた．

(3) 学習障害

学習障害とは知的発達に遅れはないが，聞く，話す，読む，書く，計算するまたは推論する能力の中で，特定のものの習得と使用に困難を示す状態である．つまり，特定の能力に関して本人の知能などから期待される水準よりも実際のパフォーマンスが顕著に低いのである．学習障害もまた，その原因として脳に何らかの機能障害があると推定されている．本章の最後に絵本を紹介するが，その本を読むと学習障害の具体的な状態像を把握しやすい．

(4) 注意欠陥／多動性障害

注意欠陥／多動性障害には(1) 不注意，(2) 多動性，(3) 衝動性という主要な3つの特徴がある．学習課題や活動に必要な物をなくす，気が散りやすい，日々の活動で忘れっぽいなどが不注意である．手足をそわそわ動かす，着席している時にもじもじする，授業中や座っているべき時に席を離れてしまうなどが多動性である．質問が終わらないうちに答えてしまう，順番を待つのが難しいなどが衝動性である．注意欠陥／多動性障害とはそれらの特徴が7歳以前に現れ，複数の状況においてそれらの特徴が認められる状態である．注意欠陥／多動性障害もまた，その原因として脳に何らかの機能障害があると推定されている．

自閉症とアスペルガー症候群，学習障害，そして注意欠陥／多動性障害の具体的な特徴を紹介したが，これらの障害は完全に独立したものではなく，1人の児童または生徒が複数の障害を合併することがある．

(5) 特別支援教育

文部科学省が2003年に公表した統計によれば，公立小中学校の通常学級に在籍する発達障害が疑われる児童生徒の割合は，障害別にみると，学習障害が4.5％，注意欠陥／多動性障害が2.5％，アスペルガー症候群が0.8％であるという．なお，1人で複数の障害を併存することがあるため，発達障害が疑われる生徒の割合は全体で6.3％であった．これだけ高い割合で公立学校に発達障害が疑われる児童生徒が存在することから，2007年4月には改正された学校教育法が施行され，日本の学校教育の方針が転換された．それは，特殊教育から特別支援教育への方針転換であった．特殊教育時代には盲学校，聾学校，養

護学校において障害児教育が実施されていた．それが，特別支援教育に移行したことで，特別支援学校において程度の重い障害児の教育が実施されることになった．また，公立の小中学校には軽度の障害ではあるが，通常の学級では適応が難しい児童生徒のために特別支援学級が設けられ，障害やその程度に応じた教育を行うことになった．さらに，通常の学級に在籍しながらも障害やその程度に応じた教育を一定の時間通常学級以外の場で受けることができる通級による指導というシステムも導入された．これらの教育制度の改革は，知的障害を伴わない発達障害をもつ児童生徒を対象として，障害に応じた教育を実施することを意図したものである．

　特別支援教育において，学校の教員が専門家チームを活用することがある．つまり，児童生徒が発達障害等何らかの障害をもっているか否かの判断，望ましい教育的対応等についての専門的助言を受けることがある．専門家チームとは，教育委員会に設置された心理学の専門家や医師等の専門的知識を有する者などから構成される組織である．ある職種の専門家から他の職種の専門家に専門的な助言を行うことをコンサルテーションというが，特別支援教育においては心理士や医師などが教員に専門的助言を行うことがコンサルテーションにあたる．このように特別支援教育では多職種が連携して支援を行う．

(6) スクールカウンセリング

　学校では障害だけでなく，不登校，非行，いじめなどの様々な課題があり，教員だけでなくスクールカウンセラーが対応に当たることもある．スクールカウンセラーの役割は多く，スクールカウンセリングでは様々な課題を抱えた生徒，子育ての困難に直面した保護者，生徒対応などの課題を抱えた教職員を対象とする．また，上述のように教員を相手に生徒対応に関するコンサルテーションを行うこともある．スクールカウンセラーは教員と1対1の関わりだけでなく，関係者が集まった会議で意見を発言すること，教職員を対象に生徒や保護者対応などに関する研修を行うこと，問題を抱えた人だけでなく問題が発生することを予防するための働きかけを行うこともある．障害の有無にかかわらず，様々な個人差を示す生徒に対して学校カウンセリングという枠組みに基づきアプローチすることがスクールカウンセラーの役割である．

　本章で紹介した内容と非常に深い関わりのある内容の絵本がある．『ありがとう，フォルカーせんせい』である．主人公はトリシャという少女である．彼女は本が大好きで母親や祖父母に本を読んでもらっていた．5歳の誕生日を迎え自分で本を読む機会を与えられるようになったが，自力では少しも本を読むことができない．小学校に入学したあともまだ本を読むことができない．トリ

シャには文字がただの形にしか見えず，教科書を皆で順番に読み進める授業では他の生徒に笑われてしまい，深く傷つく．

祖母はトリシャに賢く可愛い子だと優しい言葉をかけて接してくれる．しかし，学校では相変わらず字を読むことができない．トリシャは自分は頭が悪く，周囲の子と違うと悩むようになる．

親の事情で引っ越しをすることになり，新しい学校では周囲の子に笑われずにうまく人間関係を作ることができるのではないかと期待に胸を膨らませていたトリシャであった．ところが結果は同じ．読み方をからかわれ，彼女はまた深く傷つく．そして，仮病を使い学校を休むようになった．

『ありがとう，フォルカーせんせい』
パトリシア・ポラッコ・著　イラスト・香田弥須子・訳　岩崎書店2001

小学校5年生になった時，フォルカー先生がやってきた．先生はトリシャの得意としている絵を褒めた．また，トリシャの読み方を周囲の子どもが笑った時にはそれを叱った．先生は字が読めないことで苦しむトリシャのために放課後に個別指導の時間を設け，文字を書くための練習を積み重ねた．その結果，トリシャは文字を読むことができるようになった．

そして，トリシャは学校のことが好きになり，文字を読むことの喜びも知った．このように文字を読むことに著しい困難を抱えた少女が主人公の作品であるが，これはこの絵本作者の自伝なのである．

作者は学習障害であり，字を読むことに困難を抱えていた．しかし知的に遅れはないので周囲の子と同じように進級できた．字を読むことが苦手という以外は他の子と変わらないのである．このように発達障害とはその状態像の理解が十分でないと変わった子として扱われる．時には，学業や仕事に対する態度が怠慢であると誤解され，叱責されることもある．そのため，本人は非常につらい思いをすることがある．発達障害はとても身近な存在である．世界的に有名な功績を残した人物の中にも発達障害であったといわれる人は多数いる．現在テレビで活躍する芸能人などの中にも発達障害であろうといわれる人がいる．

発達障害がとても身近な存在であること，発達障害を持つ人がどれだけ努力しているか，それにもかかわらずつらい思いをすること，そして適切な対応をすることが発達障害を持つ人にとってどれだけ大きな支えになるのか，『ありがとう，フォルカー先生』はそのようなことを教えてくれる本である．

参考文献

Atkinson, R. L., Atkinson, R. C., Smith, E. E., Bem, D. J., and Nolen-Hoeksema, S. (1999). *Hilliard's introduction to psychology.* 14th ed. Orland: Harcourt brace college publisher.

アトキンソン, R. L., アトキンソン, R. C., スミス, E. E., ベム, D. J., ノーレン-ホーセクマ, S.（著）内田一成（監訳）(2002). ヒルガードの心理学　ブレーン出版.

Coon, D. (2004). *Introduction to psychology: Gateways to mind and behavior.* (10th ed.) Belmont, CA: Thomson/Wadsworth.

Digman, J. M. (1990). Personality structure: Emergence of the five-factor model. *Annual review of psychology.* 41, 417-440.

McCrae, R. R., & Costa, P. T. (1987). Validation of the five-factor model of personality across instruments and observers. *Journal of Personality and Social Psychology*, 52, 81-90.

文部科学省 (2003). 通常の学級に在籍する特別な配慮や支援が必要な児童生徒に関する全国実態調査　文部科学省　http://www.mext.go.jp/b_menu/shingi/chousa/shotou/018/tou shin/030301i.htm（2013年10月20日）

無藤　隆・森　敏明・遠藤由美・玉瀬耕治 (2004). 心理学　有斐閣.

無藤　隆・岡本祐子・大坪治彦（編）(2009). よくわかる発達心理学　第2版　ミネルヴァ書房.

文部科学省 (2003). 通常の学級に在籍する特別な配慮や支援が必要な児童生徒に関する全国実態調査　文部科学省〈http://www.mext.go.jp/b_menu/shingi/chousa/shotou/018/toushin/030301i.htm〉（2013年10月20日）

西本武彦・大藪　泰・福澤一吉・越川房子（編著）(2009). 現代心理学入門――進化と文化のクロスロード――　川島書店.

上田礼子 (2005). 生涯人間発達学　改訂第2版　三輪書店.

コラムⅡ-13　愛すべき少年たちとネリノ

　私は小さい頃に出会った，ある少年のことが今も忘れられない．両親が入っていた小さなサークルに来ていたその少年は，その頃小学校高学年だった．クリクリと大きな目で周りを見回し，知っている人がいたらだれかれ構わずハグをする．そんな愛すべき存在だった．私を含めたその頃の子どもたちは，「知的障がい」といわれてもピンとこなかったし，年に何度かある夏休みやクリスマスのイベントで，可愛い彼と過ごす時間が，ただただ楽しかった．当時を振り返ると，彼が周りの人から愛されていた理由は，だれかれ構わずハグをするところや，クリスマス会のときに踊りを披露してくれたりしたところにあったのだろうと思う．

第 7 章　個人差の理解　　229

『まっくろネリノ』　ヘルガ゠ガルラー・作
矢川澄子・訳　偕成社　1973

　「障がい」というと，なんらかの「特性」を持っていて，特に「知的障がい」に関しては，その「特性」をいかに表出させずに，社会に「適応」させるか，が議論となりがちだ．しかし，私が出会ったその少年は，そこに存在するだけで周りの人を幸せな気持ちにしていた．そして，何よりも周りの人から必要とされていた．つまり，その環境では彼の「特性」，すなわち special ability が活きていたのだ．
　『まっくろネリノ』に出てくるネリノも，「人とちょっと違う」ことが悩みの主人公だ．カラフルな小鳥の家に生まれたネリノは，自分だけ真っ黒．お父さんもお母さんも兄弟も綺麗な色をしているのに，自分だけ黒い．兄弟からも仲間はずれにされ，いつもひとりぼっちだった．そんなある日，兄弟たちが綺麗な羽目当ての動物にさらわれてしまう．兄弟を助けようとするのはもちろん，ネリノだ．その真っ黒の体を活かして，森の中の闇に紛れて，一生懸命兄弟たちを探していく．
　障がいは「隠す」ものではなく「活かす」ものであるということを教えてくれる．「人とちょっとズレているかも」と不安になっている，子どもたちにぜひ，ネリノと出会ってもらいたいと思う．学校は集団生活やクラスでの活動が多い．どうしても「ズレている」ことばかりが悪く目立ってしまうかもしれない．しかし，本当はその「ちょっとのズレ」こそが，子どもの大切な，素敵な個性だったりするのだ．
　そんなことに気づかせてくれるネリノは，人と違うことに悩んでいる子たちのヒーローであり続ける．

立命館大学大学院応用人間科学研究科修士課程修了生　白川愛子

人名索引

アイゼンク, ハンス　223
アイゼンバーグ　177, 211
稲垣佳世子　142
ヴァーノン, フィリップ　219
ヴィゴツキー　20, 173
ウィットボーン　102
ウィニコット　62, 153, 154
ウィリック　104
ウェルナー　59
ウッドラフ　208
エインズワース　45, 203
エリクソン, E. H.　15, 86, 103, 109, 114
エリス, アルバート　104
オーズベル, デイヴィッド　90
オールポート, ゴードン　112
岡本祐子　99
オルム　104
カイヨワ　60, 186
北山修　58
木村敏　104
キャッテル, レイモンド　111, 219
ギリガン　211
クレッチマー, エルンスト　221
ケーラー, ヴォルフガング　129
コールバーグ　211
コックス　181
コンドン　41
サーストン, ルイス　219
サラパテック　40
サリヴァン　157, 177
サンダー　41
ジャーシルド　62
シュプランガー, エドゥアルド　222
スキナー, バラス　127
スターンバーグ, ロバート　220
スピアマン, チャールズ　219
セリグマン　144
ソーンダイク, エドワード　126
ソロモン　203
ディリング　104
デシ　139
テッシュ　102
ドウェック　148
ドギャスパー　26
トマセロ　201

外山滋比古　59
ドライデン, ウィンディ　104
ハーター　148
バーテン　174
バーライン　142
ハーロウ　44
ハーロック　138
ハヴィガースト　12, 117
波多野誼余夫　142
バトラー　115
パブロフ, イワン　123
速水敏彦　148
バルテス　12
バロンコーエン　209
バンデューラ, アルバート　129, 144
ピアジェ, ジャン　20, 59, 67, 73, 173, 205, 210
ヒロト　145
ファイファー　26
ファンツ　40
フォルシュタイン　116
ブラムレット　104
フリードマン　207, 208
ブリーヤーウィリフォード　104
ブルーナー　141
フレーベル　61
プレマック　208
フロイト, アナ　16
フロイト, S.　15, 66
ブロンフェンブレンナー　17, 200
ベック, アーロン　104
ヘロン　141
ホイジンガー　60
ボウルビィ　44, 153, 202
ホリングワース, リータ　90
ポルトマン　22, 200
ホワイト　144
マーシャ, ジェームズ　87
マズロー, アブラハム　74
松沢哲郎　183
マッセン　211
メイヤー　144
メイン　203
メルツォフ　42
モンテッソリ　61

山崎勝之　208
やまだようこ　57
ラビン　104
リュケ　182, 185
ルクセンブルガー　14
ルリヤ　173

レヴィン　104, 207
レッパー　138
レビンソン　99
ローレンツ　39
ワイナー　145
ワトソン，ジョン　124

事項索引

〈アルファベット〉

MMSE（Mini-Mental State Examination） 116

〈ア 行〉

愛着（アタッチメント） 43, 153, 202
遊び 60-62, 185, 186, 188, 192, 194
アニミズム 59, 73
アルツハイマー型認知症 116
アンダーアチーバー 148
アンダーマイニング効果 140
安定期 24
安定性 145, 146
育児語 58
移行対象 48, 154, 155
異性への関心 91, 160
一語文 58, 171
一般因子 219
遺伝 13
インターネット 155, 157, 188, 192
　　──リテラシー 81
インプリンティング 44
永続性 43
エクソシステム 17
エフェクタンス 144
エントレインメント 33
オーバーアチーバー 148
おしゃれ 191
思いやり行動 177
親と教師の関係 162
親離れ 156
オンラインゲーム 188, 189

〈カ 行〉

外言 173
介護ストレッサー 113
介護疲れ 113
改訂長谷川式簡易知能スケール（HSD-R） 116
外発的動機付け 75, 137
顔の認知 40
学習 12
拡大家族 161, 162
数の保存 205

画像検査 116
加齢（エイジング） 110
感覚運動期 73
感覚運動段階 205
感覚遮断 141
環境 13
　　──としての母親 153
　　──優位説 13
関係発達論 18
観察学習 130
慣用的な時間 207
記憶
　意味── 132
　エピソード── 132
　感覚── 130, 131
　宣言的── 132
　短期── 131
　長期── 131, 132
　手続き的── 132
基本的生活習慣 63
基本的動機 136
記銘 130
ギャングエイジ 76, 175
ギャンググループ 92, 157-159, 187-189
ギャング集団 76
9ヶ月革命 201
吸啜反射 32
強化 126
　　──スケジュール 127
驚愕運動 25
教師との関係 160, 161
共食 65
協同遊び 175
共同注意 57
クーイング 171
具体的操作期 73
具体的操作段階 205
並行遊び 175
形式的操作期 74
形式的操作段階 205
ケータイ文化 190, 191
結果期待 144
結晶性知能 111, 219
原因帰属 145
けんか 176

言語の自己調整機能　174
公園デビュー　155
効果の法則　127
攻撃衝動　67
攻撃性　186
向社会的行動　177
行動の不適応性　217
効力期待　144
高齢期　109
心の理論（theory of mind）　208
孤食　65
誤信念課題　208
個性　21
ごっこ遊び　61
古典的条件づけ　124
孤独感　88
コンピテンス　141, 144
サリーとアンの課題　208

〈サ 行〉

三項関係　57, 201
　　――の形成　57
三項随伴性　128
三者関係　201
シェマ　43, 73
視覚的リアリズム　185
自我同一性　87
時間概念　206
自己意識　89
自己決定への欲求　141, 143
自己効力感　141, 143
自己主張　54
自己中心言語　173
自己中心性　73
自己表現　192
思春期　155, 156
自尊心　113
社会的遊びの発達　174
弱化　126
集団的独語　173
主観的苦痛　218
受精　23
瞬目反射　30
生涯発達心理学　11
消去　128
条件刺激　124
　　無――　124
条件反応　124

　　無――　124
職業的同一性　93
食の自立　65
食の自律　65
自律　54
神経心理学的検査　116
身体の変化への適応　117
シンボル　183-185
心理的距離　178
心理的離乳　90
スクリーニング検査　116
ストレスマネジメント教育　159
ストレンジ・シチュエーション法　45, 203
成熟　12
　　――優位説　13
生態学的環境　200
生態学的モデル　17
成長　11, 12
青年期　155, 156
生理的早産　23, 200
セルフ・ハンディキャッピング　149
前言語　48
前操作期　67, 73
前操作的段階　205
前操作的思考　67
想起　130
相互交渉　33
相互作用説　14
相貌的知覚　59
ソシオメトリックテスト　77

〈タ 行〉

胎芽期　23
胎児　23
対象物の永続性　205
胎動　25
胎内環境　24
第二次性徴　85
第二次反抗期　90, 156
代理母親　44
多因子説　219
脱衛星化　91
脱自己中心化　176
脱中心化　173
知的好奇心　141, 142
知的リアリズム　185
チャムグループ　92, 157, 158
チャムシップ　177

事項索引　235

チャンク　131
中性刺激　124
聴覚器官　25
聴覚的選好性　31
聴覚的弁別能力　31
調節　43, 73
つわり　23
鼎立理論　220
伝承遊び　193, 174
トイレットトレーニング　66
統計的基準からの乖離　217
同一性拡散　88
動因　74
同化　43, 73
動機　136
　——づけ　136
道具的条件づけ　125
洞察学習　129
統制可能性　145
統制の位置　145
道徳性　68, 210
特殊因子　219
特性論　220

〈ナ 行〉

内言　173
内的ワーキングモデル　203
内発的動機付け　50, 75, 137, 141
仲間関係　157
仲間交渉　68
仲間作り　159
なぐりがき　181
喃語　48, 57, 171
二因子説　219
二語文　58, 172
二者関係　54
二重貯蔵モデル　131
妊娠　23
妊娠高血圧症候群　26
認知機能の低下　111
認知症　115
認知発達理論　73
ノンバーバル〔前言語的〕コミュニケーション
　49

〈ハ 行〉

把握反射　32
胚期　23

排泄の自立　66
派生的動機　136
初語　48, 171
発達　11
　——課題　12
　——段階　15
母親語（マザリーズ）　31
母親の原初的没頭　153
般化　128
反抗　62, 156
反射　124
ピアグループ　92, 157
ピアス　192
ピグマリオン効果　77
　社会的——　201
　生理的・自発的——　201
　選択的——　201
ビッグファイブ　222
人見知り　55
ひとり遊び　61
描画　181-183, 185, 186
昼寝　64
輻輳説　14
分化　12
文化的基準からの乖離　216
変化　11
傍観遊び　175
保持　130
母子分離　154, 155
保存概念　67, 58

〈マ 行〉

マイクロシステム　17
マジカルナンバー7±2　131
むくみ　26
メタ認知　209
モラトリアム　88
モロー反射　32
モンスターペアレント　162, 163

〈ヤ・ワ行〉

誘因　74
友人選択　175
有能さ（コンピテンス）　143
指さし　49
　驚き・定位・再認の——　57
欲求の階層説　74
ライフサイクル　15

ライフサイクル説　86
ライフレビュー　115
離巣性　22
留巣性　22
　　二次的——　22
流動性知能　111, 219

類型論　220
劣等感　88
レビー小体型認知症　116
連合遊び　175
老年期　109

執筆者一覧 （執筆順，＊印は編者）

＊増田 梨花（ますだ りか）序章，第Ⅰ部第1章・第2章・第3章
    福岡大学大学院人文科学研究科博士課程後期教育・臨床心理専攻修了
    博士（臨床心理学）
      現職：立命館大学大学院人間科学研究科教授・臨床心理士
      カウンセリングルーム　ブロッサム代表
    主要業績
      見て 聴いて 感じた 東日本大震災の復興の様相――「絵本とジャズのコラボレーションライブイベント」の支援活動を通して――　臨地の対人援助学――東日本大震災と復興の物語――　村本邦子・中村正・荒木穂積（編著）　晃洋書房　2015, 125-133.
      The astonishing power books Using picture books to connect people with the "here and now" — based on face-to-face interviews with absentee —　北陸学院出版部　2012.
      絵本を用いた臨床心理面接法に関する研究――不登校生徒に対する読み合わせ面接を通して――　ナカニシヤ出版　2010.

寺沢 英理子（てらさわ えりこ）第Ⅰ部第4章，第Ⅱ部第3章・第5章
    新潟大学大学院教育学研究科学校教育専攻教育心理学分野修了
      現職：広島国際大学大学院心理科学研究科実践臨床心理学専攻教授
    主要業績
      絵画療法の実践――事例を通してみる橋渡し機能――　遠見書房　2010.
      訪問カウンセリング――理論と実践――（編著）　遠見書房　2016.

松下　健（まつした たけし）第Ⅰ部第5章・第6章，第Ⅱ部第1章・第7章
    早稲田大学大学院文学研究科人文科学専攻心理学コース博士後期課程満期退学
      現職：北陸学院大学人間総合学部社会学科講師
    主要業績
      大学生を対象としたピア・サポートトレーニングプログラムの効果に関する実践的研究　ピア・サポート研究　10　2013, 11-20.
      学校臨床における協働の効果――前傾姿勢を示した男子高校生の事例――　ブリーフセラピーネットワーカー　16　2013, 6-16.

森田 麻登（もりた あさと）第Ⅰ部第7章・第8章，第Ⅱ部第2章・第4章・第6章
    国際基督教大学大学院アーツ・サイエンス研究科博士後期課程満期退学
      現職：広島国際大学大学院心理科学研究科実践臨床心理学専攻講師
    主要業績
      抑うつ傾向と感情価が心理的時間に及ぼす影響　パーソナリティ研究　20(3)　2012, 167-178.
      Right dorsolateral prefrontal cortex activation during a time production task, *Asian Journal of Neuroscience*, 2015(ID189060), 1-9.
      心理的時間と記憶　杉山崇・越智啓太・丹藤克也（編）　記憶心理学と臨床心理学のコラボレーション　北大路書房　2015.
      眼球運動課題を用いた注意欠如・多動症児の注意制御機能の検討　植草学園大学研究紀要　9　2017, 115-125.

絵本とともに学ぶ
発達と教育の心理学

| 2018年1月18日 初版第1刷発行 | ＊定価はカバーに |
| 2018年4月15日 初版第2刷発行 | 表示してあります |

	編著者	増田　梨花 ©
編著者の 了解により 検印省略	発行者	植田　　実
	印刷者	田中　雅博

発行所　株式会社　晃洋書房

〒615-0026　京都市右京区西院北矢掛町7番地
電話　075(312)0788番(代)
振替口座　01040-6-32280

装丁　クリエイティブ・コンセプト　印刷・製本　創栄図書印刷㈱
ISBN978-4-7710-2932-3

JCOPY 〈(社)出版者著作権管理機構　委託出版物〉
本書の無断複写は著作権法上での例外を除き禁じられています．
複写される場合は，そのつど事前に，(社)出版者著作権管理機構
(電話　03-3513-6969, FAX 03-3513-6979, e-mail: info@jcopy.or.jp)
の許諾を得てください．